Mathefreunde 4

Arbeitsbuch Inklusion | Teil B

Herausgegeben von
Edmund Wallis, Leipzig

Erarbeitet von
Petra Franz, Erfurt
Patricia Reichard, Rostock
Edmund Wallis, Leipzig
Silvia Weisse, Bad Düben

VOLK UND WISSEN

Mathefreunde 4

Arbeitsbuch Inklusion | Teil B

Herausgegeben von
Edmund Wallis, Leipzig

Erarbeitet von
Petra Franz, Erfurt; Patricia Reichard, Rostock; Edmund Wallis, Leipzig; Silvia Weisse, Bad Düben

Redaktion: Hans Huschens
Illustration: Judith Ganter; Uta Bettzieche (Hunde)
Umschlaggestaltung und Layout: tritopp, Berlin, Daniel Müller (Illustration)
technische Umsetzung und Layout: Cornelia Gründer, Corngreen GmbH, Leipzig

www.cornelsen.de

1. Auflage, 4. Druck 2024

Alle Drucke dieser Auflage sind inhaltlich unverändert
und können im Unterricht nebeneinander verwendet werden.

Druck: Athesiadruck GmbH

ISBN 978-3-06-083739-7 (Paket mit den Teilen A und B)

Inhalt

An den Symbolen kannst du erkennen, worum es gerade geht.

Zahlen und Operationen $\bar{\cdot} : \dotplus$

Größen und Messen

Geometrie

Daten, Häufigkeit und Wahrscheinlichkeit ⫴

Die Aufgaben sind so nummeriert: 1

Auf den Zetteln findest du die Lösungen: 0 1

Merkkasten **MERKE DIR**

Freundeaufgaben

Näherungswerte – Runden

1

32€ 48€ 162€ 77€ 109€

189€ 239€ 22€ 18€ 11€

Trage den genauen Preis und den ungefähren Preis ein.

	genauer Preis	ungefährer Preis
Cityroller	48 €	50 €
Helm	32 €	
MP3-Player		
Lautsprecherboxen		
Fahrrad		
Jacke		
Handy		
Handyhülle		
Inliner		
Knieschützer		

Für das Zeichen ≈ kannst du sagen:
ist ungefähr …, ist rund …, ist etwa …, ist angenähert …

MERKE DIR

2 Gib den ungefähren Geldbetrag an.

198 € ≈ 200 €   86 € ≈ ⬜⬜ €   312 € ≈ ⬜⬜⬜ €

107 ct ≈ ⬜⬜⬜ ct   62 ct ≈ ⬜⬜ ct   119 ct ≈ ⬜⬜⬜ ct

3 Schreibe die ungefähre Länge auf.

78 m ≈ 80 m   104 m ≈ ⬜⬜⬜ m   490 m ≈ ⬜⬜⬜ m

28 cm ≈ ⬜⬜ cm   280 cm ≈ ⬜⬜⬜ cm   710 cm ≈ ⬜⬜⬜ cm

1: Preise und gerundete Preise in die Tabelle eintragen.   2, 3: Angenäherte Preise ergänzen.

Runden auf Zehner

Beim Runden auf Zehner musst du dir den Einer anschauen.
Ist der Einer eine 1, 2, 3 oder 4, dann wird abgerundet.   z.B. 14 ≈ 10
Ist der Einer eine 5, 6, 7, 8 oder 9, dann wird aufgerundet.   z.B. 17 ≈ 20

1 Runde auf Zehner.

a) 21 ≈ 20   22 ≈ ☐☐   23 ≈ ☐☐   24 ≈ ☐☐   31 ≈ ☐☐
    71 ≈ ☐☐   62 ≈ ☐☐   82 ≈ ☐☐   94 ≈ ☐☐   61 ≈ ☐☐

b) 25 ≈ 30   26 ≈ ☐☐   27 ≈ ☐☐   28 ≈ ☐☐   29 ≈ ☐☐
    75 ≈ ☐☐   76 ≈ ☐☐   87 ≈ ☐☐   94 ≈ ☐☐   89 ≈ ☐☐

Runden auf Hunderter

Beim Runden auf Hunderter musst du dir den Zehner anschauen.
Ist der Zehner eine 1, 2, 3 oder 4, dann wird abgerundet.   z.B. 236 ≈ 200
Ist der Zehner eine 5, 6, 7, 8 oder 9, dann wird aufgerundet.   z.B. 254 ≈ 300

2 Runde auf Hunderter.

a) 317 ≈ 300   529 ≈ ☐☐☐   731 ≈ ☐☐☐   842 ≈ ☐☐☐
    234 ≈ ☐☐☐   627 ≈ ☐☐☐   135 ≈ ☐☐☐   948 ≈ ☐☐☐

b) 352 ≈ 400   267 ≈ ☐☐☐   573 ≈ ☐☐☐   184 ≈ ☐☐☐
    691 ≈ ☐☐☐   895 ≈ ☐☐☐   863 ≈ ☐☐☐   490 ≈ ☐☐☐

3 Runde auf Zehner.

72 ≈ ☐☐   45 ≈ ☐☐   84  ☐☐   66 ⬤ ☐☐

4 Runde auf Hunderter.

648 ⬤ ☐☐☐   472 ⬤ ☐☐☐   739  ☐☐☐   676 ⬤ ☐☐☐

Addieren ohne Übertrag

1 Lege und rechne.
Der Gärtner verkaufte am Montag 373 Pflanzen.
Am Dienstag verkaufte er 125 Pflanzen.
Wie viele Pflanzen verkaufte der Gärtner insgesamt?

373 + 125 = ☐☐☐

H	Z	E
☐☐☐	‖‖‖‖‖ ‖	•••
☐	‖	•••••
☐☐☐☐	‖‖‖‖‖ ‖‖‖‖	•••••• •••

	H	Z	E
	3	7	3
+	1	2	5
	4	9	8

Tipp! Rechne von unten nach oben. Beginne mit den Einern.

Rechne:

5 + 3 = 8, schreibe 8

2 + 7 = 9, schreibe 9

1 + 3 = 4, schreibe 4

Antwort: Der Gärtner verkaufte insgesamt ☐☐☐ Pflanzen.

2 Lege und rechne.   416 + 123 = ☐☐☐

H	Z	E
☐☐☐☐		••••• •
☐	‖	•••

	H	Z	E
	4	1	6
+	1	2	3

Rechne:

3 + 6 = ☐, schreibe ☐

2 + 1 = ☐, schreibe ☐

1 + 4 = ☐, schreibe ☐

3 a)

H	Z	E
4	5	1
+ 2	3	7

b)

H	Z	E
1	8	2
+ 7	1	6

c)

H	Z	E
3	3	3
+ 4	4	4

d)

H	Z	E
6	5	4
+ 3	2	1

4 a)

H	Z	E
8	4	2
+ 1	3	3

b)

H	Z	E
3	4	1
+ 5	3	8

c)

H	Z	E
8	8	8
+ 1	1	1

d)

H	Z	E
4	7	5
+ 2	2	2

1, 2: Inhalt erfassen, Rechenverfahren nachvollziehen.   3, 4: Stellengerecht addieren.

1 a) 225 + 423

```
  H Z E
  2 2 5
+ 4 2 3
```

b) 165 + 832

```
  H Z E
  1 6 5
+
```

c) 345 + 144

```
  H Z E

+
```

d) 611 + 388

```
  H Z E

+
```

2 a) 421 + 268

```
  H Z E

+
```

b) 712 + 186

```
  H Z E

+
```

c) 247 + 341

```
  H Z E

+
```

d) 538 + 261

```
  H Z E

+
```

3 a) 328 + 251

```
  3 2 8
+ 2 5 1
```

b) 777 + 222

c) 666 + 333

d) 522 + 455

4 a) 527 + 222

b) 617 + 321

c) 861 + 137

d) 888 + 111

5 Schreibe erst stellengerecht untereinander. Rechne dann.

a) 477 + 21

```
  H Z E
  4 7 7
+   2 1
```

b) 145 + 54

```
  H Z E

+
```

c) 262 + 37

```
  H Z E

+
```

d) 59 + 830

```
  H Z E

+
```

1 Überschlage erst, rechne dann.

463 + 235 = ▢▢▢

Ü.: 500 + 200 = 700

```
  H Z E
    4 6 3
+   2 3 5
———————
```

Vergleiche das Ergebnis mit dem Überschlag.

2 a)   332 + 537

Ü.: 300 + 500 = ▢▢▢

```
+
———
```

b)   243 + 451

Ü.: ▢▢▢ + ▢▢▢ = ▢▢▢

```
+
———
```

3 a)   471 + 315

Ü.: ▢▢▢ + ▢▢▢ = ▢▢▢

```
+
———
```

b)   824 + 174

Ü.: ▢▢▢ + ▢▢▢ = ▢▢▢▢

```
+
———
```

4 Schreibe erst stellengerecht untereinander. Rechne dann.

a)   477 + 22

Ü.: ▢▢▢ + ▢▢ = ▢▢▢

```
+
———
```

b)   175 + 24

Ü.: ▢▢▢ + ▢▢ = ▢▢▢

```
+
———
```

199   499   694   698   786   869   998

1 bis 3: Überschlagsrechnung, schriftliches Addieren. Ergebnisse mit Lösungszahlen vergleichen.
4: Schriftliches Addieren. Stellengerecht untereinander schreiben. Ergebnisse mit Lösungszahlen vergleichen.

1 a) 420 + 208

Ü.: 400 + 200 = 600

```
  +
 ═══
```

b) 109 + 370

Ü.: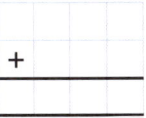

```
  +
 ═══
```

c) 340 + 409

Ü.:

```
  +
 ═══
```

d) 207 + 670

Ü.:

```
  +
 ═══
```

2 Überschlage. Schreibe erst stellengerecht untereinander. Rechne dann.

a) 810 + 49

Ü.:

```
  +
 ═══
```

b) 305 + 74

Ü.:

```
  +
 ═══
```

c) 417 + 340

Ü.:

```
  +
 ═══
```

d) 572 + 220

Ü.:

```
  +
 ═══
```

e) 402 + 57

Ü.:

```
  +
 ═══
```

f) 572 + 26

Ü.: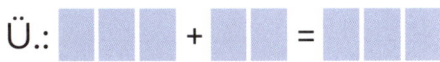

```
  +
 ═══
```

1: Überschlagsrechnung, schriftlich Addieren ohne Übertrag.
2: Überschlagsrechnung, stellengerecht untereinander schreiben und addieren.

9

Addieren mit Übertrag beim Einer

1 Lege und rechne.

465 + 228 = ▢▢▢

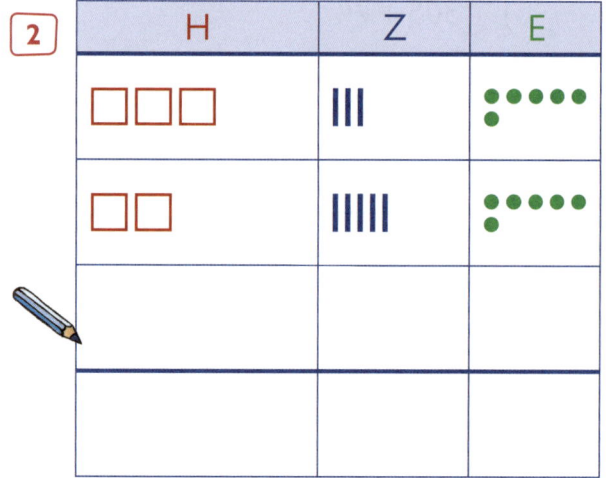

	H	Z	E
	4	6	5
+	2	2	8
			1
	6	9	3

Rechne:

8 + 5 = 13, schreibe 3, übertrage 1

1 + 2 + 6 = 9, schreibe 9

2 + 4 = 6, schreibe 6

2

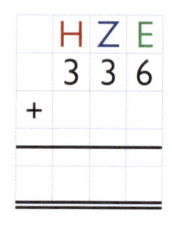

Rechne:

6 + 6 = ▢▢, schreibe 2, übertrage 1

1 + ▢ + 3 = ▢, schreibe ▢

▢ + ▢ = ▢, schreibe ▢

3

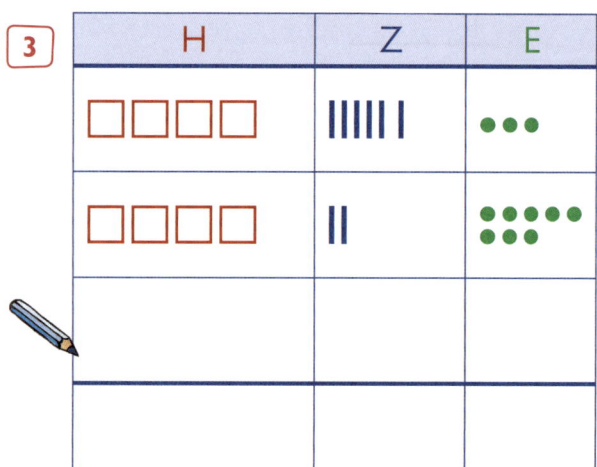

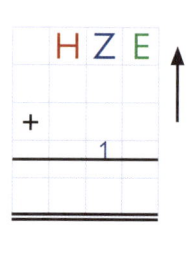

1 bis 3: Zahlen addieren mit Übertrag an der Einerstelle.

1 a)

H	Z	E
3	5	6
+ 2	1	7

1

H	Z	E
1	7	2
+ 7	1	9

H	Z	E
5	5	5
+ 4	3	6

H	Z	E
6	1	4
+ 2	5	8

b)

H	Z	E
8	4	3
+ 1	3	8

H	Z	E
3	2	8
+ 2	6	4

H	Z	E
1	1	8
+ 7	7	7

H	Z	E
5	4	9
+ 3	2	9

2 a)

345 + 327

H	Z	E
+		

173 + 118

H	Z	E
+		

262 + 329

H	Z	E
+		

514 + 378

H	Z	E
+		

b)

423 + 238

H	Z	E
+		

715 + 126

H	Z	E
+		

347 + 347

H	Z	E
+		

538 + 158

H	Z	E
+		

3 Schreibe erst stellengerecht untereinander. Rechne dann.

a) 448 + 34   555 + 26   666 + 19   522 + 59

b) 357 + 36   536 + 47   719 + 38   649 + 45

Überschlage erst. Rechne dann.

 435 + 537

Ü.: 400 + 500 = ▢▢▢

243 + 428

Ü.: ▢▢▢ + ▢▢▢ = ▢▢▢▢

 422 + 208

Ü.: ▢▢▢ + ▢▢▢ = ▢▢▢

109 + 170

Ü.: ▢▢▢ + ▢▢▢ = ▢▢▢

 341 + 409

Ü.: ▢▢▢ + ▢▢▢ = ▢▢▢

207 + 673

Ü.: ▢▢▢ + ▢▢▢ = ▢▢▢

 Überschlage. Schreibe erst stellengerecht untereinander. Rechne dann.

467 + 29

Ü.: ▢▢▢ + ▢▢ = ▢▢▢

H	Z	E

117 + 75

Ü.: ▢▢▢ + ▢▢ = ▢▢▢

H	Z	E

1 bis 3: Überschlagsrechnung und addieren.   4: Stellengerecht untereinander schreiben, addieren.

Addiere mit Übertrag beim Zehner

1 Lege und rechne.

368 + 257 = ☐☐☐

1. Addiere die Einer. Wechsle 10 E in 1 Z.
2. Addiere die Zehner. Wechsle 10 Z in 1 H.
3. Addiere die Hunderter.

H	Z	E
☐☐☐	‖‖‖‖|	••• / ••••••
☐☐	‖‖‖‖	••••• / ••
☐	‖	
☐☐☐☐☐ ☐	‖‖	•••••

	H	Z	E
	3	6	8
+	2	5	7
	1	1	
	6	2	5

Rechne:

7 + 8 = 15, schreibe 5, übertrage 1

1 + 5 + 6 = 12, schreibe 2, übertrage 1

1 + 2 + 3 = 6, schreibe 6

2 a)

H	Z	E
	4	5	5
+ 2	6	7

H	Z	E
	1	8	6
+ 7	2	6

H	Z	E
	5	5	8
+ 2	5	5

H	Z	E
	6	5	4
+ 1	6	7

b)

H	Z	E
	7	4	9
+ 1	7	3

H	Z	E
	3	9	9
+ 5	3	2

H	Z	E
	7	8	8
+ 1	2	2

H	Z	E
	6	6	6
+ 2	5	5

3 Schreibe erst stellengerecht untereinander. Rechne dann.

358 + 253

H	Z	E
3	5	8
+		

777 + 33

H	Z	E

666 + 44

H	Z	E

555 + 55

H	Z	E

1: Übertrag an mehreren Stellen, Rechenweg nachvollziehen, Ergebnis eintragen.
2: Addieren mit Übertrag an mehreren Stellen.   3: Stellengerecht eintragen, addieren.

13

Subtrahieren ohne Übertrag – Ergänzen

Tipp!
Beginne beim Rechnen mit den Einern.

1 Die Bücherei der Schule hat 357 Märchenbücher.
Davon wurden zu Beginn der Ferien 215 Bücher ausgeliehen.

357 − 215 = ▢▢▢

H	Z	E
▢▢̸▢̸	IIIIꟾ	•••• ✎✎✎✎✎ ••
▢ H	▢ Z	▢ E

	H	Z	E
	3	5	7
−	2	1	5
	1	4	2

Rechne:

5 + 2 = 7, schreibe 2

1 + 4 = 5, schreibe 4

2 + 1 = 3, schreibe 1

Antwort: Es sind noch ▢▢▢ Bücher in der Bücherei.

2 Von 487 Abenteuerbüchern wurden 275 Bücher ausgeliehen.
Wie viele Abenteuerbücher können noch ausgeliehen werden?

Lege und rechne.   487 − 275 = ▢▢▢

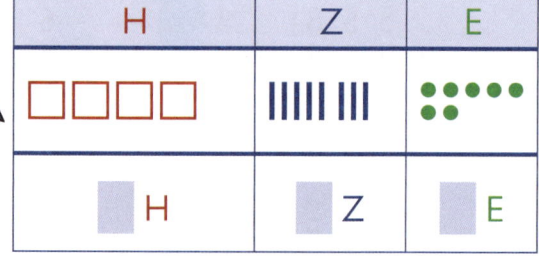

H	Z	E
▢▢▢▢	IIIIIꟾ II	••••• ••
▢ H	▢ Z	▢ E

	H	Z	E
	4	8	7
−	2	7	5

Rechne:

5 + 2 = 7, schreibe 2

7 + ▢ = 8, schreibe ▢

2 + ▢ = 4, schreibe ▢

Antwort: Es können noch ▢▢▢ Abenteuerbücher ausgeliehen werden.

3 Lege und rechne.

684 − 452

```
  H Z E
  6 8 4
− 4 5 2
─────────
      2
═════════
```

578 − 346

```
  H Z E
  5 7 8
−
─────────
═════════
```

794 − 561

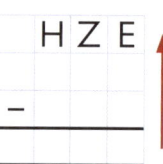

```
  H Z E

−
─────────
═════════
```

Lege und rechne.

1 a)

H	Z	E
6	5	8
− 3	3	4
		4

Rechne:

4 + 4 = 8, schreibe 4

3 + ⬜ = 5, schreibe ⬜

3 + ⬜ = 6, schreibe ⬜

Tipp!
Rechne von unten nach oben. Beginne mit den Einern.

b)

H	Z	E
7	8	5
− 5	6	4

H	Z	E
4	7	5
− 1	6	4

H	Z	E
9	4	8
− 6	3	7

H	Z	E
9	9	9
− 8	8	8

c)

H	Z	E
8	4	9
− 5	1	7

H	Z	E
7	7	7
− 4	4	4

H	Z	E
6	8	9
− 5	7	5

H	Z	E
9	8	7
− 7	6	5

2 a)

H	Z	E
6	8	7
− 3	6	3

H	Z	E
7	6	5
− 5	5	2

H	Z	E
7	4	8
− 2	2	6

H	Z	E
5	9	7
− 2	1	6

b)

H	Z	E
3	8	6
− 1	5	5

H	Z	E
9	7	9
− 7	2	5

H	Z	E
8	9	6
− 4	7	1

H	Z	E
7	7	7
− 6	1	5

c)

H	Z	E
5	8	3
− 2	6	2

H	Z	E
9	4	7
− 6	1	2

H	Z	E
9	9	9
− 4	5	4

H	Z	E
8	8	8
− 5	6	5

111, 114, 162, 213, 221, 222, 231, 254, 311, 311, 321,
323, 324, 324, 332, 333, 335, 381, 425, 522, 545

Subtrahieren mit Übertrag beim Einer

1 Lege und rechne.

$$432 - 214 = \boxed{}\boxed{}\boxed{}$$

H	Z	E

	H	Z	E
	4	3	2
−	2	1	4
		1	
			8

H	Z	E
▢ H	▢ Z	▢ E

Rechne:

4 + ▢ = 2 geht nicht,

tausche 1 Z in 10 E.

4 + 8 = 12, schreibe 8,

übertrage 1

1 + 1 + 1 = 3, schreibe 1

2 + 2 = 4, schreibe 2

2

```
  H Z E
  8 5 1
− 4 1 6
    1
      5
```

Rechne:

6 + ▢ = 1, geht nicht,

6 + 5 = 11, schreibe 5, übertrage 1

1 + 1 + ▢ = 5, schreibe ▢

4 + ▢ = 8, schreibe ▢

3 a)
```
  H Z E
  7 9 2
− 4 1 9
    1
      3
```

b)
```
  H Z E
  9 6 4
− 5 3 7
    1
```

c)
```
  H Z E
  6 8 5
− 2 3 9
    1
```

d)
```
  H Z E
  8 7 3
− 6 2 6
```

4 a)
```
  H Z E
  5 8 3
− 2 3 8
```

b)
```
  H Z E
  4 2 1
− 1 1 9
```

c)
```
  H Z E
  6 4 5
− 4 2 7
```

d)
```
  H Z E
  7 6 2
− 5 3 7
```

204   218   225   247   302   345   373   427   435   446

16

1: Aufgabe legen, Zahlen subtrahieren mit Übertrag an der Einerstelle und Rechenverfahren nachvollziehen.
2 bis 4: Schriftlich subtrahieren.

1

H	Z	E
9	4	4
− 5	1	9

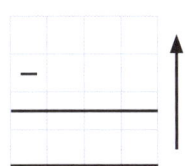

H	Z	E
7	7	2
− 4	4	4

H	Z	E
6	8	5
− 3	4	7

H	Z	E
9	8	6
− 7	6	8

2 Trage erst stellengerecht ein. Rechne dann.

a) 844 − 515   475 − 258   683 − 536   777 − 558

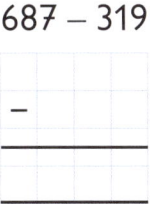 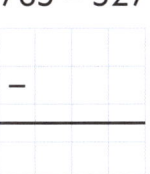 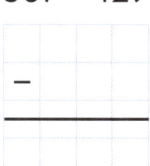 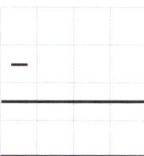

b) 687 − 319   765 − 527   587 − 129   898 − 609

3 Lege erst. Rechne dann.

660 − 436 = ▢▢▢

Beachte die Null beim Einer.

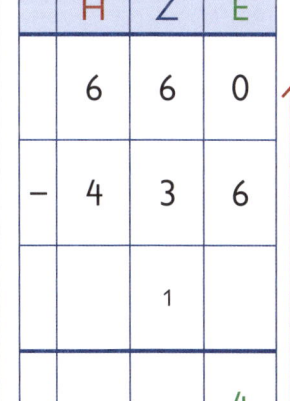

H	Z	E
2 H	2 Z	4 E

H	Z	E
6	6	0
− 4	3	6
	1	
		4

Rechne:

6 + ▢ = 0 geht nicht,

tausche 1 Z in 10 E.

6 + 4 = 10, schreibe 4,

übertrage 1

1 + 3 + ▢ = 6, schreibe ▢

4 + ▢ = 6, schreibe ▢

 147 217 218 219 224 238 289 328 329 338 368 425 458

1, 2: Schriftliches Subtrahieren mit Übertrag.
3: Schriftliches Subtrahieren mit einer Null beim Einer.

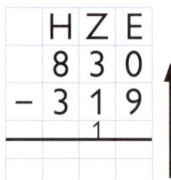 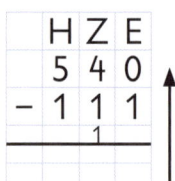

1 Überschlage erst. Rechne dann.

830 − 319

Ü.: 800 − 300 = 500

H	Z	E
8	3	0
− 3	1	9

540 − 111

Ü.: 500 − ▢▢▢ = ▢▢▢

H	Z	E
5	4	0
− 1	1	1

Denke an die Rundungsregeln

2 a) 574 − 268

Ü.: ▢▢▢ − ▢▢▢ = ▢▢▢

H	Z	E
−		

691 − 416

Ü.: ▢▢▢ − ▢▢▢ = ▢▢▢

H	Z	E
−		

b) 470 − 315

Ü.: ▢▢▢ − ▢▢▢ = ▢▢▢

561 − 423

Ü.: ▢▢▢ − ▢▢▢ = ▢▢▢

c) 791 − 77

Ü.: ▢▢▢ − ▢▢ = ▢▢▢

680 − 69

Ü.: ▢▢▢ − ▢▢ = ▢▢▢

138   155   275   306   429   511   611   714

1, 2: Schriftliches Subtrahieren, Überschlag finden, stellengerechtes Eintragen.

Subtrahieren mit Übertrag beim Zehner

1 Lege und rechne.

548 − 286 = ☐☐☐

Beachte die Zehnerstelle.

H	Z	E
□□☐☐	IIII	●●●●☘
☐→	ЖЖЖ ЖЖЖ	☘☘☘
2 H	**6** Z	**2** E

	H	Z	E
	5	4	8
−	2	8	6
		1	
			2

Rechne:

6 + 2 = 8, schreibe 2

8 + ☐ = 4, geht nicht,

tausche 1 H in 10 Z

8 + 6 = 14, schreibe 6,

übertrage 1

1 + 2 + ☐ = 5, schreibe ☐

2

```
  H Z E
  7 1 9
− 4 6 3
    1
```

Rechne:

3 + ☐ = 9, schreibe ☐

6 + ☐ = 1, geht nicht, tausche 1 H in 10 Z

6 + ☐ = 11, schreibe ☐, übertrage 1

1 + 4 + ☐ = 7, schreibe ☐

3 Schreibe erst stellengerecht untereinander. Rechne dann.

a) 456 − 193
```
  H Z E
  4 5 6
− 1 9 3
    1
```

b) 327 − 192
```
H Z E

−
```

c) 548 − 381
```
H Z E

−
```

d) 719 − 299
```
H Z E

−
```

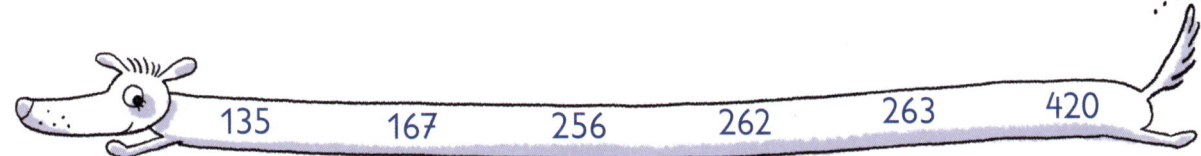

135   167   256   262   263   420

1: Schriftliches Subtrahieren mit Übertrag am Zehner.   2: Rechenweg nachvollziehen.
3, 4: Stellengerecht untereinander schreiben, Überschlagen und Rechnen.

19

Daten – Häufigkeit

1 Ergebnisse der Altpapiersammlung einer Woche.

Klasse	Montag	Dienstag	Mittwoch	Donnerstag	Freitag
4 a	45 kg	90 kg	40 kg	90 kg	55 kg
4 b	50 kg	45 kg	80 kg	60 kg	60 kg
zusammen	☐☐ kg	☐☐☐ kg	☐☐☐ kg	☐☐☐ kg	☐☐☐ kg

a) An welchem Tag wurde:
am meisten gesammelt? _____ ☐☐☐ kg

am wenigsten gesammelt? _____ ☐☐ kg

b) An welchen Tagen wurden mehr als 120 kg gesammelt?

_____

2 Das Streifendiagramm zeigt, wie viel Altpapier alle Klassen einer Grundschule gesammelt haben.

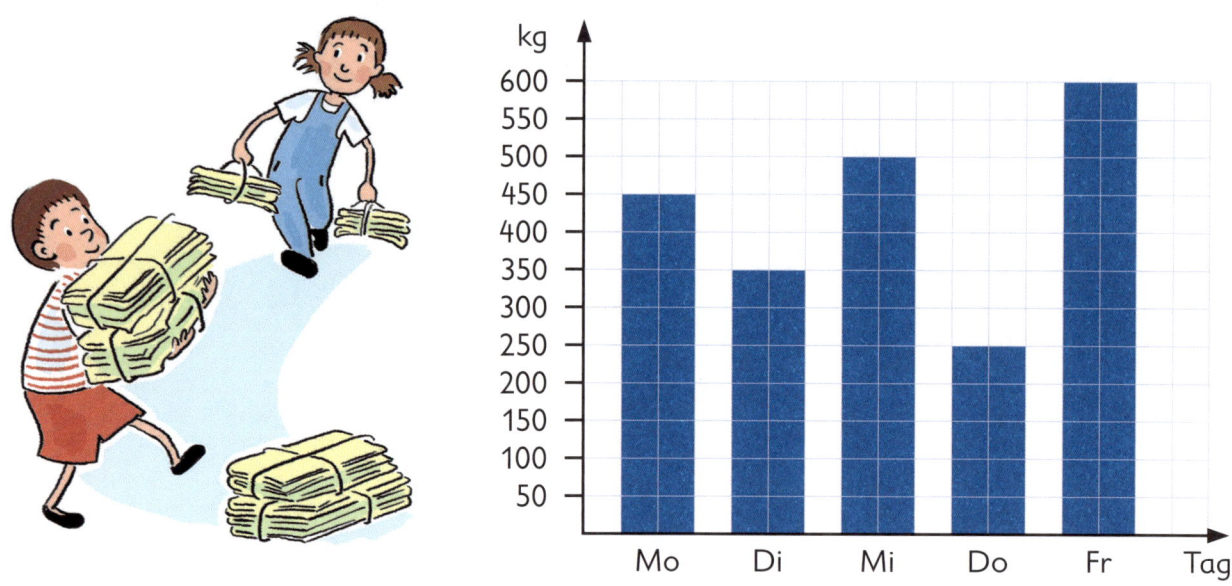

Lies die Sammelergebnisse aus dem Streifendiagramm ab.
Trage sie in die Tabelle ein.

Montag	Dienstag	Mittwoch	Donnerstag	Freitag
☐☐☐ kg	☐☐☐ kg	☐☐☐ kg	☐☐☐ kg	☐☐☐ kg

1: Sammelergebnis pro Tag berechnen. Größtes/kleinstes Ergebnis ermitteln. Ergebnisse vergleichen.
2: Werte aus Diagramm in die Tabelle übertragen.

1 Zeichne ein Streifendiagramm zu den Teilnehmerzahlen der Altpapiersammlung.
Beachte: 10 Kinder sind 1 Kästchen.

Klassen	1	2	3	4
Kinder	50	60	90	80

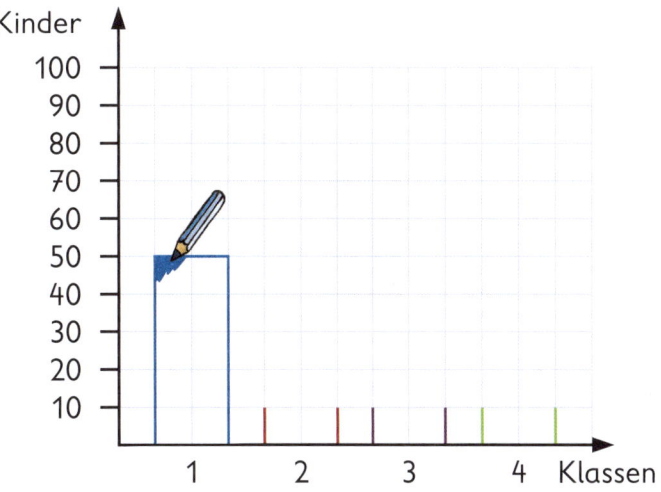

2 a) Zeichne ein Streifendiagramm zu den Sammelergebnissen.
Beachte: 10 kg sind 1 Kästchen.

Anna	Ben	Maria	Tom	Lisa	Max
70 kg	50 kg	30 kg	100 kg	60 kg	80 kg

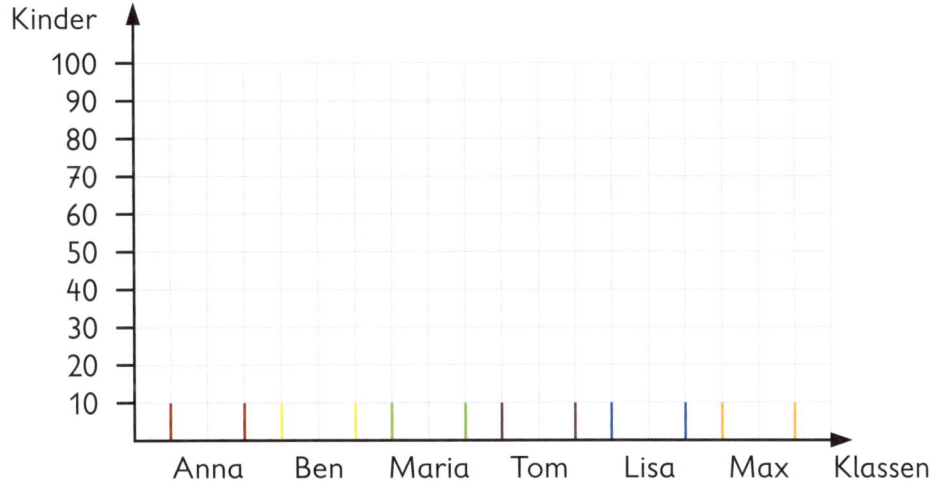

b) Wer hat doppelt so viel gesammelt wie Maria? _____

Wer hat halb so viel gesammelt wie Tom? _____

c) Wer hat mehr gesammelt, die Mädchen oder die Jungen?

Jungen: ☐☐ kg + ☐☐☐ kg + ☐☐ kg = ☐☐☐ kg

Mädchen: ☐☐ kg + ☐☐ kg + ☐☐ kg = ☐☐☐ kg

Antwort: _____

1: Streifendiagramm zeichnen.
2: Streifendiagramm zeichnen. Fragen beantworten.

21

1 Wie viele Kinder kommen mit dem Bus, der Straßenbahn, dem Fahrrad oder zu Fuß zur Schule?
Lies ab und ergänze die Tabelle.

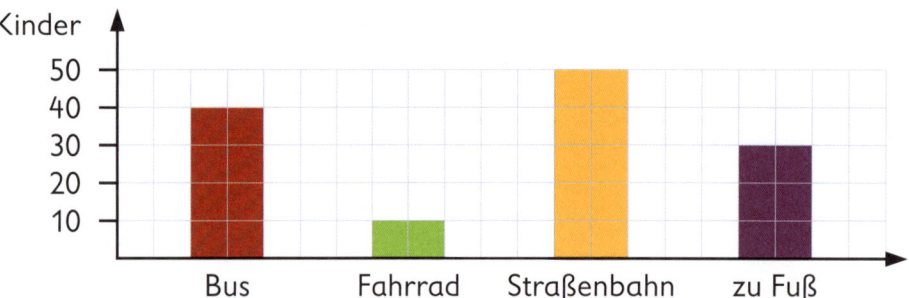

Weg zur Schule	mit dem Bus	mit der Straßenbahn	mit dem Fahrrad	zu Fuß
Kinder				

Wahr (w) oder falsch (f)? Kreuze an.

a) Mit der Straßenbahn kommen 10 Kinder mehr als mit dem Bus. (w) (f)

b) Mit dem Fahrrad kommen doppelt so viele Kinder wie mit dem Bus. (w) (f)

c) Zu Fuß kommen 30 Kinder mehr als mit dem Bus. (w) (f)

2

Unfälle mit Kindern:	2014	2015	2016	2017
als Fahrradfahrer	95	122	130	115
als Fußgänger	70	84	80	96
insgesamt				

a) In welchem Jahr gab es:
     die meisten Unfälle mit Kindern als Fahrradfahrer? _____

     die meisten Unfälle mit Kindern als Fußgänger? _____

b) In welchen Jahren gab es weniger Unfälle mit Kindern als im Jahr 2015?

     _____

c) Wie viele Unfälle gab es 2016 mit Kindern als Fahrradfahrer und als Fußgänger?

     _____

1: Anzahl der Kinder ablesen, in die Tabelle eintragen. Aussagen auf w oder f prüfen.
2: Jahreszahl ermitteln.

1 Eine Überprüfung der Fahrräder auf Verkehrssicherheit ergab:

	Fahrräder
keine Mängel am Fahrrad	40
defekte Beleuchtung	20
defekte Bremsen	30
fehlender Kettenschutz	10
defekte Klingel	50
fehlende Seitenstrahler	30

Zeichne zu diesen Prüfungsergebnissen ein Streifendiagramm.

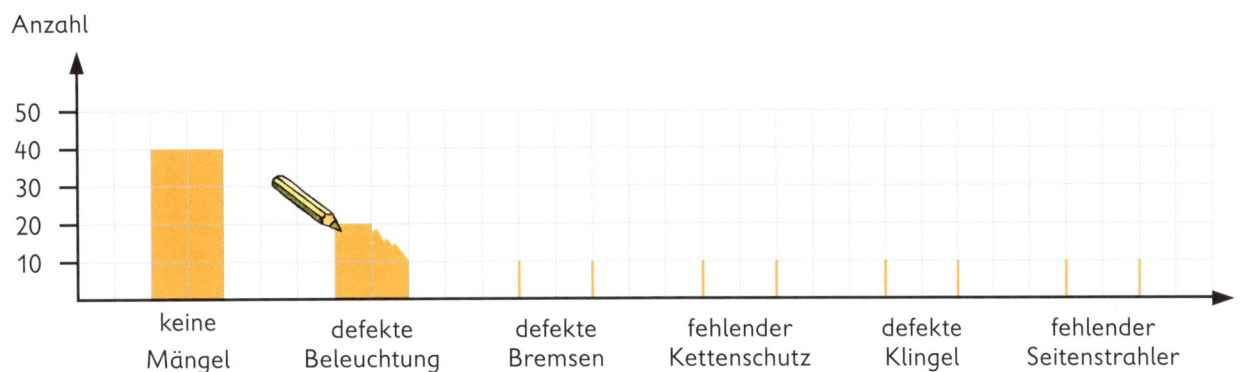

2 Teilnehmer an der Fahrradprüfung der 4. Klassen.

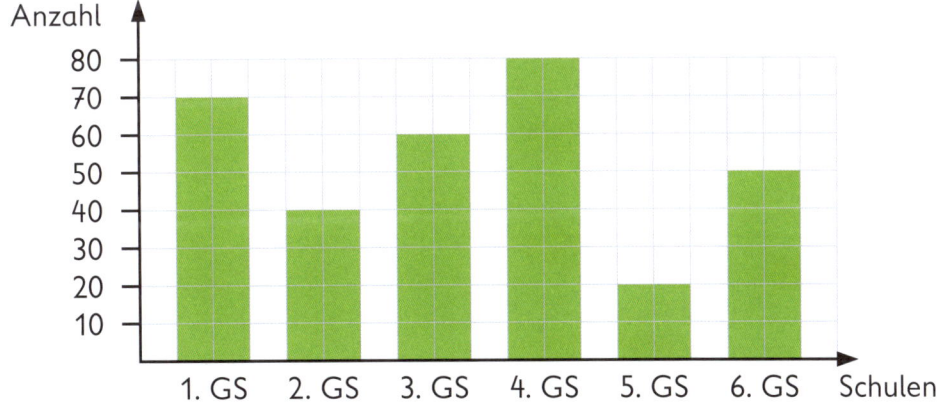

a) Trage die Teilnehmerzahlen in die Tabelle ein.

Grundschule	1. GS	2. GS	3. GS	4. GS	5. GS	6. GS
Teilnehmer						

b) Welche Grundschule hat die wenigsten Teilnehmer? _____

Welche Grundschule hat die meisten Teilnehmer? _____

1: Diagramm zeichnen.
2: Teilnehmerzahlen dem Diagramm entnehmen, eintragen und vergleichen.

23

Kombinieren

1 Lisa knüpft 6 Armbänder mit drei verschiedenen Perlen.
Sie hat rote, blaue und gelbe Perlen.
Male alle Möglichkeiten aus.

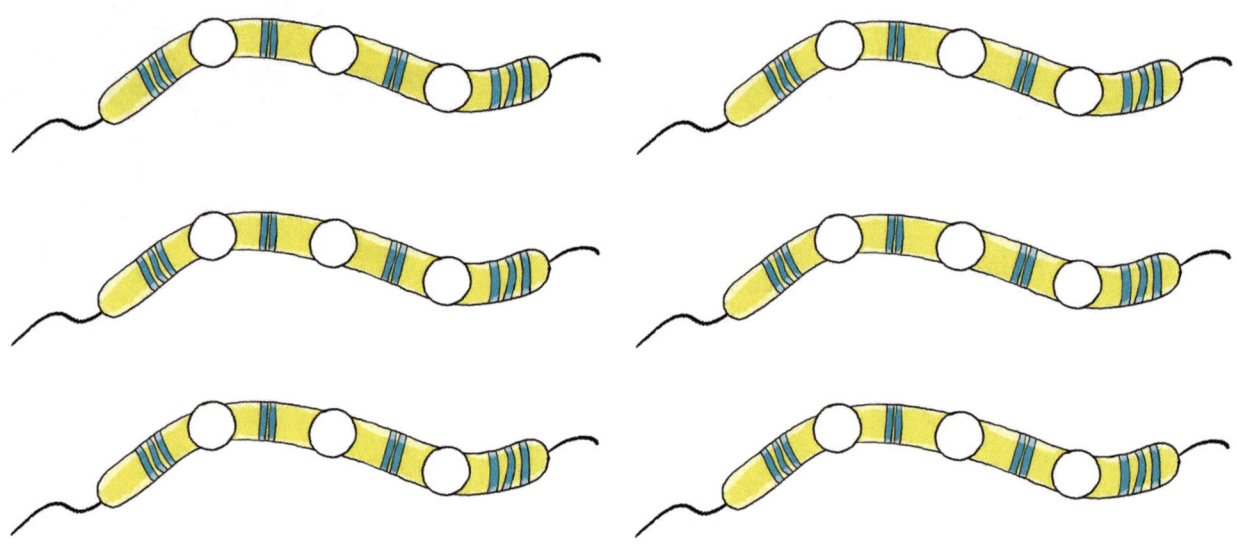

2 Zeichne die roten Rechtecke auf Kästchenpapier und schneide sie aus.

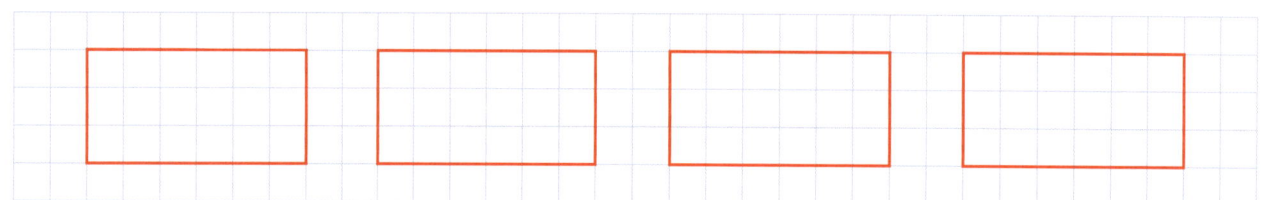

Lege mit diesen Rechtecken jedes blaue Rechteck anders aus.
Zeichne ein, wie du ausgelegt hast.

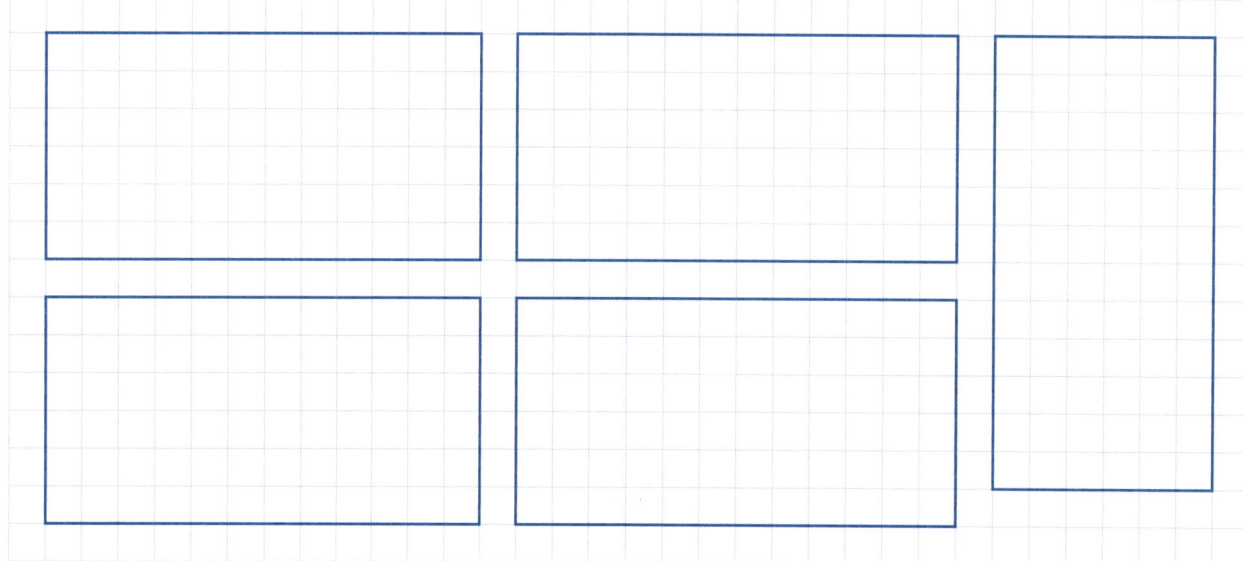

1: Alle Kombinationsmöglichkeiten ausmalen.   2: Alle Auslegemöglichkeiten finden und einzeichnen.

1 Verteile die 9 Spielsteine auf die Quadrate.
In jeder Zeile und in jeder Spalte muss ein Spielstein von jeder Farbe liegen.
So kannst du beginnen:

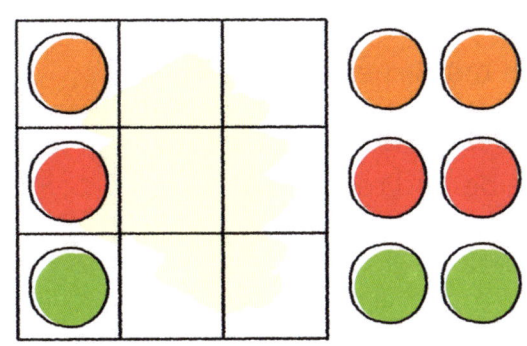

2 a) Trage die Ziffern 1, 2 und 3 in die Quadrate ein.
In jeder Zeile und in jeder Spalte muss jede Ziffer einmal eingetragen werden.
So kannst du beginnen:

b) Welche Zahlen entstehen in den Zeilen?

1. Zeile:    2. Zeile: ▮▮▮   3. Zeile: ▮▮▮

3 Finde 6 verschiedene Zahlenmauern mit der Zielzahl 100.

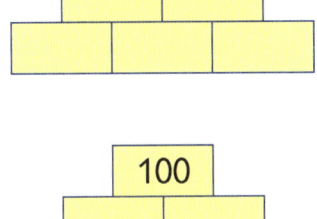   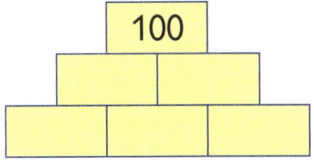   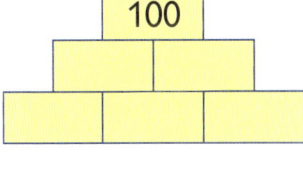

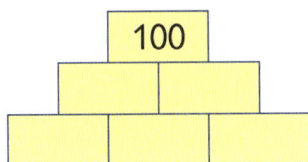   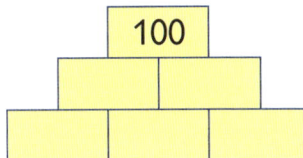   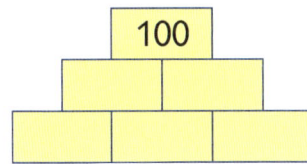

4 Finde 3 verschiedene Zahlenmauern mit der Zielzahl 70.

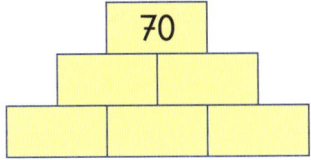   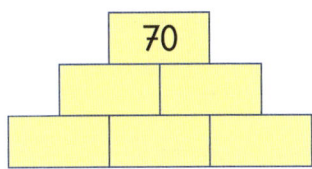   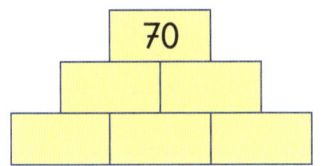

1: Spielsteine nach Vorgabe verteilen.   2: Ziffern nach Vorgabe eintragen. Zahlen in den Zeilen bestimmen.
3: Zahlenmauern zur Zielzahl 100 finden.   4: Zahlenmauern zur Zielzahl 70 finden.

Rechnen mit Größen – Kommaschreibweise

1 Ben kauft ein Netz mit Äpfeln für 2,35 € und
eine Tüte mit Birnen für 4,52 €.

a) Wie viel muss Ben bezahlen?
Schreibe und rechne so:

```
    2, 3 5 €
  + 4, 5 2 €
  _____
          €
```

Antwort: _____

_____

b) Wie viel Euro und Cent muss Ben bezahlen?

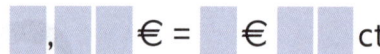 , ☐ ☐ € = ☐ € ☐ ☐ ct

c) Wie viel Cent sind das?

☐ € ☐ ☐ ct = ☐ ☐ ☐ ct

Tipp!
Das Komma trennt
Euro und Cent.

2 Lisa kauft Kuchen für 5,34 € und einen Blumenstrauß für 2,55 €.

a) Wie viel muss Lisa bezahlen?

Antwort: _____

_____

b) Wie viel Euro und Cent muss Lisa bezahlen?  ☐ , ☐ ☐ € = ☐ € ☐ ☐ ct

c) Wie viel Cent sind das?  ☐ € ☐ ☐ ct = ☐ ☐ ☐ ct

3
a)
```
    4, 3 4 €
  + 5, 4 5 €
  _____
```
b)
```
    3, 4 5 €
  + 6, 2 0 €
  _____
```
c)
```
    7, 0 5 €
  + 2, 5 4 €
  _____
```
d)
```
   4 2, 2 7 €
  + 3 4, 6 1 €
  _____
```

4
a)
```
    6, 4 0 €
  + 3, 2 4 €
  _____
```
b)
```
   1 2, 1 5 €
  +    2, 5 4 €
  _____
```
c)
```
   5 2, 7 2 €
  + 3 5, 1 6 €
  _____
```
d)
```
   2 3, 7 3 €
  + 4 4, 2 4 €
  _____
```

1 bis 4: Bedeutung des Kommas erfassen. Stellengerecht addieren. Ergebnis in Euro und Cent angeben können.

1 Maria hat in ihrer Geldbörse 8,79 €.
Sie kauft einen Korb Erdbeeren für 3,45 €.

a) Wie viel Geld hat sie noch?
Schreibe und rechne so:

```
   8,7 9 €
 − 3,4 5 €
 ─────────
         €
```

Antwort: _____

b) Wie viel Euro und Cent sind das?

 , € = € ▢▢ ct = ▢▢▢ ct

2 Tom hat 29,88 € in seiner Geldbörse.
Er kauft für 16,14 € eine CD.

a) Wie viel Geld hat er noch?

Antwort: _____

_____

b) Wie viel Euro und Cent sind das?

 , € = € ▢▢ ct = ▢▢▢▢ ct

3 a)
```
   4 7,4 9 €
 − 2 2,3 4 €
 ──────────
```
b)
```
   1 9,5 5 €
 − 1 3,2 5 €
 ──────────
```
c)
```
   6 0,9 0 €
 − 3 0,4 0 €
 ──────────
```
d)
```
   6 6,7 7 €
 − 2 6,7 0 €
 ──────────
```

4 a)
```
   3 9,6 4 €
 −   7,3 2 €
 ──────────
```
b)
```
   4 5,8 7 €
 −   5,5 4 €
 ──────────
```
c)
```
   6 8,7 7 €
 − 1 8,2 7 €
 ──────────
```
d)
```
   8 9,2 8 €
 − 3 9,0 8 €
 ──────────
```

5 Anna kauft für 8,23 € ein. Sie bezahlt mit einem 10 €-Schein.
Wie viel Geld bekommt sie zurück?

Antwort: _____

1 bis 4: Subtrahieren unter Beachtung des Kommas. 5: Inhalt erfassen. Aufgabe bilden, lösen und antworten.

27

1 Max legt zwei Leisten aneinander.
Die eine Leiste ist 3,64 m lang. Die
andere Leiste ist nur 2,25 m lang.

a) Wie lang sind die Leisten zusammen?
Schreibe und rechne so:

```
   3, 6 4 m
 + 2, 2 5 m
 _____
          m
```

Antwort: _____

Tipp!
Das Komma
trennt
Meter und
Zentimeter.

b) Wie viel Meter und Zentimeter sind 5,89 m?

▮,▮▮ m = ▮ m ▮▮ cm

2 Anna hat zwei Bänder.
Das eine Band ist 4,24 m lang. Das andere Band ist 5,74 m lang.

a) Wie lang sind die Bänder zusammen?

Antwort: _____

_____

b) Wie viel Meter und Zentimeter sind die Bänder zusammen lang?

▮,▮▮ m = ▮ m ▮▮ cm

3 a)
```
   6, 2 4 m
 + 1, 6 4 m
 _____
```
b)
```
   5, 3 0 m
 + 4, 1 4 m
 _____
```
c)
```
   7, 0 6 m
 + 2, 3 2 m
 _____
```
d)
```
  1 2, 2 7 m
 + 3 4, 5 2 m
 _____
```

4 a)
```
  3 2, 3 3 m
 +   7, 4 4 m
 _____
```
b)
```
  4 0, 5 5 m
 + 3 7, 2 4 m
 _____
```
c)
```
  2 5, 0 6 m
 + 4 2, 7 3 m
 _____
```
d)
```
  6 0, 0 4 m
 + 2 9, 9 5 m
 _____
```

5 a)
```
   6, 3 4 m
 + 3, 2 5 m
 _____
```
b)
```
   4, 6 0 m
 + 5, 3 3 m
 _____
```
c)
```
  1 4, 0 7 m
 + 3 5, 5 2 m
 _____
```
d)
```
  2 7, 0 6 m
 + 4 2, 0 3 m
 _____
```

1 bis 5: Stellengerecht addieren. Ergebnis in Meter und Zentimeter angeben.

1 Anna schneidet von einem 5,68 m langen Band 3,25 m ab.

a) Wie lang ist das Band noch?
Schreibe und rechne so:

```
  5, 6 8 m
− 3, 2 5 m
──────────        Antwort: _____
        m
──────────
```

b) Wie viele Meter und Zentimeter hat Anna abgeschnitten?

 , ▢▢ m = ▢ m ▢▢ cm

Antwort: _____

c) Wie viel Meter und Zentimeter ist das Band noch lang?

▢ m ▢▢ cm

Antwort: _____

2
a)
```
  3 6, 8 9 m
− 2 4, 6 4 m
────────────
────────────
```
b)
```
  4 9, 7 9 m
− 2 9, 7 6 m
────────────
────────────
```
c)
```
  5 7, 9 4 m
−    4, 9 2 m
────────────
────────────
```
d)
```
  6 8, 0 8 m
−     8, 0 4 m
────────────
────────────
```

3
a)
```
  5 7, 6 4 m
−    3, 4 3 m
────────────
────────────
```
b)
```
  1 9, 9 9 m
−    9, 0 9 m
────────────
────────────
```
c)
```
  8 7, 6 8 m
−    6, 6 5 m
────────────
────────────
```
d)
```
  4 8, 5 7 m
−    4, 0 7 m
────────────
────────────
```

4 Schreibe erst stellengerecht untereinander. Rechne dann.

37, 9 8 m − 2, 5 3 m

```
   3 7, 9 8 m
−     2, 5 3 m
─────────────
   3 5, 4 5 m
─────────────
```

a) 6 9, 7 6 m − 8, 5 4 m

b) 5 4, 9 7 m − 4, 6 5 m

c) 8 9, 9 6 m − 9, 5 0 m

1: Subtrahieren. Ergebnis in Meter und Zentimeter angeben.   2, 3: Stellengerecht subtrahieren.
4: Stellengerecht untereinander schreiben. Subtrahieren.

29

Sachaufgaben – In der Schule, im Schulgarten und auf dem Sportplatz

1 In der Regenbogenschule lernen 216 Mädchen und 178 Jungen.
Wie viele Kinder lernen insgesamt in dieser Schule?

Antwort: _____

2 Beim Sommerfest der Schule gab es für die Tombola 476 Lose. Davon wurden 322 Lose verkauft.
Wie viele Lose blieben übrig?

Antwort: _____

3 Ben kauft sich eine Bockwurst für 1,25 € und eine Flasche Apfelsaft für 1,13 €.
Wie viel muss er bezahlen?

Antwort: _____

4 Lisa kauft sich eine Pizza für 3,60 €. Sie bezahlt mit einem 5 Euro-Schein.
Wie viel Geld bekommt sie zurück?

Antwort: _____

1 bis 4: Inhalt erfassen. Aufgabe bilden und lösen. Im Satz antworten.

1 Aus dem Schulgarten wurden für 13,40 € Erdbeeren und für 6,56 € Radieschen verkauft.
Wie viel Geld haben die Kinder eingenommen?

Antwort: _____

2 Zwei Körbe Erdbeeren kosten 16,80 €.
Herr Kluge bezahlt mit einem 20 Euro-Schein.
Wie viel Geld bekommt er zurück?
Lege und bezahle mit Rechengeld.

Antwort: _____

3 Am Gartenzaun werden zwei Bänder mit bunten Fähnchen angebracht.
Ein Band ist 23,40 m lang. Das andere Band ist 15,60 m lang.
Wie lang sind die Bänder zusammen?

Antwort: _____

4 Die drei besten Ergebnisse beim Ballweitwurf:
Max: 12,70 m   Lisa: 13,80 m   Ben: 12,50 m
Stimmt es? Überprüfe und kreuze an.

   a) Max hat 1,10 m weiter geworfen als Lisa.

     ja ◯   nein ◯

   b) Lisa hat 100 cm weiter geworfen als Ben.

     ja ◯   nein ◯

5 Tom springt 2,78 m weit. Ben springt 269 cm weit.
Max springt 2 m und 63 cm.
Wer ist am weitesten gesprungen?

Antwort: _____

1 bis 5: Inhalt erfassen. Aufgabe bilden und lösen. Im Satz antworten.

31

Multiplizieren mit 4

1 Wie viele Räder werden benötigt für:

a) 2 Autos

Es werden ☐ Räder benötigt.

b) 3 Autos

Es werden ☐☐ Räder benötigt.

c) 4 Autos

Es werden ☐☐ Räder benötigt.

d) 5 Autos

Es werden ☐☐ Räder benötigt.

e) 6 Autos

Es werden ☐☐ Räder benötigt.

Rechne so: 4 + 4 = 8
                 2 · 4 = 8

4 + ☐ + ☐ = ☐☐

☐ · 4 = ☐☐

☐ + ☐ + ☐ + ☐ = ☐☐

☐ · ☐ = ☐☐

2 Ordne den Lösungen die passenden Aufgaben zu.
Male sie mit der gleichen Farbe aus.

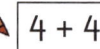

| 4 + 4 | 4 + 4 + 4 | 4 + 4 + 4 + 4 | 4 + 4 + 4 + 4 +4 | 4 + 4 + 4 + 4 + 4 +4 |

16   8   20   12   24

| 5 · 4 | 3 · 4 | 6 · 4 | 4 · 4 | 2 · 4 |

1: Sachverhalt erfassen. Additions- und Multiplikationsaufgabe bilden und lösen.   2: Aufgaben und Lösungen einander zuordnen.

Diese Kernaufgaben gut merken.

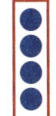  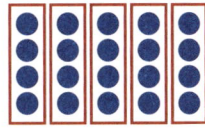  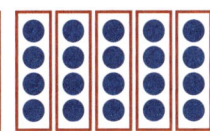

$1 \cdot 4 = 4$ $2 \cdot 4 = 8$ $5 \cdot 4 = 20$ $10 \cdot 4 = 40$

1
$1 \cdot 4 =$ ⬜ ⎫ + 4
$2 \cdot 4 =$ ⬜ ⎬ + 4
$3 \cdot 4 =$ ⬜⬜

$5 \cdot 4 =$ ⬜⬜ ⎫ + 4
$6 \cdot 4 =$ ⬜⬜ ⎬ + 4
$7 \cdot 4 =$ ⬜⬜

$10 \cdot 4 =$ ⬜⬜ ⎫ − 4
$9 \cdot 4 =$ ⬜⬜ ⎬ − 4
$8 \cdot 4 =$ ⬜⬜

$5 \cdot 4 =$ ⬜⬜ ⎫ − 4
$4 \cdot 4 =$ ⬜⬜ ⎬ − 4
$3 \cdot 4 =$ ⬜⬜

2 Verdopple.

$1 \cdot 4 =$ ⬜
$2 \cdot 4 =$ ⬜

$2 \cdot 4 =$ ⬜
$4 \cdot 4 =$ ⬜⬜

$4 \cdot 4 =$ ⬜⬜
$8 \cdot 4 =$ ⬜⬜

$3 \cdot 4 =$ ⬜⬜
$6 \cdot 4 =$ ⬜⬜

3
$2 \cdot 4 =$ ⬜
$4 \cdot 4 =$ ⬜⬜
$1 \cdot 4 =$ ⬜
$3 \cdot 4 =$ ⬜⬜

$5 \cdot 4 =$ ⬜⬜
$10 \cdot 4 =$ ⬜⬜
$9 \cdot 4 =$ ⬜⬜
$8 \cdot 4 =$ ⬜⬜

$6 \cdot 4 =$ ⬜⬜
$7 \cdot 4 =$ ⬜⬜
$0 \cdot 4 =$ ⬜
$9 \cdot 4 =$ ⬜⬜

$0 \cdot 4 =$ 0 ⎫ + 4
$1 \cdot 4 =$ 4 ⎬ + 4
$2 \cdot 4 =$ 8 ⎬ + 4
$3 \cdot 4 =$ ⬜⬜ ⎬ + 4
$4 \cdot 4 =$ ⬜⬜ ⎬ + 4
$5 \cdot 4 =$ 20 ⎬ + 4
$6 \cdot 4 =$ ⬜⬜ ⎬ + 4
$7 \cdot 4 =$ ⬜⬜ ⎬ + 4
$8 \cdot 4 =$ ⬜⬜ ⎬ + 4
$9 \cdot 4 =$ ⬜⬜ ⎬ + 4
$10 \cdot 4 =$ 40

4 **Freundeaufgabe – Aufgaben zur Malfolge der 4**

Du bildest eine Aufgabe
zur Malfolge der 4.
Dein Lernpartner nennt
die Lösung.
Wenn die Lösung richtig
ist, dann stellt er dir eine
Aufgabe und du löst sie.

$3 \cdot 4 = ?$ 12

1, 2: Kernaufgaben in ihrer Bedeutung für weitere Aufgaben verstehen, Aufgaben lösen.   3. Produkt berechnen.
4: Freundeaufgabe: In Partnerarbeit die Malfolge der 4 üben.

33

Dividieren durch 4

1

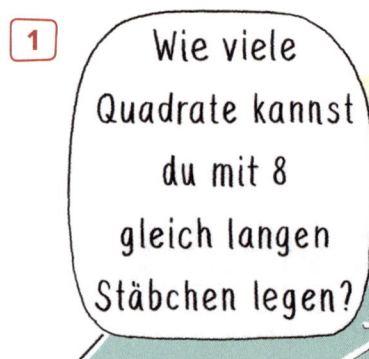

ja ◯

nein ◯

8 : 4 = ⬜, denn ⬜ · 4 = ⬜   ⬜⬜ : ⬜ = ⬜, denn ⬜ · ⬜ = ⬜⬜

2

Stäbchen /	4	12	8	20	16	40	24	28	36	32
Quadrate ⬜	1									

3 Teile auf in Gruppen zu je 4 Punkten. Bilde die Aufgabe dazu.

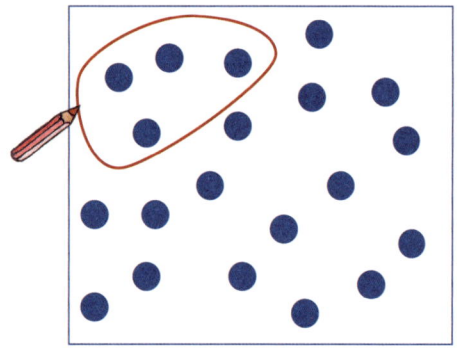 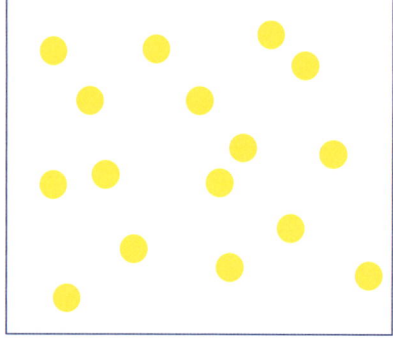 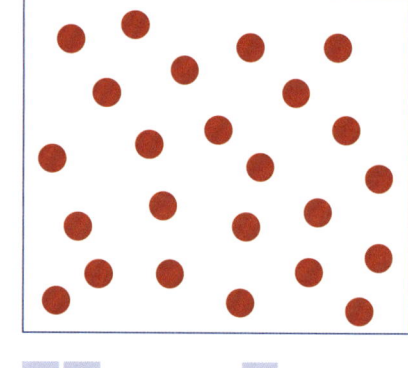

20 : 4 = ⬜, denn   ⬜⬜ : 4 = ⬜, denn   ⬜⬜ : 4 = ⬜, denn

⬜ · 4 = ⬜⬜   ⬜ · 4 = ⬜⬜   ⬜ · 4 = ⬜⬜

4   8 : 4 = ⬜, denn ⬜ · 4 = ⬜   20 : 4 = ⬜, denn ⬜ · ⬜ = ⬜⬜

16 : 4 = ⬜, denn ⬜ · ⬜ = ⬜⬜   28 : 4 = ⬜, denn ⬜ · ⬜ = ⬜⬜

 4 : 4 = ⬜, denn ⬜ · ⬜ = ⬜   36 : 4 = ⬜, denn ⬜ · ⬜ = ⬜⬜

12 : 4 = ⬜, denn ⬜ · ⬜ = ⬜⬜   24 : 4 = ⬜, denn ⬜ · ⬜ = ⬜⬜

40 : 4 = ⬜⬜, denn ⬜⬜ · ⬜ = ⬜⬜   32 : 4 = ⬜, denn ⬜ · ⬜ = ⬜⬜

1: Aufgabe und Umkehraufgabe finden und lösen.   2: Tabelle ergänzen.   3: Divisions- und Multiplikationsaufgabe zuordnen und lösen.
4: Dividieren, Ergebnis mit der Umkehraufgabe begründen.

1   8 : 4 = ☐   12 : 4 = ☐   40 : 4 = ☐☐   16 : 4 = ☐
        16 : 4 = ☐   24 : 4 = ☐   20 : 4 = ☐☐   32 : 4 = ☐

2   4 · 2 = ☐   3 · 4 = ☐☐   8 · 2 = ☐☐   10 · 2 = ☐☐
        2 · 4 = ☐   6 · 2 = ☐☐   4 · 4 = ☐☐   2 · 10 = ☐☐

3   8 : 2 = ☐   12 : 2 = ☐   16 : 2 = ☐   20 : 2 = ☐☐
        8 : 4 = ☐   12 : 4 = ☐   16 : 4 = ☐   20 : 4 = ☐

Bilde Aufgabenfamilien.

4

2   4   8

2 · 4 = ☐   ☐ : ☐ = ☐
☐ · ☐ = ☐   ☐ : ☐ = ☐

10   4   40

☐☐ · ☐ = ☐☐   ☐☐ : ☐ = ☐☐
☐ · ☐☐ = ☐☐   ☐☐ : ☐☐ = ☐

5

20   4   5

☐ · ☐ = ☐☐   ☐☐ : ☐ = ☐
☐ · ☐ = ☐☐   ☐☐ : ☐ = ☐

4   1   4

☐ · ☐ = ☐   ☐ : ☐ = ☐
☐ · ☐ = ☐   ☐ : ☐ = ☐

6 Im Lager befinden sich noch 36 Räder.
Für wie viele Autos reichen die Räder?

☐☐ ⬭ ☐ = ☐   Antwort: _____

7 Herr Geiger wechselt an 5 Autos die Reifen.
Wie viele Räder braucht Herr Geiger?

☐ ⬭ ☐ = ☐☐   Antwort: _____

1 bis 3: Multiplizieren und Dividieren, Strukturen erkennen.   4, 5: Aufgabenfamilien bilden und lösen.
6, 7: Inhalt erfassen, Aufgabe finden und lösen, im Satz antworten.

Multiplizieren mit 8

1 Wie viele Stäbchen benötigst du für:

a) 2 Igelkastanien

Ich benötige ▢▢ Stäbchen.

Rechne so:	8 + 8 = 16
	2 · 8 = 16

b) 3 Igelkastanien

Ich benötige ▢▢ Stäbchen.

8 + ▢ + ▢ = ▢▢

▢ · 8 = ▢▢

c) 4 Igelkastanien

Ich benötige ▢▢ Stäbchen.

▢ + ▢ + ▢ + ▢ = ▢▢

▢ · ▢ = ▢▢

d) 5 Igelkastanien

Ich benötige ▢▢ Stäbchen.

e) 6 Igelkastanien

Ich benötige ▢▢ Stäbchen.

2 Ordne den Lösungen die passenden Aufgaben zu.
Male sie mit gleicher Farbe aus.

| 8 + 8 + 8 | 8 + 8 + 8 + 8 + 8 + 8 | 8 + 8 | 8 + 8 + 8 + 8 + 8 | 8 + 8 + 8 + 8 |

16   32   40   24   48

| 3 · 8 | 2 · 8 | 6 · 8 | 4 · 8 | 5 · 8 |

Diese Kernaufgaben gut merken.

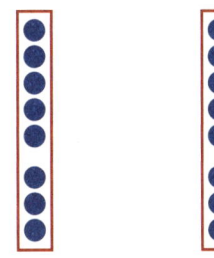 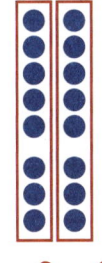 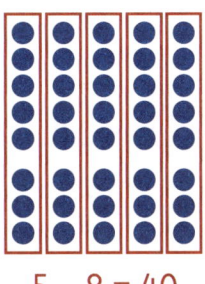 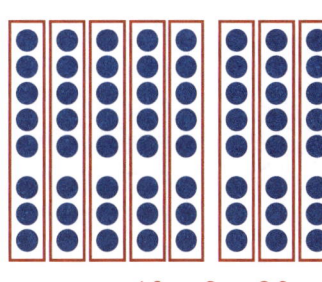

1 · 8 = 8   2 · 8 = 16   5 · 8 = 40   10 · 8 = 80

1

1 · 8 = ☐   5 · 8 = ☐☐   10 · 8 = ☐☐   5 · 8 = ☐☐
)+ 8   )+ 8   )− 8   )− 8
2 · 8 = ☐☐   6 · 8 = ☐☐   9 · 8 = ☐☐   4 · 8 = ☐☐
)+ 8   )+ 8   )− 8   )− 8
3 · 8 = ☐☐   7 · 8 = ☐☐   8 · 8 = ☐☐   3 · 8 = ☐☐

---

2 Tom verdoppelt.

1 · 8 = ☐   2 · 8 = ☐☐   4 · 8 = ☐☐   3 · 8 = ☐☐

2 · 8 = ☐☐   4 · 8 = ☐☐   8 · 8 = ☐☐   6 · 8 = ☐☐

3

1 · 8 = ☐   0 · 8 = ☐   10 · 8 = ☐☐

2 · 8 = ☐☐   3 · 8 = ☐☐   5 · 8 = ☐☐

4 · 8 = ☐☐   6 · 8 = ☐☐   8 · 8 = ☐☐

8 · 8 = ☐☐   9 · 8 = ☐☐   7 · 8 = ☐☐

0 · 8 =	0	)+ 8
1 · 8 =	8	)+ 8
2 · 8 =	16	)+ 8
3 · 8 =	☐☐	)+ 8
4 · 8 =	☐☐	)+ 8
5 · 8 =	40	)+ 8
6 · 8 =	☐☐	)+ 8
7 · 8 =	☐☐	)+ 8
8 · 8 =	☐☐	)+ 8
9 · 8 =	☐☐	)+ 8
10 · 8 =	80	

---

4 ### Freundeaufgabe – Aufgaben zur Malfolge der 8

Du bildest eine Aufgabe
zur Malfolge der 8.
Dein Lernpartner nennt
die Lösung.
Wenn die Lösung richtig
ist, dann stellt er dir eine
Aufgabe und du löst sie.

5 · 8 = ?   40

1, 2: Kernaufgaben in ihrer Bedeutung für weitere Aufgaben verstehen, Aufgaben lösen.   3: Produkt berechnen.
4: Freundeaufgabe: In Partnerarbeit die Malfolge der 8 üben.

37

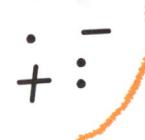

Dividieren durch 8

1 Der Bauer verpackt 24 Äpfel in Körbe. In einen Korb legt er immer 8 Äpfel.
Wie viele Körbe benötigt der Bauer?

24 : 8 = ☐ , denn ☐ · 8 = ☐☐

Antwort: _____

2

Äpfel	8	24	40	16	32	80	64	72	48	56
Körbe	1									

3 Teile auf in Gruppen zu je 8 Punkten auf. Bilde die Aufgabe dazu.

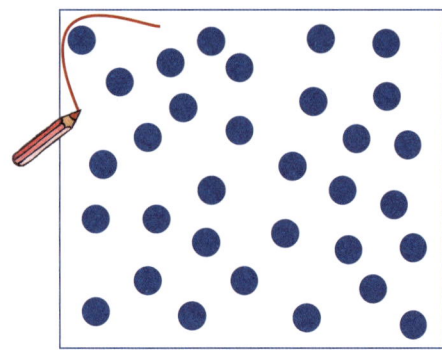 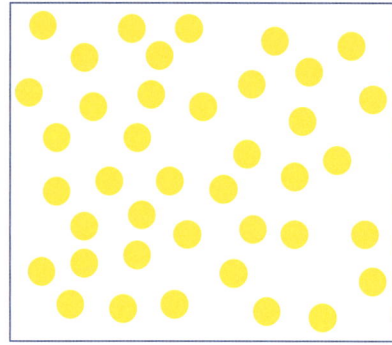 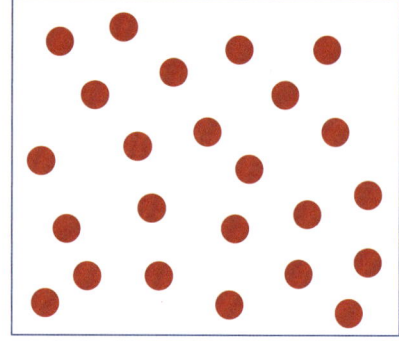

32 : 8 = ☐ , denn   ☐ : 8 = ☐ , denn   ☐☐ : 8 = ☐ , denn

☐ · 8 = ☐☐   ☐ · 8 = ☐☐   ☐ · 8 = ☐☐

4
16 : 8 = ☐ , denn ☐ · ☐ = ☐☐   48 : 8 = ☐ , denn ☐ · ☐ = ☐☐

32 : 8 = ☐ , denn ☐ · ☐ = ☐☐   72 : 8 = ☐ , denn ☐ · ☐ = ☐☐

64 : 8 = ☐ , denn ☐ · ☐ = ☐☐   24 : 8 = ☐ , denn ☐ · ☐ = ☐☐

40 : 8 = ☐ , denn ☐ · ☐ = ☐☐   56 : 8 = ☐ , denn ☐ · ☐ = ☐☐

1: Aufgabe und Umkehraufgabe finden und lösen.   2: Tabelle ergänzen.   3: Divisions- und Multiplikationsaufgabe zuordnen und lösen.
4: Dividieren, Ergebnis mit der Umkehraufgabe begründen.

1   80 : 8 = ☐☐   16 : 8 = ☐   24 : 8 = ☐   64 : 8 = ☐

     40 : 8 = ☐   32 : 8 = ☐   48 : 8 = ☐   72 : 8 = ☐

2   2 · 8 = ☐☐   3 · 8 = ☐☐   10 · 4 = ☐☐   4 · 8 = ☐☐

     4 · 4 = ☐☐   6 · 4 = ☐☐   5 · 8 = ☐☐   8 · 4 = ☐☐

3   8 : 4 = ☐   16 : 4 = ☐   24 : 4 = ☐   40 : 8 = ☐

     8 : 8 = ☐   16 : 8 = ☐   24 : 8 = ☐   40 : 4 = ☐☐

Bilde Aufgabenfamilien.

4
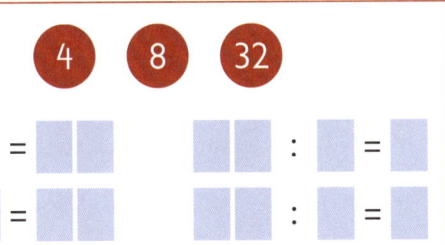
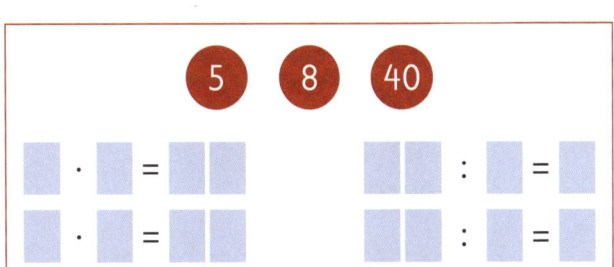

④ ⑧ 32

4 · 8 = ☐☐   ☐☐ : ☐ = ☐

☐ · ☐ = ☐☐   ☐☐ : ☐ = ☐

⑤ ⑧ 40

☐ · ☐ = ☐☐   ☐☐ : ☐ = ☐

☐ · ☐ = ☐☐   ☐☐ : ☐ = ☐

5
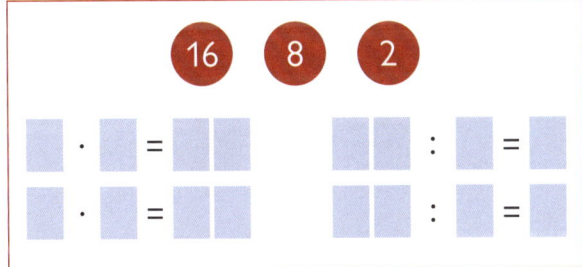
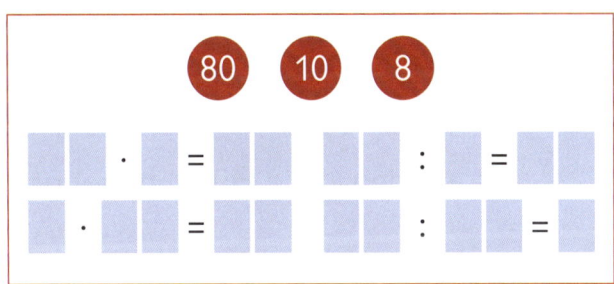

16 ⑧ ②

☐ · ☐ = ☐☐   ☐☐ : ☐ = ☐

☐ · ☐ = ☐☐   ☐☐ : ☐ = ☐

80 10 ⑧

☐☐ · ☐ = ☐☐   ☐☐ : ☐ = ☐☐

☐ · ☐ = ☐☐   ☐☐ : ☐☐ = ☐

6   Tim verteilt 32 Gummibärchen gerecht an 8 Kinder.
Wie viele Gummibärchen erhält jedes Kind?

 ◯ = ☐   Antwort: _____

7   Im Speiseraum sitzen immer 8 Kinder an einem Tisch.
7 Tische sind besetzt. Wie viele Kinder sind im Speiseraum?

 ◯ =   Antwort: _____

Multiplizieren mit 3

1 Wie viele Flügel werden benötigt für:

a) 2 Windräder

Es werden ▢ Flügel benötigt.

Rechne so: $3 + 3 = 6$
                 $2 \cdot 3 = 6$

b) 3 Windräder

Es werden ▢ Flügel benötigt.

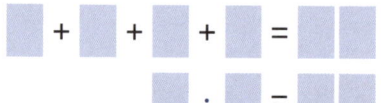

$3 + \square + \square = \square$

$\square \cdot 3 = \square$

c) 4 Windräder

Es werden ▢▢ Flügel benötigt.

$\square + \square + \square + \square = \square\square$

$\square \cdot \square = \square\square$

d) 5 Windräder

Es werden ▢▢ Flügel benötigt.

e) 6 Windräder

Es werden ▢▢ Flügel benötigt.

2 Ordne den Lösungen die passenden Aufgaben zu.
Male sie mit gleicher Farbe aus.

| 3 + 3 | 3 + 3 + 3 + 3 | 3 + 3 + 3 + 3 + 3 + 3 | 3 + 3 + 3 | 3 + 3 + 3 + 3 + 3 |

9   **15**   **18**   **6**   **12**

| 6 · 3 | 5 · 3 | 2 · 3 | 4 · 3 | 3 · 3 |

1: Sachverhalt erfassen. Additions- und Multiplikationsaufgaben finden und lösen.   2: Aufgaben und Lösungen einander zuordnen.

Die Kernaufgaben gut merken.

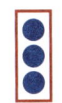 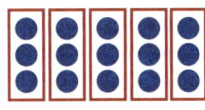 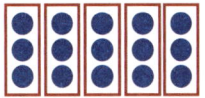 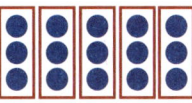

MERKE DIR

1 · 3 = 3   2 · 3 = 6   5 · 3 = 15   10 · 3 = 30

1

1 · 3 = ☐   ) + 3   5 · 3 = ☐☐   ) + 3   10 · 3 = ☐☐   ) − 3   5 · 3 = ☐☐   ) − 3
2 · 3 = ☐   6 · 3 = ☐☐   9 · 3 = ☐☐   4 · 3 = ☐☐

2 Verdopple.

1 · 3 = ☐   2 · 3 = ☐   4 · 3 = ☐☐   3 · 3 = ☐
2 · 3 = ☐   4 · 3 = ☐☐   8 · 3 = ☐☐   6 · 3 = ☐☐

3

10 · 3 = ☐☐   4 · 3 = ☐☐   6 · 3 = ☐☐   9 · 3 = ☐☐
5 · 3 = ☐☐   7 · 3 = ☐☐   8 · 3 = ☐☐   2 · 3 = ☐

4

1 · 3 = ☐   0 · 3 = ☐   5 · 3 = ☐☐
2 · 3 = ☐   3 · 3 = ☐   10 · 3 = ☐☐
4 · 3 = ☐☐   6 · 3 = ☐☐   7 · 3 = ☐☐
8 · 3 = ☐☐   9 · 3 = ☐☐   3 · 3 = ☐

0 · 3 = 0   ) + 3
1 · 3 = 3   ) + 3
2 · 3 = 6   ) + 3
3 · 3 = ☐   ) + 3
4 · 3 = ☐☐   ) + 3
5 · 3 = 15   ) + 3
6 · 3 = ☐☐   ) + 3
7 · 3 = ☐☐   ) + 3
8 · 3 = ☐☐   ) + 3
9 · 3 = ☐☐   ) + 3
10 · 3 = 30

5 **Freundeaufgabe – Aufgaben zur Malfolge der 3**

Du bildest eine Aufgabe zur Malfolge der 3.
Dein Lernpartner nennt die Lösung.
Wenn die Lösung richtig ist, dann stellt er dir eine Aufgabe und du löst sie.

2 · 3 = ?

6

1, 2: Kernaufgaben in ihrer Bedeutung für weitere Aufgaben verstehen, Aufgaben lösen.   3, 4: Produkt berechnen.
5: Freundeaufgabe: In Partnerarbeit die Malfolge der 8 üben.

Dividieren durch 3

1

Wie viele Dreiecke kannst du mit 9 Stäbchen legen?

Kannst du mit 12 Stäbchen 4 Dreiecke legen?

ja ◯

nein ◯

9 : 3 = ▢ , denn ▢ · 3 = ▢   ▢▢ : ▢ = ▢ , denn ▢ · ▢ = ▢▢

2

Stäbchen ╱	3	9	12	18	30	27	15	21	24	6
Dreiecke △	1									

3 Teile auf in Gruppen zu je 3 Punkten. Bilde die Aufgabe dazu.

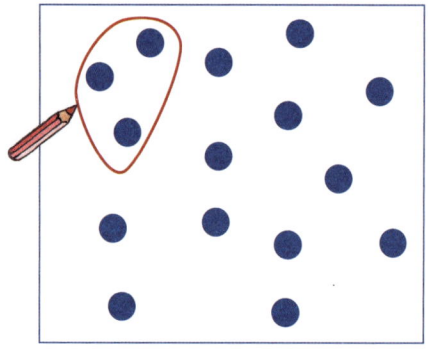

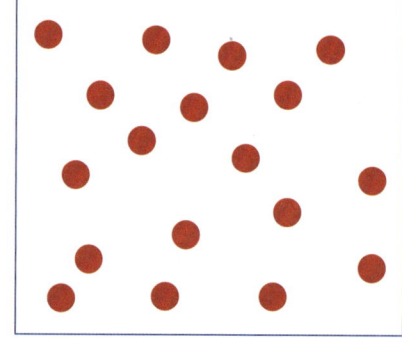

15 : 3 = ▢ , denn   ▢▢ : 3 = ▢ , denn   ▢▢ : 3 = ▢ , denn

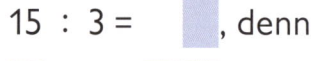   ▢ · 3 = ▢▢   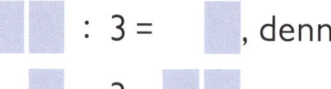   ▢ · 3 = ▢▢   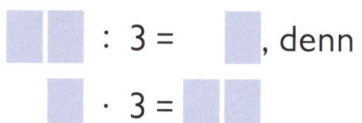   ▢ · 3 = ▢▢

4

9 : 3 = ▢ , denn ▢ · 3 = ▢   30 : 3 = ▢▢ , denn ▢▢ · ▢ = ▢▢

15 : 3 = ▢ , denn ▢ · ▢ = ▢▢   27 : 3 = ▢ , denn ▢ · ▢ = ▢▢

21 : 3 = ▢ , denn ▢ · ▢ = ▢▢   3 : 3 = ▢ , denn ▢ · ▢ = ▢

6 : 3 = ▢ , denn ▢ · ▢ = ▢   18 : 3 = ▢ , denn ▢ · ▢ = ▢▢

12 : 3 = ▢ , denn ▢ · ▢ = ▢▢   24 : 3 = ▢ , denn ▢ · ▢ = ▢▢

1: Aufgabe und Umkehraufgabe finden und lösen.   2: Tabelle ergänzen.   3: Divisions- und Multiplikationsaufgabe zuordnen und lösen.
4: Dividieren, Ergebnis mit der Umkehraufgabe begründen.

1   6 : 3 = ☐   9 : 3 = ☐   15 : 3 = ☐   12 : 3 = ☐

    12 : 3 = ☐   18 : 3 = ☐   30 : 3 = ☐☐   24 : 3 = ☐

2   2 · 3 = ☐   6 · 3 = ☐☐   8 · 3 = ☐☐   9 · 3 = ☐☐

    3 · 2 = ☐   3 · 6 = ☐☐   3 · 8 = ☐☐   3 · 9 = ☐☐

3   18 : 3 = ☐   12 : 3 = ☐   24 : 3 = ☐   30 : 3 = ☐☐

    9 : 3 = ☐   6 : 3 = ☐   12 : 3 = ☐   15 : 3 = ☐

Bilde Aufgabenfamilien.

4
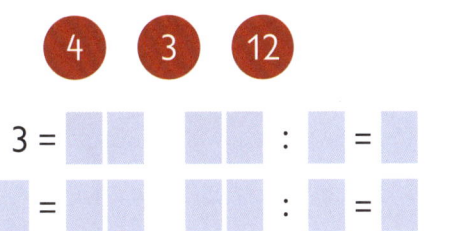

5
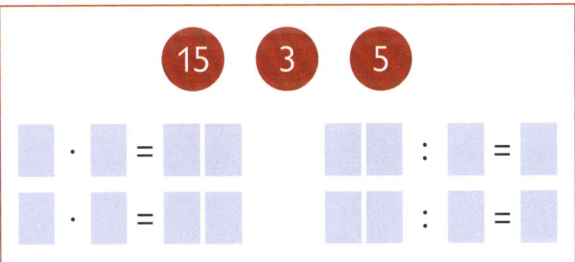 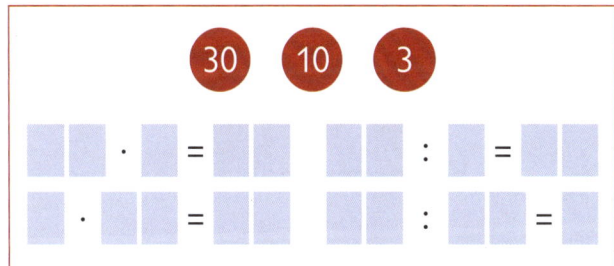

6 Auf dem Tisch stehen 7 Tabletts mit je 3 Gläsern Schokomilch.
Wie viele Gläser Schokomilch sind es insgesamt?

   ☐ ● ☐ = ☐☐   Antwort: _____

7 Tina hat 12 Blumen. Sie stellt immer 3 Blumen in eine Vase.
Wie viele Vasen benötigt Tina?

   ☐☐ ● ☐ = ☐   Antwort: _____

1 bis 3: Multiplizieren und Dividieren, Strukturen erkennen.   4, 5: Aufgabenfamilien bilden.
6, 7: Inhalt erfassen, Aufgabe finden und lösen, im Satz antworten.

43

Multiplizieren mit 6

1 Wie viele Beine haben die Käfer insgesamt?

a) 2 Käfer

   haben zusammen ☐☐ Beine.

Rechne so:	6 + 6 = 12
	2 · 6 = 12

b) 3 Käfer

   haben zusammen ☐☐ Beine.

6 + ☐ + ☐ = ☐☐

☐ · 6 = ☐☐

c) 4 Käfer

   haben zusammen ☐☐ Beine.

☐ + ☐ + ☐ + ☐ = ☐☐

☐ · ☐ = ☐☐

d) 5 Käfer

   haben zusammen ☐☐ Beine.

e) 6 Käfer

   haben zusammen ☐☐ Beine.

2 Ordne den Lösungen die passenden Aufgaben zu.
Male sie mit gleicher Farbe aus.

6 + 6	6 + 6 + 6 + 6 + 6	6 + 6 + 6	6 + 6 + 6 + 6 + 6 + 6	6 + 6 + 6 + 6

24 18 30 12 36

4 · 6	6 · 6	3 · 6	5 · 6	2 · 6

1: Sachverhalt erfassen. Additions- und Multiplikationsaufgaben finden und lösen.   2: Aufgaben und Lösungen einander zuordnen.

Diese Kernaufgaben gut merken.　　　　　　　　　　　　　　**MERKE DIR**

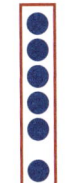 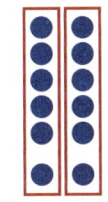 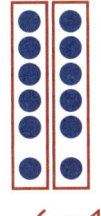 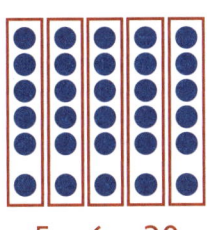 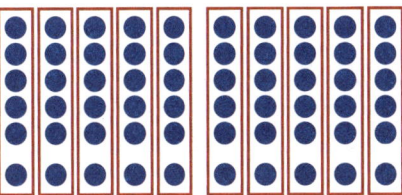

$1 \cdot 6 = 6$　　　$2 \cdot 6 = 12$　　　$5 \cdot 6 = 30$　　　　　　$10 \cdot 6 = 60$

1
$1 \cdot 6 = \square$
$2 \cdot 6 = \square\square$ $\Big\} + 6$
$3 \cdot 6 = \square\square$ $\Big\} + 6$

$5 \cdot 6 = \square\square$
$6 \cdot 6 = \square\square$ $\Big\} + 6$
$7 \cdot 6 = \square\square$ $\Big\} + 6$

$10 \cdot 6 = \square\square$
$9 \cdot 6 = \square\square$ $\Big\} - 6$
$8 \cdot 6 = \square\square$ $\Big\} - 6$

$5 \cdot 6 = \square\square$
$4 \cdot 6 = \square\square$ $\Big\} - 6$
$3 \cdot 6 = \square\square$ $\Big\} - 6$

2 Verdopple.

$1 \cdot 6 = \square$
$2 \cdot 6 = \square\square$

$2 \cdot 6 = \square\square$
$4 \cdot 6 = \square\square$

$4 \cdot 6 = \square\square$
$8 \cdot 6 = \square\square$

$3 \cdot 6 = \square\square$
$6 \cdot 6 = \square\square$

3
$1 \cdot 6 = \square$
$2 \cdot 6 = \square\square$
$4 \cdot 6 = \square\square$
$8 \cdot 6 = \square\square$

$0 \cdot 6 = \square$
$3 \cdot 6 = \square\square$
$6 \cdot 6 = \square\square$
$9 \cdot 6 = \square\square$

$10 \cdot 6 = \square\square$
$5 \cdot 6 = \square\square$
$8 \cdot 6 = \square\square$
$7 \cdot 6 = \square\square$

$0 \cdot 6 = \quad 0$ $\Big\} + 6$
$1 \cdot 6 = \quad 6$ $\Big\} + 6$
$2 \cdot 6 = \quad 12$ $\Big\} + 6$
$3 \cdot 6 = \square\square$ $\Big\} + 6$
$4 \cdot 6 = \square\square$ $\Big\} + 6$
$5 \cdot 6 = \quad 30$ $\Big\} + 6$
$6 \cdot 6 = \square\square$ $\Big\} + 6$
$7 \cdot 6 = \square\square$ $\Big\} + 6$
$8 \cdot 6 = \square\square$ $\Big\} + 6$
$9 \cdot 6 = \square\square$ $\Big\} + 6$
$10 \cdot 6 = \quad 60$

4 Freundeaufgabe – Aufgaben zur Malfolge der 6

Du bildest eine Aufgabe zur Malfolge der 6. Dein Lernpartner nennt die Lösung. Wenn die Lösung richtig ist, dann stellt er dir eine Aufgabe und du löst sie.

$3 \cdot 6 = ?$　18

Dividieren durch 6

1 Der Bauer hat 30 Eier. In einer Packung sind 6 Eier.
Wie viele Packungen benötigt der Bauer?

30 : 6 = ⬜ , denn ⬜ · 6 = ⬜⬜

Antwort: _____

2

Eier ⬭	6	12	24	18	60	54	36	42	48
Packungen	1								

3 Teile auf in Gruppen zu je 6 Punkten. Bilde die Aufgabe dazu.

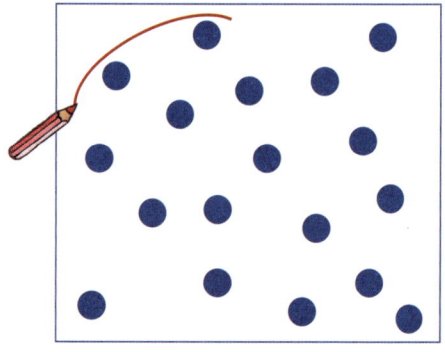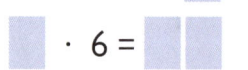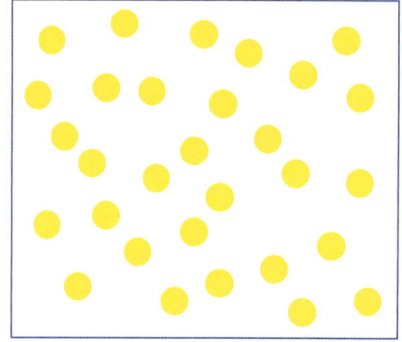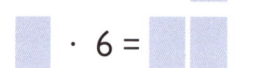

18 : 6 = ⬜ , denn ⬜ · 6 = ⬜⬜

30 : 6 = ⬜ , denn ⬜ · 6 = ⬜⬜

24 : 6 = ⬜ , denn ⬜ · 6 = ⬜⬜

4
12 : 6 = ⬜ , denn ⬜ · ⬜ = ⬜⬜   30 : 6 = ⬜ , denn ⬜ · ⬜ = ⬜⬜

60 : 6 = ⬜⬜ , denn ⬜⬜ · ⬜ = ⬜⬜   42 : 6 = ⬜ , denn ⬜ · ⬜ = ⬜⬜

6 : 6 = ⬜ , denn ⬜ · ⬜ = ⬜   12 : 6 = ⬜ , denn ⬜ · ⬜ = ⬜⬜

18 : 6 = ⬜ , denn ⬜ · ⬜ = ⬜⬜   54 : 6 = ⬜ , denn ⬜ · ⬜ = ⬜⬜

36 : 6 = ⬜ , denn ⬜ · ⬜ = ⬜⬜   48 : 6 = ⬜ , denn ⬜ · ⬜ = ⬜⬜

1: Aufgabe und Umkehraufgabe finden und lösen. 2: Tabelle ergänzen. 3: Divisions- und Multiplikationsaufgabe zuordnen und lösen.
4: Dividieren, Ergebnis mit der Umkehraufgabe begründen.

1 12 : 6 = ☐   60 : 6 = ☐☐   18 : 6 = ☐   24 : 6 = ☐

24 : 6 = ☐   30 : 6 = ☐   36 : 6 = ☐   48 : 6 = ☐

2 2 · 6 = ☐☐   3 · 6 = ☐☐   4 · 6 = ☐☐   10 · 3 = ☐☐

4 · 3 = ☐☐   6 · 3 = ☐☐   8 · 3 = ☐☐   5 · 6 = ☐☐

3 12 : 3 = ☐   30 : 3 = ☐☐   24 : 3 = ☐   18 : 6 = ☐

12 : 6 = ☐   30 : 6 = ☐   24 : 6 = ☐   18 : 3 = ☐

Bilde Aufgabenfamilien.

4

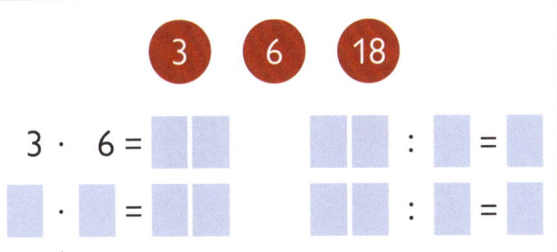
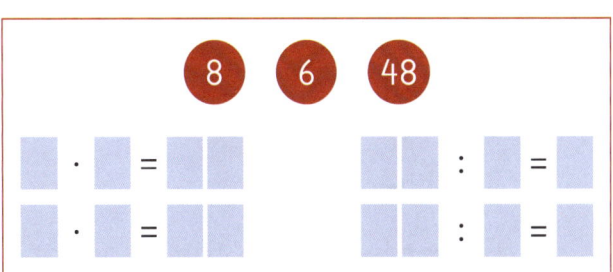

5
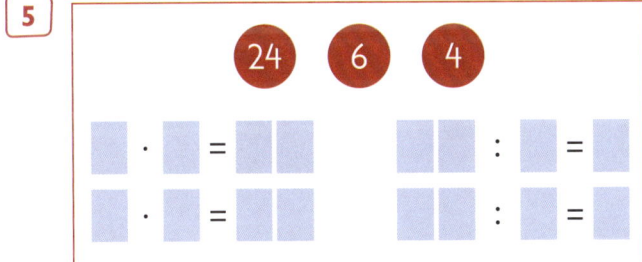
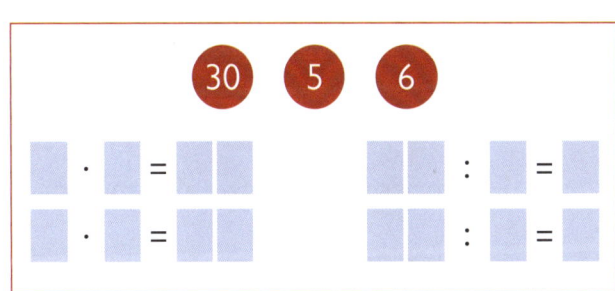

6 Der Bauer verteilt 24 Eier auf 6er-Packungen.
Wie viele Packungen braucht er?

 = ☐   Antwort: _____

7 Tina sammelt Tierbilder. Sie klebt auf jede Seite 6 Bilder.
Wie viele Tierbilder passen auf 7 Seiten.

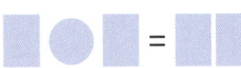 = ☐☐   Antwort: _____

1 bis 3: Multiplizieren und Dividieren, Strukturen erkennen.   4, 5: Aufgabenfamilien bilden.
6, 7: Inhalt erfassen, Aufgabe finden und lösen, im Satz antworten.

47

Multiplizieren mit 9

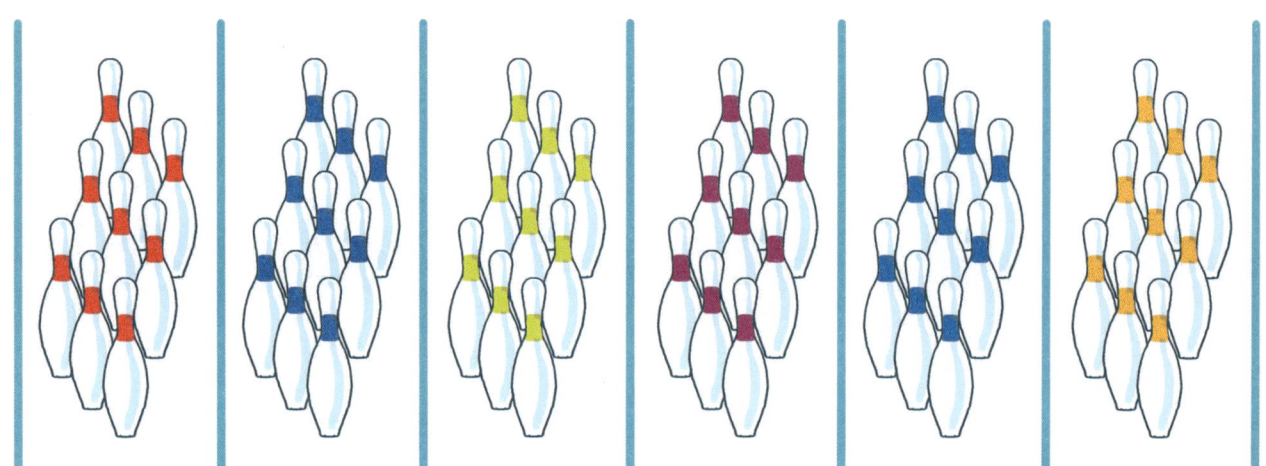

1 Wie viele Kegel werden benötigt für:

a) 2 Bahnen

Es werden ☐☐ Kegel benötigt.

> **Rechne so:** 9 + 9 = 18
>   2 · 9 = 18

b) 3 Bahnen

Es werden ☐☐ Kegel benötigt.

9 + ☐ + ☐ = ☐☐

☐ · 9 = ☐☐

c) 4 Bahnen

Es werden ☐☐ Kegel benötigt.

☐ + ☐ + ☐ + ☐ = ☐☐

☐ · ☐ = ☐☐

d) 5 Bahnen

Es werden ☐☐ Kegel benötigt.

e) 6 Bahnen

Es werden ☐☐ Kegel benötigt.

2 Ordne den Lösungen die passenden Aufgaben zu.
Male sie mit gleicher Farbe aus.

9 + 9	9 + 9 + 9	9 + 9 + 9 + 9	9 + 9 + 9 + 9 + 9	9 + 9 + 9 + 9 + 9 + 9

(45)   (18)   (54)   (27)   (36)

5 · 9	3 · 9	6 · 9	4 · 9	2 · 9

1: Sachverhalt erfassen. Additions- und Multiplikationsaufgaben finden und lösen.   2: Aufgaben und Lösungen einander zuordnen.

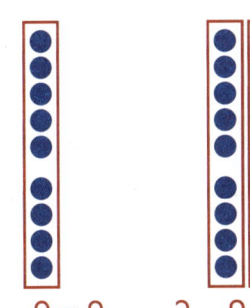

Diese Kernaufgaben gut merken.　　　　　　　**MERKE DIR**

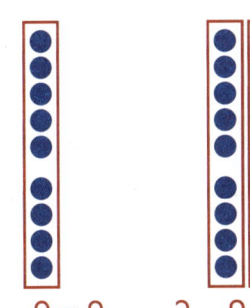 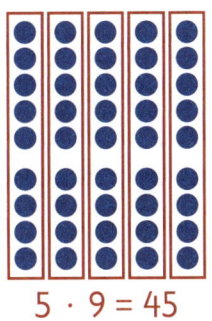 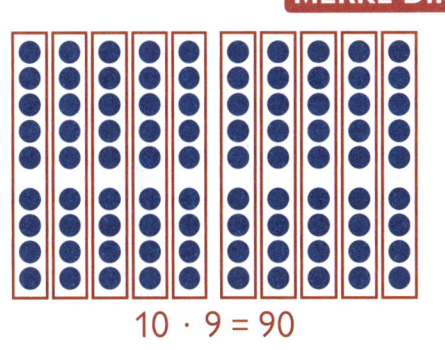

1 · 9 = 9　　　2 · 9 = 18　　　5 · 9 = 45　　　10 · 9 = 90

1

1 · 9 = ☐	5 · 9 = ☐☐	10 · 9 = ☐☐	5 · 9 = ☐☐
2 · 9 = ☐☐ } + 9	6 · 9 = ☐☐ } + 9	9 · 9 = ☐☐ } − 9	4 · 9 = ☐☐ } − 9
3 · 9 = ☐☐ } + 9	7 · 9 = ☐☐ } + 9	8 · 9 = ☐☐ } − 9	3 · 9 = ☐☐ } − 9

2 Verdopple.

1 · 9 = ☐	2 · 9 = ☐☐	4 · 9 = ☐☐	3 · 9 = ☐☐
2 · 9 = ☐☐	4 · 9 = ☐☐	8 · 9 = ☐☐	6 · 9 = ☐☐

3

1 · 9 = ☐	0 · 9 = ☐	10 · 9 = ☐☐
2 · 9 = ☐☐	3 · 9 = ☐☐	5 · 9 = ☐☐
4 · 9 = ☐☐	6 · 9 = ☐☐	8 · 9 = ☐☐
8 · 9 = ☐☐	9 · 9 = ☐☐	7 · 9 = ☐☐

4 **Freundeaufgabe – Aufgaben zur Malfolge der 9**

Du bildest eine Aufgabe
zur Malfolge der 9.
Dein Lernpartner nennt
die Lösung.
Wenn die Lösung richtig
ist, dann stellt er dir eine
Aufgabe und du löst sie.

0 · 9 = 0   } + 9
1 · 9 = 9   } + 9
2 · 9 = 18   } + 9
3 · 9 = ☐☐   } + 9
4 · 9 = ☐☐   } + 9
5 · 9 = 45   } + 9
6 · 9 = ☐☐   } + 9
7 · 9 = ☐☐   } + 9
8 · 9 = ☐☐   } + 9
9 · 9 = ☐☐   } + 9
10 · 9 = 90

1, 2: Kernaufgaben in ihrer Bedeutung für weitere Aufgaben verstehen, Aufgaben lösen.　3: Produkt berechnen.
4: Freundeaufgabe: In Partnerarbeit die Malfolge der 9 üben.

Dividieren durch 9

1 Herr Kraft verpackt 27 Flaschen in 9er-Kartons.
Wie viele Kartons benötigt Herr Kraft?

27 : 9 = ☐ , denn ☐ · 9 = ☐☐

Antwort: _____

2

Flasche 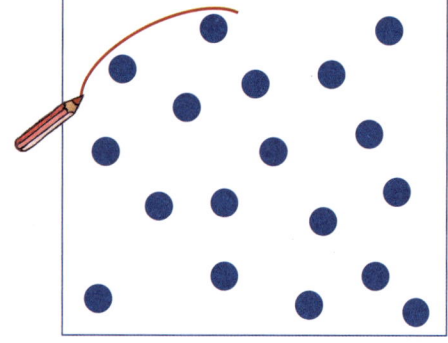	9	18	36	45	81	90	72	54	63
Karton	1								

3 Teile in 9er-Gruppen auf. Schreibe die Aufgabe dazu.

 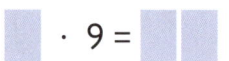 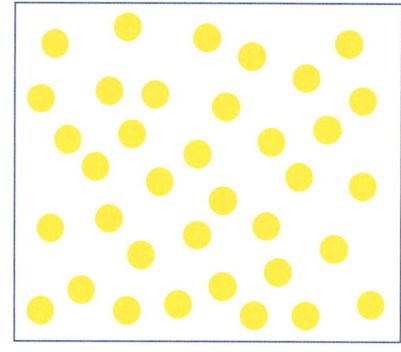 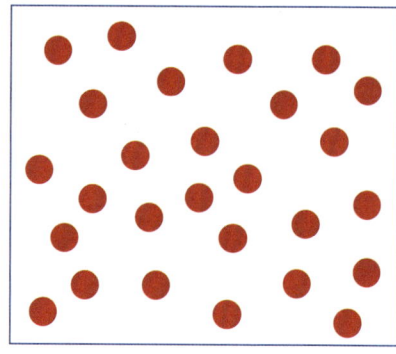

18 : 9 = ☐ , denn   36 : 9 = ☐ , denn   27 : 9 = ☐ , denn

☐ · 9 = ☐☐   ☐ · 9 = ☐☐   ☐ · 9 = ☐☐

4
18 : 9 = ☐ , denn ☐ · ☐ = ☐☐   27 : 9 = ☐ , denn ☐ · ☐ = ☐☐

45 : 9 = ☐ , denn ☐ · ☐ = ☐☐   81 : 9 = ☐ , denn ☐ · ☐ = ☐☐

36 : 9 = ☐ , denn ☐ · ☐ = ☐☐   54 : 9 = ☐ , denn ☐ · ☐ = ☐☐

72 : 9 = ☐ , denn ☐ · ☐ = ☐☐   63 : 9 = ☐ , denn ☐ · ☐ = ☐☐

1: Aufgabe und Umkehraufgabe finden und lösen.   2: Tabelle ergänzen.   3: Divisions- und Multiplikationsaufgabe zuordnen und lösen.
4: Dividieren, Ergebnis mit der Umkehraufgabe begründen.

1   9 : 9 = ☐   90 : 9 = ☐☐   18 : 9 = ☐   36 : 9 = ☐

   18 : 9 = ☐   45 : 9 = ☐   36 : 9 = ☐   72 : 9 = ☐

2   3 · 9 = ☐☐   4 · 9 = ☐☐   5 · 9 = ☐☐   7 · 9 = ☐☐

   9 · 3 = ☐☐   9 · 4 = ☐☐   9 · 5 = ☐☐   9 · 7 = ☐☐

3   18 : 3 = ☐   18 : 9 = ☐   27 : 3 = ☐   36 : 6 = ☐

   18 : 6 = ☐   18 : 2 = ☐   27 : 9 = ☐   36 : 9 = ☐

Bilde Aufgabenfamilien.

4
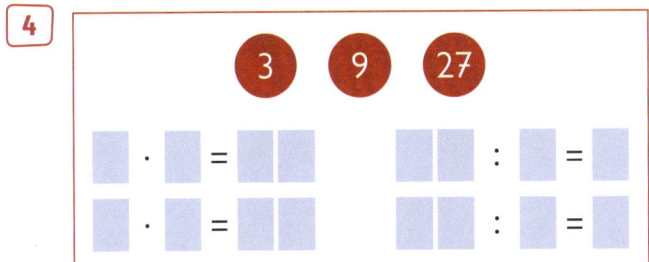
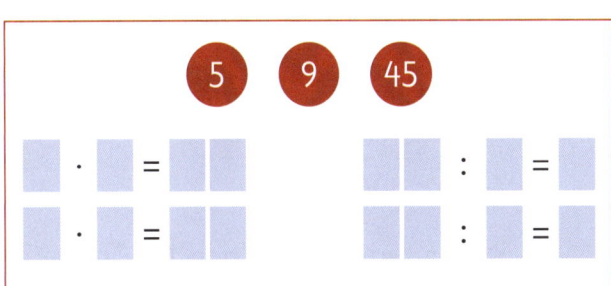

5
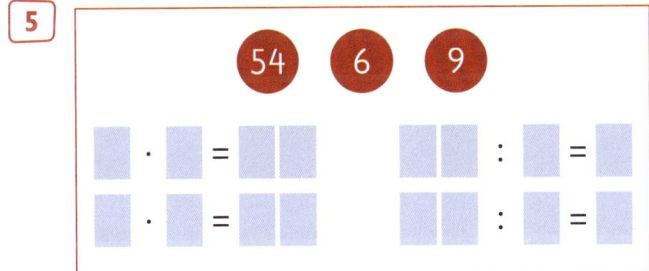
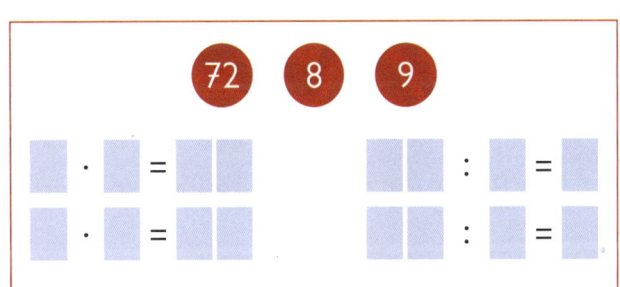

6 In der Gärtnerei stehen 7 Reihen Bäume. In jeder Reihe stehen 9 Bäume. Wie viele Bäume sind es zusammen?

☐ ⬤ ☐ = ☐☐   Antwort: _____

7 Frau Ott hat 36 Pralinen. Sie legt immer 9 Stück in eine Schachtel. Wie viele Schachteln benötigt Frau Ott?

☐☐ ⬤ ☐ = ☐   Antwort: _____

1 bis 3: Multiplizieren und Dividieren, Strukturen erkennen.   4, 5: Aufgabenfamilien bilden.
6, 7: Inhalt erfassen, Aufgabe finden und lösen, im Satz antworten.

51

Multiplizieren mit 7

1 Wie viele Tage waren die Kinder im Trainingslager?

a) Max: 2 Wochen

Max war ☐☐ Tage im Trainingslager.

> **Rechne so:**   7 + 7 = 14
>   2 · 7 = 14

b) Anna: 3 Wochen

Anna war ☐☐ Tage im Trainingslager.

7 + ☐ + ☐ = ☐☐

☐ · ☐ = ☐☐

c) Lisa: 4 Wochen

Lisa war ☐☐ Tage im Trainingslager.

d) Ben: 5 Wochen

Ben war ☐☐ Tage im Trainingslager.

e) Tom: 6 Wochen

Tom war ☐☐ Tage im Trainingslager.

2 Ordne den Lösungen die passenden Aufgaben zu.
Male sie mit gleicher Farbe aus.

| 7 + 7 | 7 + 7 + 7 + 7 | 7 + 7 + 7 + 7 + 7 | 7 + 7 + 7 + 7 + 7 + 7 | 7 + 7 + 7 |

35   14   42   21   28

| 5 · 7 | 3 · 7 | 6 · 7 | 4 · 7 | 2 · 7 |

Diese Kernaufgaben gut merken.

MERKE DIR

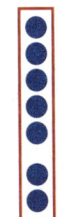  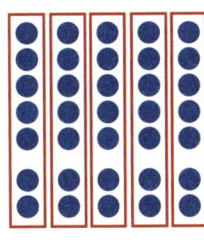 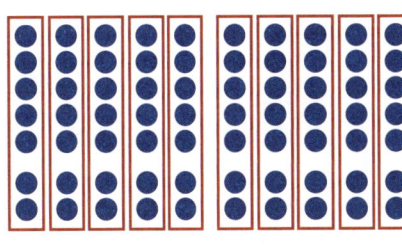

$1 \cdot 7 = 7$ $\qquad$ $2 \cdot 7 = 14$ $\qquad$ $5 \cdot 7 = 35$ $\qquad$ $10 \cdot 7 = 70$

1

$1 \cdot 7 = \square$ ⎫ +7
$2 \cdot 7 = \square\square$ ⎬ +7
$3 \cdot 7 = \square\square$ ⎭

$5 \cdot 7 = \square\square$ ⎫ +7
$6 \cdot 7 = \square\square$ ⎬ +7
$7 \cdot 7 = \square\square$ ⎭

$10 \cdot 7 = \square\square$ ⎫ −7
$9 \cdot 7 = \square\square$ ⎬ −7
$8 \cdot 7 = \square\square$ ⎭

$5 \cdot 7 = \square\square$ ⎫ −7
$4 \cdot 7 = \square\square$ ⎬ −7
$3 \cdot 7 = \square\square$ ⎭

2 Verdopple.

$1 \cdot 7 = \square$
$2 \cdot 7 = \square\square$

$2 \cdot 7 = \square\square$
$4 \cdot 7 = \square\square$

$4 \cdot 7 = \square\square$
$8 \cdot 7 = \square\square$

$3 \cdot 7 = \square\square$
$6 \cdot 7 = \square\square$

3

$1 \cdot 7 = \square$
$2 \cdot 7 = \square\square$
$4 \cdot 7 = \square\square$
$8 \cdot 7 = \square\square$

$0 \cdot 7 = \square$
$3 \cdot 7 = \square\square$
$6 \cdot 7 = \square\square$
$9 \cdot 7 = \square\square$

$5 \cdot 7 = \square\square$
$10 \cdot 7 = \square\square$
$7 \cdot 7 = \square\square$
$4 \cdot 7 = \square\square$

$0 \cdot 7 = 0$ ⎬ +7
$1 \cdot 7 = 7$ ⎬ +7
$2 \cdot 7 = 14$ ⎬ +7
$3 \cdot 7 = \square\square$ ⎬ +7
$4 \cdot 7 = \square\square$ ⎬ +7
$5 \cdot 7 = 35$ ⎬ +7
$6 \cdot 7 = \square\square$ ⎬ +7
$7 \cdot 7 = \square\square$ ⎬ +7
$8 \cdot 7 = \square\square$ ⎬ +7
$9 \cdot 7 = \square\square$ ⎬ +7
$10 \cdot 7 = 70$

4 **Freundeaufgabe – Aufgaben zur Malfolge der 7**

Du bildest eine Aufgabe zur Malfolge der 7. Dein Lernpartner nennt die Lösung. Wenn die Lösung richtig ist, dann stellt er dir eine Aufgabe und du löst sie.

$9 \cdot 7 = ?$ $\qquad$ 63

1, 2: Kernaufgaben in ihrer Bedeutung für weitere Aufgaben verstehen, Aufgaben lösen.   3. Struktur erkennen.
4: Freundeaufgabe: In Partnerarbeit die Malfolge der 7 üben.

Dividieren durch 7

1 Schneewittchen wohnt schon 21 Tage bei den Zwergen.
Wie viele Wochen sind das?

21 : 7 = ☐ , denn ☐ · 7 = ☐☐

Antwort: _____

2

Tage	7	21	63	70	35	56	49	42	14	28
Wochen	1									

3 Teile in Gruppen zu je 7 Punkten auf. Schreibe die Aufgabe.

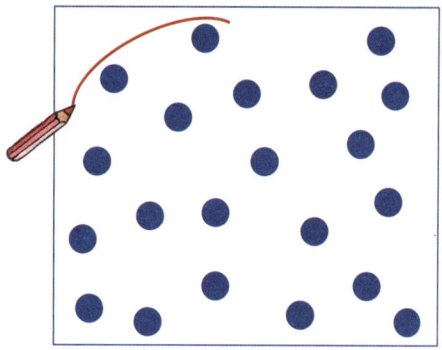

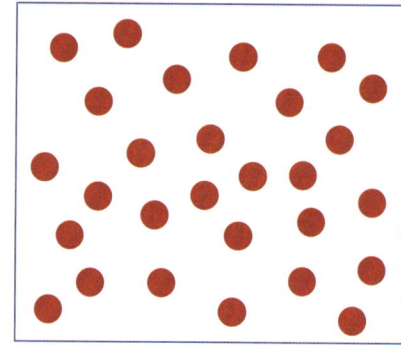

21 : 7 = ☐ , denn   35 : 7 = ☐ , denn   28 : 7 = ☐ , denn

☐ · 7 = ☐☐   ☐ · 7 = ☐☐   ☐ · 7 = ☐☐

4 7 : 7 = ☐ , denn ☐ · ☐ = ☐   63 : 7 = ☐ , denn ☐ · ☐ = ☐☐

14 : 7 = ☐ , denn ☐ · ☐ = ☐☐   42 : 7 = ☐ , denn ☐ · ☐ = ☐☐

35 : 7 = ☐ , denn ☐ · ☐ = ☐☐   56 : 7 = ☐ , denn ☐ · ☐ = ☐☐

70 : 7 = ☐☐ , denn ☐☐ · ☐ = ☐☐   49 : 7 = ☐ , denn ☐ · ☐ = ☐☐

1: Aufgabe und Umkehraufgabe finden und lösen.   2: Tabelle ergänzen.   3: Divisions- und Multiplikationsaufgabe zuordnen und lösen.
4: Dividieren, Ergebnis mit der Umkehraufgabe begründen.

1 14 : 7 = ☐   70 : 7 = ☐☐   21 : 7 = ☐   28 : 7 = ☐

28 : 7 = ☐   35 : 7 = ☐☐   42 : 7 = ☐   54 : 7 = ☐

2 3 · 7 = ☐☐   6 · 7 = ☐☐   9 · 7 = ☐☐   8 · 7 = ☐☐

7 · 3 = ☐☐   7 · 6 = ☐☐   7 · 9 = ☐☐   7 · 8 = ☐☐

3 28 : 7 = ☐   35 : 7 = ☐   56 : 8 = ☐   63 : 9 = ☐

28 : 4 = ☐   35 : 5 = ☐   56 : 7 = ☐   63 : 7 = ☐

Bilde Aufgabenfamilien.

4
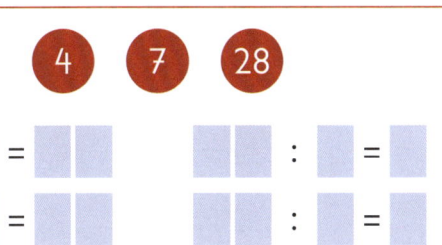
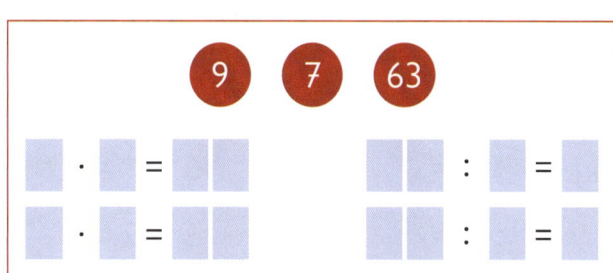

4 · 7 = ☐☐   ☐☐ : ☐ = ☐

☐ · ☐ = ☐☐   ☐☐ : ☐ = ☐

5
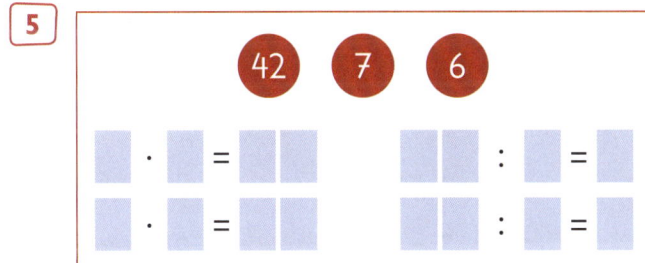
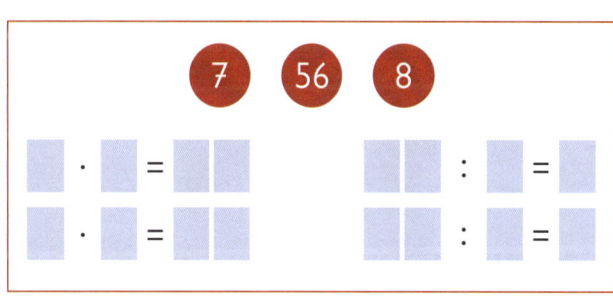

6 Schneewittchen möchte 35 Tage bei den Zwergen bleiben.
Wie viele Wochen sind das?

Eine Woche hat 7 Tage.

☐☐ ● ☐ = ☐   Antwort: _____

7 Schneewittchen gibt jedem der 7 Zwerge 4 Kekse.
Wie viele Kekse verteilt Schneewittchen?

☐ ● ☐ = ☐☐   Antwort: _____

1 bis 3: Multiplizieren und Dividieren, Strukturen erkennen.   4, 5: Aufgabenfamilien bilden und lösen.
6, 7: Inhalt erfassen, Aufgabe finden und lösen, im Satz antworten.

Multiplizieren und Dividieren

1

·	2	4	8
1			
2			
3			

·	2	4	8
2			
4			
8			

·	2	4	8
4			
5			
6			

2

·	3	6	9
1			
2			
3			

·	3	6	9
2			
4			
8			

·	3	6	9
4			
5			
6			

3

$30 : 10 = $ ☐

$30 : 5 = $ ☐

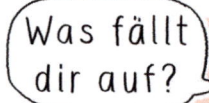 
Was fällt dir auf?

$5 : 5 = $ ☐

$10 : 5 = $ ☐

$10 : 10 = $ ☐

$20 : 10 = $ ☐

4

$8 : 1 = $ ☐

$8 : 2 = $ ☐

$8 : 4 = $ ☐

$8 : 8 = $ ☐

$16 : 1 = $ ☐☐

$16 : 2 = $ ☐

$16 : 4 = $ ☐

$16 : 8 = $ ☐

$2 : 2 = $ ☐

$4 : 2 = $ ☐

$8 : 2 = $ ☐

$16 : 2 = $ ☐

$4 : 4 = $ ☐

$8 : 4 = $ ☐

$16 : 4 = $ ☐

$32 : 4 = $ ☐

5

$6 : 3 = $ ☐

$6 : 6 = $ ☐

$12 : 3 = $ ☐

$12 : 6 = $ ☐

$18 : 3 = $ ☐

$18 : 6 = $ ☐

$30 : 3 = $ ☐☐

$30 : 6 = $ ☐

$3 : 3 = $ ☐

$6 : 3 = $ ☐

$12 : 3 = $ ☐

$24 : 3 = $ ☐

$6 : 6 = $ ☐

$12 : 6 = $ ☐

$24 : 6 = $ ☐

$48 : 6 = $ ☐

6 **Freundeaufgabe – Aufgaben zur Malfolge der 3 oder der 6**

Du bildest je eine Aufgabe zu den Malfolgen der 3 und der 6. Dein Lernpartner nennt die Lösung.
Wenn die Lösung richtig ist, dann stellt er dir Aufgaben und du löst sie.

$2 \cdot 3 = ?$
$4 \cdot 6 = ?$
6
24

1, 2: Multiplizieren in Tabellen.   3 bis 5: Aufbauprinzip der Päckchen erkennen und beim Lösen nutzen.
6: Freundeaufgabe: In Partnerarbeit die Malfolgen der 3 und 6 üben.

1

4 · 8 =	8 · 6 =	6 · 6 =	8 · 2 =
3 · 9 =	5 · 10 =	2 · 9 =	0 · 4 =
6 · 4 =	7 · 9 =	10 · 8 =	8 · 8 =
7 · 5 =	9 · 3 =	4 · 7 =	9 · 5 =

2

21 : 7 =	24 : 8 =	48 : 8 =	56 : 8 =
81 : 9 =	25 : 5 =	35 : 7 =	48 : 6 =
18 : 6 =	72 : 9 =	24 : 4 =	64 : 8 =
28 : 4 =	45 : 5 =	27 : 3 =	63 : 7 =

3

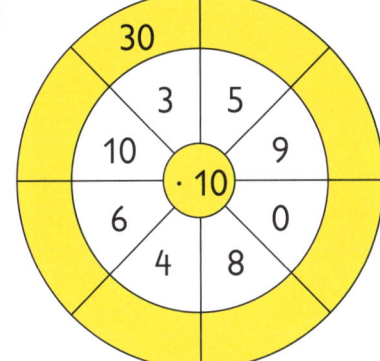
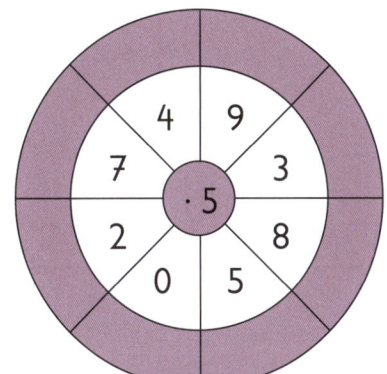
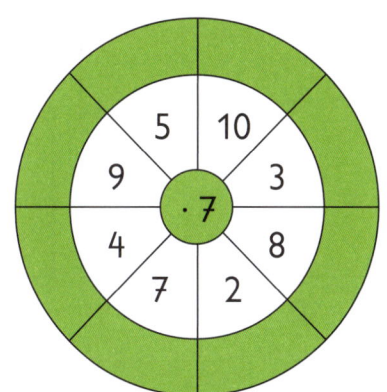

4 Eine Packung Buntstifte kostet 2 €. Frau Maler hat 14 €.
Wie viel Packungen Buntstifte kann Frau Maler kaufen?

€ ● € =

Antwort: _____

5 **Freundeaufgabe – Aufgaben zur Malfolge der 2, der 4 oder der 8**

Du bildest eine Aufgabe zu den Malfolgen
der 2, 4 oder der 8. Dein Lernpartner nennt
die Lösung.
Wenn die Lösung richtig ist, dann stellt er dir
eine Aufgabe und du löst sie.

5 · 2 = ?
0 · 4 = ?
2 · 8 = ?

10
0
16

1, 2: Multiplizieren / Dividieren – Malfolgen.   3, 4: Aufgaben bilden und lösen.
5: Freundeaufgabe: In Partnerarbeit die Malfolgen der 2, 4, 8 üben..

57

Sachrechnen – Besondere Wörter

1 Ordne die Briefe den Briefkästen zu.

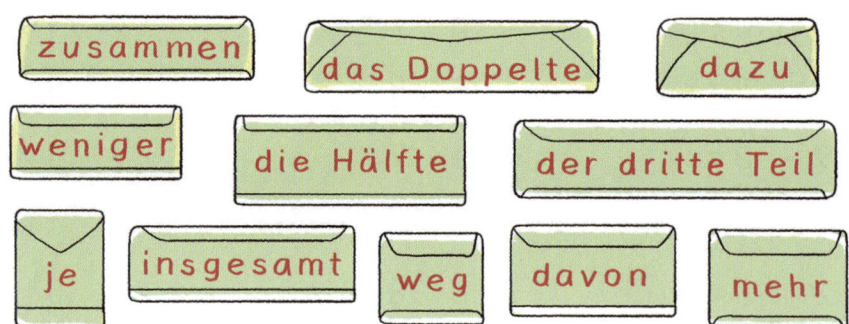

Einige Briefe kannst du zwei Briefkästen zuordnen.

2 In den 4. Klassen sind 64 Kinder. Davon können 17 Kinder schwimmen.
Wie viele Nichtschwimmer gibt es?

Antwort: _____

3 Am Schwimmwettkampf nehmen 9 Jungen und doppelt so viele Mädchen teil.
a) Wie viele Mädchen nehmen teil?
b) Wie viele Kinder nehmen insgesamt teil?

Antwort: _____

_____

4 Von 16 Mädchen hat die Hälfte eine Medaille gewonnen.
Wie viele Mädchen haben eine Medaille gewonnen?

Antwort: _____

1 Eine Gruppe von 7 Kindern geht schwimmen.
Der Eintritt für das Schwimmbad kostet
je Kind 4 €.
Wie viel kostet der Eintritt für alle Kinder
zusammen?

Antwort: _____

2 Jede Bahn des Schwimmbeckens ist 10 m lang.
Tom schwimmt 6 Bahnen.
Wie viele Meter ist er geschwommen?

Antwort: _____

3 Lisa will 80 m schwimmen.
Wie viel Bahnen muss sie schwimmen,
wenn eine Bahn 10 m lang ist?

Antwort: _____

4 Im Wasser sind 20 Kinder. Sie wollen
Wasserball spielen.
Wie viele Mannschaften können sie bilden:
a) mit je 5 Kindern?
b) mit je 4 Kindern?

Antwort: _____

5 Erfinde eine Rechengeschichte mit einem
der Wörter auf den Briefen.
Löse die Aufgabe und antworte.

zusammen   das Doppelte
weniger   die Hälfte   insgesamt

Aufgabe: _____

_____

_____

_____

Antwort: _____

Kilogramm – Gramm

1

Mein Gewicht in Kilogramm

Wie viel wiegst du?

Ich wiege _____ kg.

1 Kilogramm sind 1000 Gramm.

1 kg = 1000 g

2 Wie heißen diese Waagen? Ordne die passenden Buchstaben zu.

a) Briefwaage   b) Balkenwaage   c) Personenwaage   d) Küchenwaage

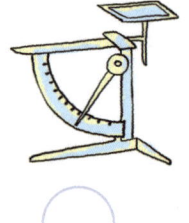
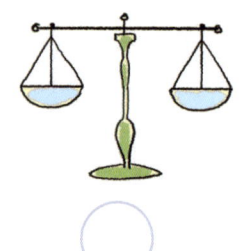

○   ○   ○   ○

3 Mit welcher Waage würdest du diese Dinge wiegen?
Ordne zu.

4 Anna wiegt 37 kg und Max 41 kg. Wie viel Kilogramm
ist Max schwerer als Anna?

Aufgabe:

Antwort: _____

1: Kinder wiegen, Gewicht notieren.   2: Verschiedene Waagen kennenlernen.   3: Verschiedene Größen zuordnen.
4: Bild besprechen, Antwort finden und begründen.

1 Welche Dinge wiegen etwa 1 kg? Kreuze an.

2 Wie viel wiegt ein jeder Gegenstand?
a) Kann das stimmen? Kreuze an.

	kann stimmen	stimmt nicht
ein Mann wiegt 75 kg	○	○
ein Stück Butter wiegt 600 g	○	○
ein Brötchen wiegt 50 g	○	○
ein Gummibärchen wiegt 250 g	○	○
ein dickes Buch wiegt 2 kg	○	○
ein Toastbrot wiegt 750 g	○	○
ein Arbeitsbuch Mathefreunde wiegt 300 g	○	○
ein Smartphone wiegt 1 kg	○	○

b) Überprüfe durch Wiegen.

Kilogramm – Tonne

Große Massen gibt man in Tonnen an. Ein Auto wiegt ungefähr 1 Tonne.

> **MERKE DIR**
>
> 1 Tonne sind 1000 Kilogramm.
>
> 1 t = 1000 kg

1 Ordne das passende Gewicht zu: 3000 t, 130 t, 14 t

_____ t   _____ t   _____ t

2

500 kg   5 t   80 kg   120 t

Ordne die Gewichtsangaben der Größe nach. Beginne mit dem kleinsten Gewicht.

_____ , _____ , _____ , _____

3 Das Löwenweibchen wiegt 120 kg.
Das Löwenmännchen wiegt 100 kg mehr.
Wie viel wiegt das Löwenmännchen?

Aufgabe: ☐☐☐☐☐☐☐☐☐☐☐☐☐☐

Antwort: _____

Tonne als Einheit der Masse kennenlernen. 1, 2: Größenvorstellungen entwickeln. 2: Größenangaben der Größe nach ordnen.
3: Inhalt erfassen, Aufgabe finden und lösen, im Satz antworten.

1 Auf jeden LKW wird Obst und Gemüse mit einem Gesamtgewicht von einer Tonne (1 t) geladen.
Das Obst ist schon aufgeladen.
Wie viel Kilogramm Gemüse müssen noch geladen werden?

	LKW 1	LKW 2	LKW 3	LKW 4	LKW 5
Obst	500 kg	800 kg	100 kg	750 kg	350 kg
Gemüse	kg	kg	kg	kg	kg

Tipp!
1 t = 1000 kg

2 Herr Werner will Kisten mit einem Gesamtgewicht von einer Tonne (1 t) laden.
Er hat schon 4 Kisten zu je 100 kg geladen.
Wie viele Kisten muss er noch aufladen?

Aufgabe:

Antwort: _____

3 Ein LKW war mit einer Tonne Obst und Gemüse beladen. Das Obst ist schon abgeladen.
Wie viele Kilogramm Gemüse müssen noch abgeladen werden?

	LKW 6	LKW 7	LKW 8	LKW 9	LKW 10
Obst	300 kg	600 kg	200 kg	450 kg	150 kg
Gemüse	kg	kg	kg	kg	kg

4 Rudi transportiert mit seinem LKW Melonen mit einem Gesamtgewicht von einer Tonne (1 t). Er hat schon 7 Paletten zu je 100 kg abgeladen.
Wie viele Paletten Melonen muss Rudi noch abladen?

Aufgabe:

Antwort: _____

Liter – Milliliter

Wie viel Wasser ist in dem Messbecher?
Gib die Menge in Liter und Milliliter an.

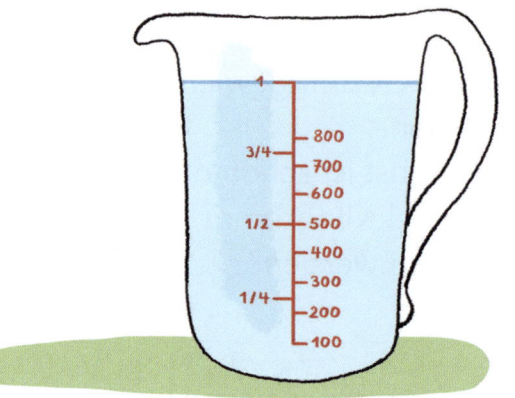

MERKE DIR

1 Liter sind 1000 Milliliter.

1 l = 1000 ml

1 Ergänze zu jedem Lebensmittel die passende Maßeinheit.
Wähle aus: kg, g, ml oder l.

1 _____ 750 _____ 1 _____ 950 _____ 1 _____ 250 _____ 450 _____

2 Wie viel Wasser ist in den Messbechern?
a) Ordne die Mengenangaben zu.

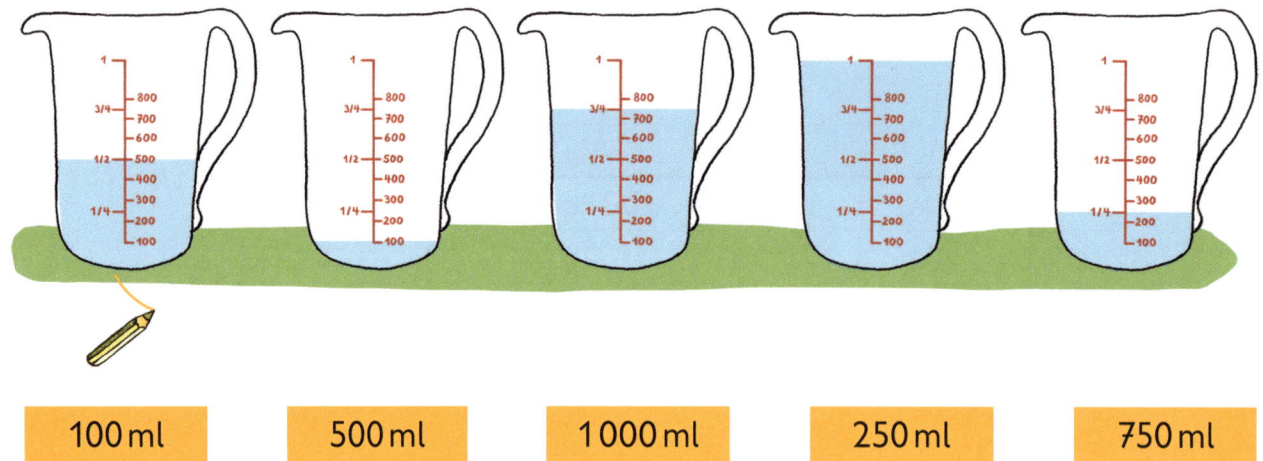

| 100 ml | 500 ml | 1000 ml | 250 ml | 750 ml |

b) Ordne diese Mengenangaben nach ihrer Größe.
Beginne mit der kleinsten Mengenangabe.

_____ , _____ , _____ , _____ , _____

Liter und Milliliter als Größen kennenlernen. 1: Mengeneinheit eintragen. 2: Größenangaben zuordnen und der Größe nach ordnen.

1 Ordne die Flüssigkeitsmengen den Behältern zu.

| 2 l | 1 l | 10 l | 1000 l | 200 l |

2 Max will den Eimer mit Wasser füllen.

a) Wie viele dieser Flaschen muss er einfüllen?

Aufgabe:

Antwort: _____

b) Der Eimer ist voll Wasser.
   Wie viele dieser Flaschen kann
   Max mit dem Wasser füllen?

Aufgabe:

Antwort: _____

3 In einem Weinfass waren 100 Liter.
Der Winzer hat 27 Liter abgefüllt.

Frage: Wie viele Liter Wein sind noch im Fass?

Aufgabe:

Antwort: _____

Vierecke – Dreiecke

1 In der Figur sind 5 Dreiecke versteckt.

a) Nenne die Dreiecke.

Dreieck ABF

Dreieck ▭▭▭

Dreieck ▭▭▭

Dreieck ▭▭▭

Dreieck ▭▭▭

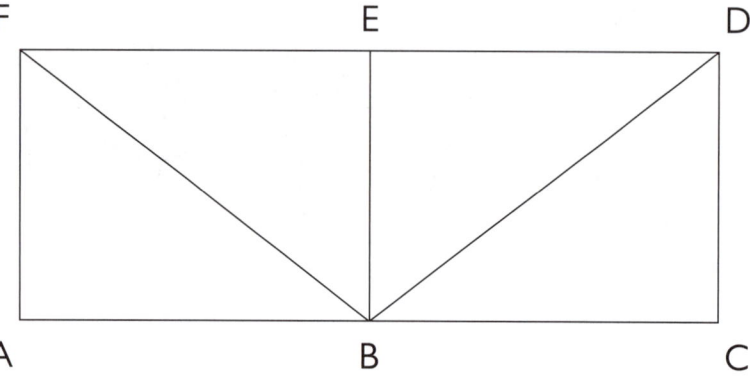

b) Zeichne jedes Dreieck mit einer anderen Farbe nach.

2 Zeichne nach:

a) mindestens 2 Dreiecke rot.

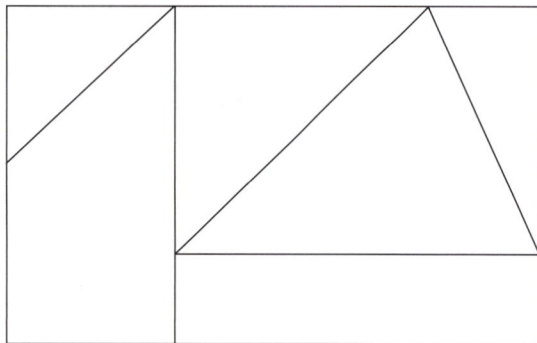

b) mindestens 2 Vierecke blau.

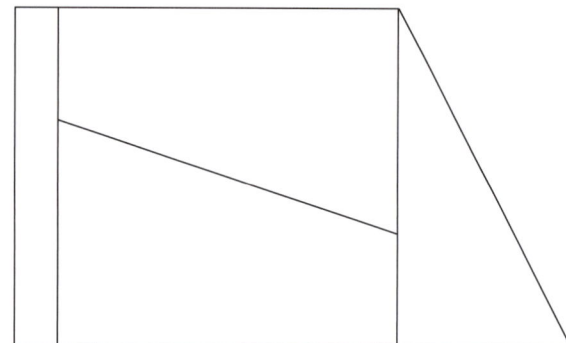

3 Lege:
a) Mit 6 gleich langen Stäbchen ein Rechteck.
b) Mit 8 gleich langen Stäbchen ein Quadrat.
c) Mit 6 gleich langen Stäbchen ein Dreieck.
d) Mit 6 gleich langen Stäbchen ein Quadrat und ein Dreieck.

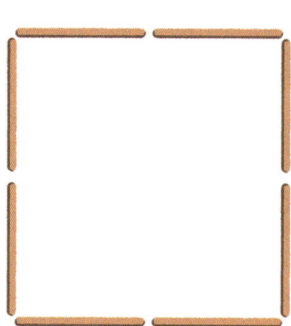

4 Lege diese Figur mit Stäbchen nach:
a) Lege 2 Stäbchen so dazu,
   dass 2 Rechtecke entstehen.
b) Lege 3 Stäbchen so dazu,
   dass 2 Quadrate und 1 Rechteck entstehen.
c) Lege 4 Stäbchen so dazu,
   dass 4 Quadrate entstehen.

1: Dreiecke finden, nennen, farbig nachzeichnen.   2: Vierecke und Dreiecke finden und nachzeichnen.
3, 4: Figuren nach Vorgabe legen.

Zeichnen von Rechtecken und Quadraten

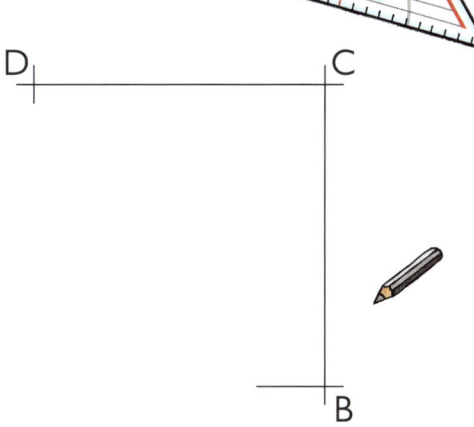

1 Zeichne Quadrate mit dem Geodreieck.
Gib die Länge der Seiten an.

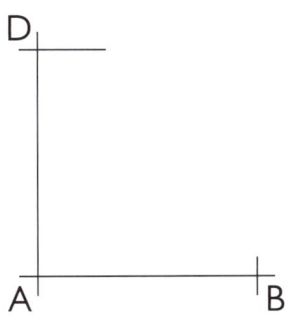

$\overline{AB}$ = ☐ cm $\overline{BC}$ = ☐ cm

$\overline{DC}$ = ☐ cm $\overline{AD}$ = ☐ cm

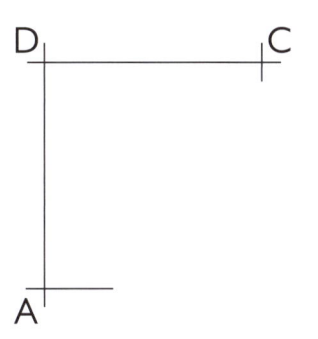

$\overline{AB}$ = ☐ cm $\overline{BC}$ = ☐ cm

$\overline{DC}$ = ☐ cm $\overline{AD}$ = ☐ cm

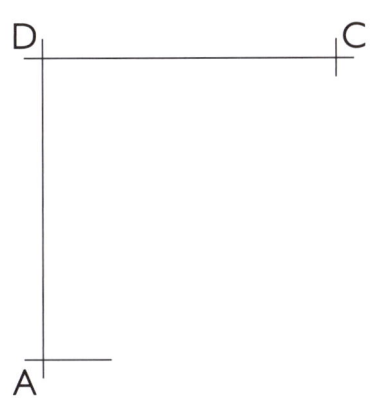

$\overline{AB}$ = ☐ cm $\overline{BC}$ = ☐ cm

$\overline{DC}$ = ☐ cm $\overline{AD}$ = ☐ cm

$\overline{AB}$ = ☐ cm $\overline{BC}$ = ☐ cm

$\overline{DC}$ = ☐ cm $\overline{AD}$ = ☐ cm

2 Zeichne Quadrate mit dem Lineal.
Länge der Seiten:

a) 9 Kästchen

b) 11 Kästchen

1: Quadrate mit dem Geodreieck fertig zeichnen. Länge der Seiten messen.   2: Quadrate mit dem Lineal zeichnen.

1 Zeichne Rechtecke mit dem Geodreieck. Gib die Länge der Seiten an.

$\overline{AB}$ = ☐ cm $\overline{BC}$ = ☐ cm
$\overline{DC}$ = ☐ cm $\overline{AD}$ = ☐ cm

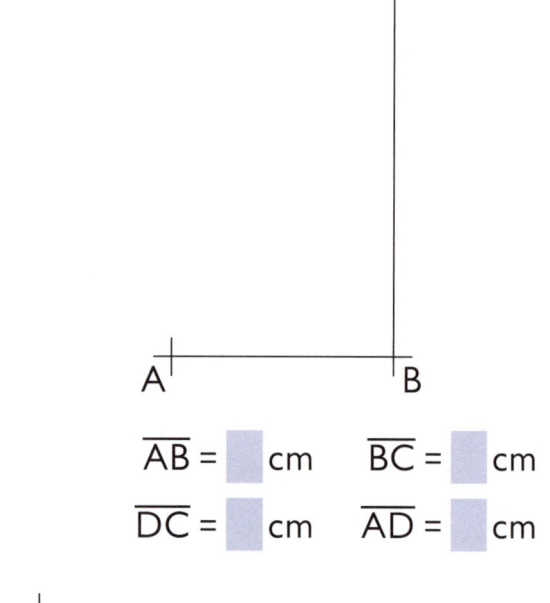

$\overline{AB}$ = ☐ cm $\overline{BC}$ = ☐ cm
$\overline{DC}$ = ☐ cm $\overline{AD}$ = ☐ cm

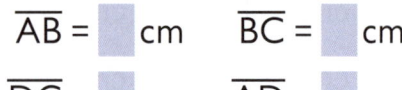

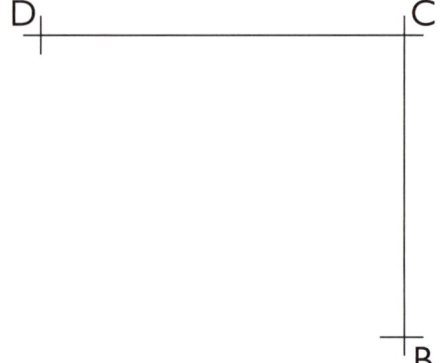

$\overline{AB}$ = ☐ cm $\overline{BC}$ = ☐ cm
$\overline{DC}$ = ☐ cm $\overline{AD}$ = ☐ cm

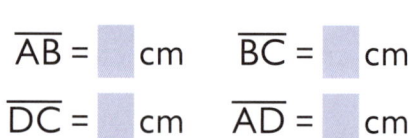

$\overline{AB}$ = ☐ cm $\overline{BC}$ = ☐ cm
$\overline{DC}$ = ☐ cm $\overline{AD}$ = ☐ cm

2 Zeichne Rechtecke mit dem Lineal.
a) $\overline{AB}$ = 7 cm, $\overline{BC}$ = 3 cm   b) $\overline{AB}$ = 2 cm, $\overline{BC}$ = 4 cm

1: Rechtecke mit dem Geodreieck fertig zeichnen. Länge der Seiten messen.   2: Rechtecke mit Lineal zeichnen.

Parallelogramme – Trapeze

1

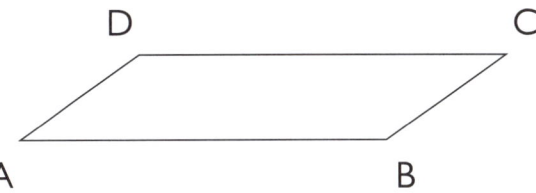

a) Wähle aus und ergänze den Satz:

Quadrat, Dreieck, Viereck, Rechteck

Die Figur ist ein _____.

b) Miss die Länge der Seiten.

$\overline{AB}$ = ☐ cm $\overline{BC}$ = ☐ cm

$\overline{CD}$ = ☐ cm $\overline{AD}$ = ☐ cm

Was stellst du fest?
Die gegenüberliegenden Seiten sind _____.

c) Prüfe mit dem Geodreieck und ergänze: senkrecht oder parallel

Die gegenüberliegenden Seiten sind zueinander _____.

MERKE DIR

Ein Parallelogramm ist ein Viereck.
Die gegenüberliegenden Seiten sind:
○ zueinander parallel und
○ gleich lang.

2 Spanne Parallelogramme auf dem Geobrett.

3 Lege Parallelogramme: a) mit Stäbchen   b) mit dem Figurensatz

4 Zeichne Parallelogramme mit dem Geodreieck.

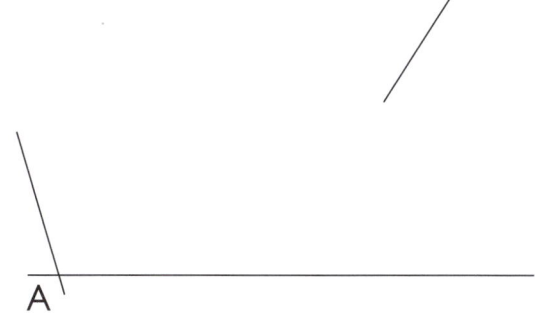

1

a) Wähle aus und ergänze den Satz:

Rechteck, Viereck, Dreieck, Quadrat

Die Figur ist ein _____.

b) Prüfe mit dem Geodreieck und ergänze senkrecht oder parallel

Die Seiten $\overline{AB}$ und $\overline{CD}$ sind zueinander _____.

MERKE DIR

Ein Trapez ist ein Viereck, bei dem mindestens zwei Seiten zueinander parallel sind.

---

2 Spanne Trapeze auf dem Geobrett.

3 Lege Trapeze: a) mit Stäbchen b) mit dem Figurensatz

4 Zeichne Trapeze mit dem Geodreieck.

a)

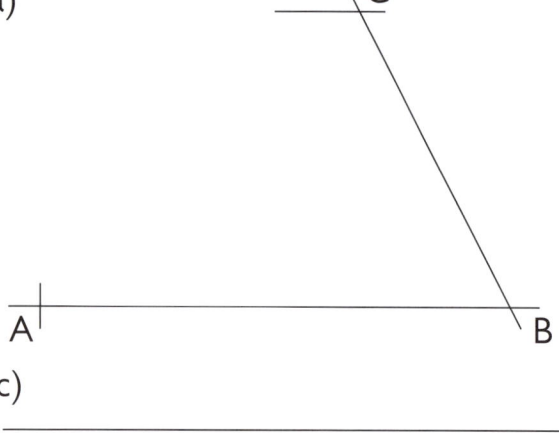

b)

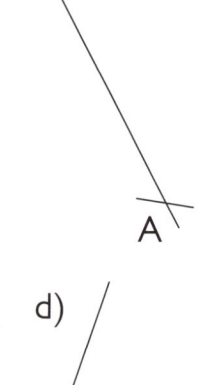

c)

d)

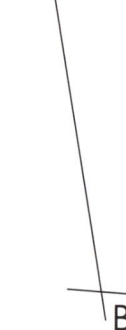

1: Eigenschaften des Trapezes erfassen. 2, 3; Trapeze darstellen. 4: Trapeze zeichnen.

1 Mache es nach. Lege die Figuren mit dem Gliedermaßstab.

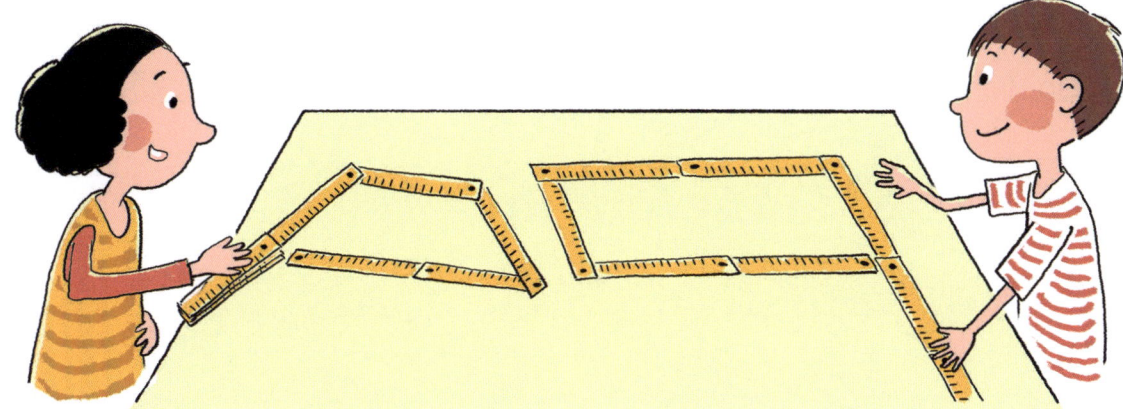

Anna: Das ist ein ein _____ .   Max: Das ist ein _____ .

2 Welche Figuren sind Parallelogramme?
Zeichne sie rot nach.

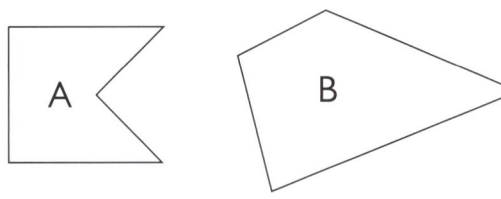

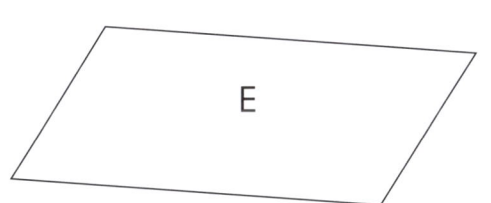

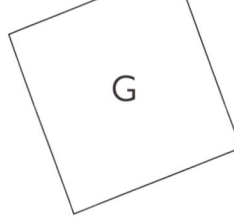

3 Welche Figuren sind Trapeze?
Zeichne sie blau nach.

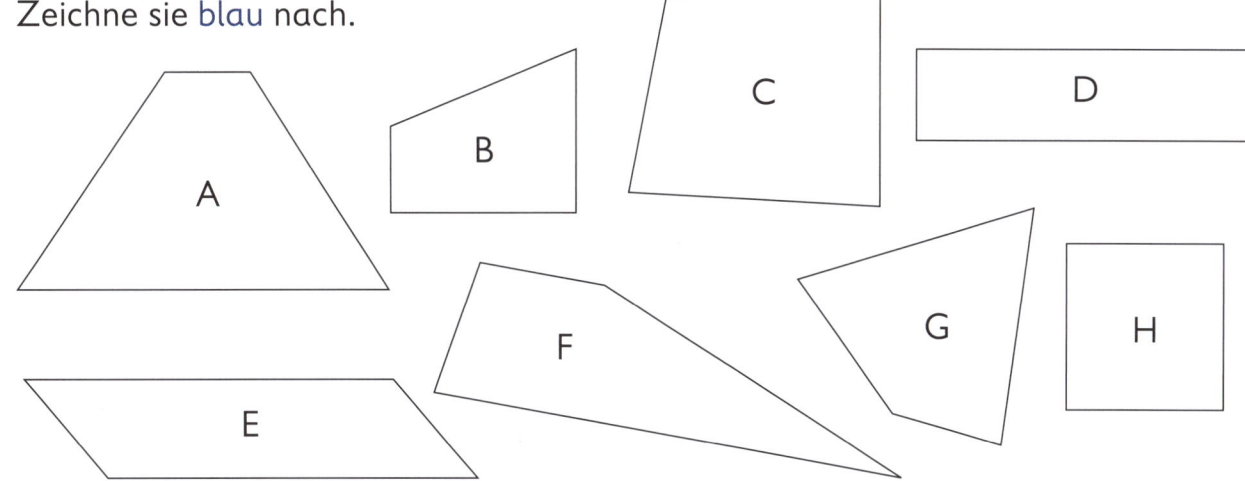

1 Spanne Vierecke und Dreiecke auf dem Geobrett.
Zeichne sie.

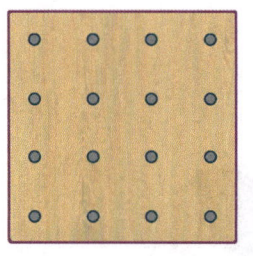
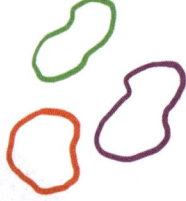

a) Ein Viereck mit zwei rechten Winkeln.

b) Ein Viereck mit vier rechten Winkeln.

c) Ein Dreieck mit einem rechten Winkel.

2 Zeichne in jede Figur 2 Geraden so ein, dass 4 Dreiecke entstehen.

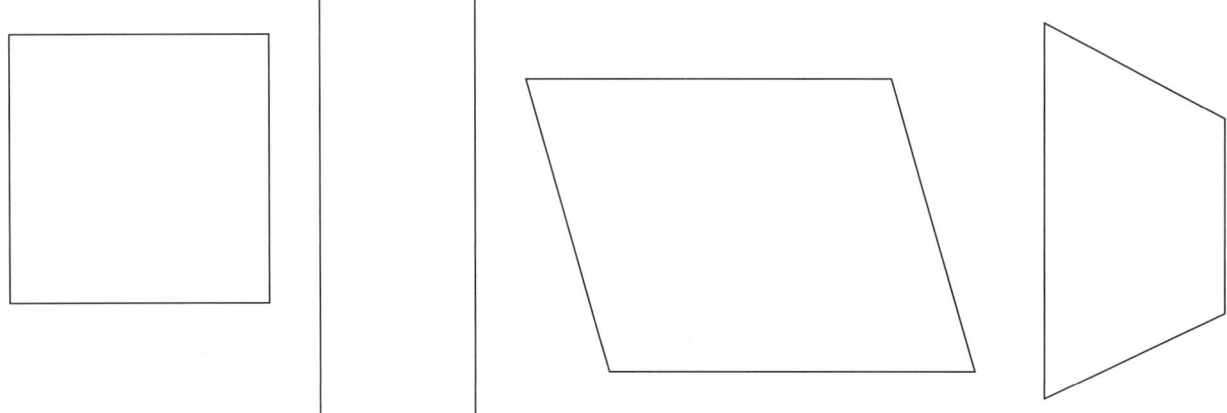

1: Figuren auf dem Geobrett spannen und zeichnen. 2. Figuren in Dreiecke zerlegen.

Kreise

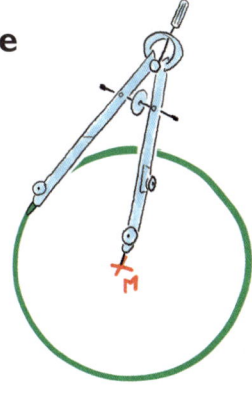

1

a) Zeichne um M einen Kreis.

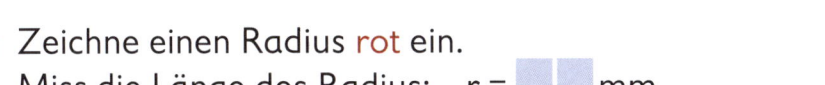

M

b) Zeichne einen Radius rot ein.
Miss die Länge des Radius: r = ☐☐ mm

c) Zeichne einen Durchmesser blau ein.
Miss die Länge des Durchmessers: d = ☐☐ mm

2 Zeichne um die Punkte M verschieden große Kreise.
Miss den Durchmesser.

M

M

M

d = ☐☐ mm   d = ☐☐ mm   d = ☐☐ mm

3 Zeichne um die Punkte M gleich große Kreise.
Male ein Muster.

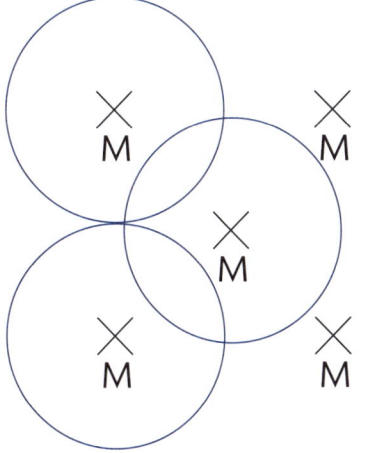

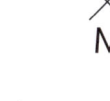
M   M   M   M   M   M

M   M   M   M   M

M   M   M   M   M   M

Multiplizieren zweistelliger Zahlen mit einstelligen Zahlen

Der Bäckermeister liefert für das Schulfest
Brezeln auf 3 Ständern. Auf jedem Ständer
sind 15 Brezeln.
Wie viele Brezeln sind das insgesamt?

Max rechnet so:

$$3 \cdot 15$$
$$3 \cdot 10 = 30$$
$$3 \cdot 5 = 15$$
$$30 + 15 = 45$$
$$3 \cdot 15 = 45$$

Tipp!
Zerlege die
zweistellige Zahl
in Zehner und Einer.

Rechne wie Max

1 a) $\quad 4 \cdot 15$

$4 \cdot 10 = \square\square$

$4 \cdot \square = \square\square$

$\square\square + \square = \square\square$

$4 \cdot 15 = \square\square$

b) $\quad 3 \cdot 13$

$3 \cdot \square\square = \square\square$

$3 \cdot \square = \square$

$\square\square + \square = \square\square$

$3 \cdot 13 = \square\square$

c) $\quad 3 \cdot 17$

$3 \cdot \square\square = \square\square$

$3 \cdot \square = \square$

$\square\square + \square = \square\square$

$3 \cdot 17 = \square\square$

2 a) $\quad 5 \cdot 14$

b) $\quad 5 \cdot 16$

c) $\quad 5 \cdot 19$

3 a) $\quad 4 \cdot 13$

b) $\quad 6 \cdot 12$

c) $\quad 6 \cdot 16$

4 a) $\quad 6 \cdot 13$

b) $\quad 9 \cdot 12$

c) $\quad 4 \cdot 17$

1 bis 4: Halbschriftliches Verfahren der Multiplikation erfassen und anwenden.

Die Lehrerin kauft 3 Pakete farbige Kreide.
In jedem Paket sind 12 Stück Kreide.
Wie viele Stück Kreide sind es insgesamt?

Maria rechnet so:

$$12 \cdot 3$$
$$10 \cdot 3 = 30$$
$$2 \cdot 3 = 6$$
$$30 + 6 = 36$$
$$12 \cdot 3 = 36$$

Tipp!
Zerlege die zweistellige Zahl in Zehner und Einer.

Rechne wie Maria.

1 a) $14 \cdot \quad 3 =$

$10 \cdot \quad 3 = \square\square$
$4 \cdot \quad 3 = \square\square$
$\square\square + \square\square = \square\square$
$14 \cdot \quad 3 = \square\square$

b) $16 \cdot \quad 3$

$\square\square \cdot \quad 3 = \square\square$
$\square \cdot \quad 3 = \square\square$
$\square\square + \square\square = \square\square$
$16 \cdot \quad 3 = \square\square$

c) $19 \cdot \quad 3$

$\square\square \cdot \quad 3 = \square\square$
$\square \cdot \quad 3 = \square\square$
$\square\square + \square\square = \square\square$
$19 \cdot \quad 3 = \square\square$

2 a) $1\ 3 \cdot \quad 5$ b) $1\ 2 \cdot \quad 7$ c) $1\ 4 \cdot \quad 5$

3 a) $1\ 5 \cdot \quad 4$ b) $1\ 7 \cdot \quad 6$ c) $1\ 8 \cdot \quad 4$

4 a) $1\ 2 \cdot \quad 5$ b) $1\ 3 \cdot \quad 8$ c) $1\ 9 \cdot \quad 3$

Dividieren zweistelliger Zahlen durch einstellige Zahlen

Für den Schwimmkurs haben sich 51 Kinder angemeldet:
Sie üben in 3 Gruppen.
Wie viele Kinder sind in einer Gruppe?

Tipp!
Zerlege die zweistellige Zahl so, dass eine teilbare Zehnerzahl entsteht.

Rechne und schreibe so:	$51 : 3$
	$30 : 3 = 10$
	$21 : 3 = 7$
	$10 + 7 = 17$
	$51 : 3 = 17$

Antwort: _____

1 a)
$48 : 3$
$30 : 3 = \square\square$
$18 : 3 = \square$
$\square\square + \square = \square\square$
$48 : 3 = \square\square$

b)
$45 : 3$
$30 : 3 = \square\square$
$\square\square : 3 = \square$
$\square\square + \square = \square\square$
$45 : 3 = \square\square$

c)
$54 : 3$
$30 : 3 = \square\square$
$\square\square : 3 = \square$
$\square\square + \square = \square\square$
$54 : 3 = \square\square$

2 a)
$48 : 4$
$40 : 4 = \square\square$
$\square : \square = \square$
$\square\square + \square = \square\square$
$48 : 3 = \square$

b)
$52 : 4$
$40 : 4 = \square\square$
$\square\square : \square = \square$
$\square\square + \square = \square\square$
$52 : 4 = \square\square$

c)
$56 : 4$
$40 : 4 = \square\square$
$\square\square : \square = \square$
$\square\square + \square = \square\square$
$56 : 4 = \square\square$

3 a)
$28 : 2$
$20 : 2 = \square\square$
$8 : \square = \square$
$\square\square + \square = \square\square$
$28 : 2 = \square\square$

b)
$32 : 2$
$20 : 2 = \square\square$
$\square\square : \square = \square$
$\square\square + \square = \square\square$
$32 : 2 = \square\square$

c)
$36 : 2$
$20 : 2 = \square\square$
$\square\square : \square = \square$
$\square\square + \square = \square\square$
$36 : 2 = \square\square$

1 bis 3: Verfahren zum halbschriftlichen Dividieren erfassen und anwenden.

1 a)

66 : 6

60 :	6 =	▢▢
6 :	6 =	▢
▢▢ +	▢ =	▢▢
66 :	6 =	▢▢

b)

90 : 6

60 :	6 =	▢▢
▢▢ :	6 =	▢
▢▢ +	▢ =	▢▢
90 :	6 =	▢▢

c)

96 : 6

60 :	6 =	▢▢
▢▢ :	6 =	▢
▢▢ +	6 =	▢▢
96 :	6 =	▢▢

2 a)

39 : 3

▢▢ :	3 =	▢▢
▢ :	3 =	▢
▢▢ +	▢ =	▢▢
39 :	3 =	▢▢

b)

42 : 3

▢▢ :	3 =	▢▢
▢▢ :	3 =	▢
▢▢ +	▢ =	▢▢
42 :	3 =	▢▢

c)

45 : 3

▢▢ :	3 =	▢▢
▢▢ :	3 =	▢
▢▢ +	▢ =	▢▢
45 :	3 =	▢▢

3 a) 4 8 : 3   b) 5 1 : 3   c) 5 7 : 3

4 a) 2 6 : 2   b) 3 4 : 2   c) 3 8 : 2

5 Mit 52 Kindern werden Gruppen
zu je 4 Kindern gebildet.
Wie viele Kinder sind in einer Gruppe?

Antwort: _____

_____

1 bis 4: Halbschriftlich Dividieren.   5: Inhalt erfassen. Aufgabe bilden, lösen und antworten.

Multiplizieren und Dividieren

1 Rechne und schreibe so:

$$
\begin{array}{l}
17 \cdot 4 \\
\hline
10 \cdot 4 = 40 \\
7 \cdot 4 = 28 \\
\hline
40 + 28 = 68 \\
\hline
17 \cdot 4 = 68
\end{array}
$$

a) $16 \cdot 5$ b) $15 \cdot 7$

c) $18 \cdot 2$ d) $14 \cdot 6$ e) $12 \cdot 4$

2 Rechne und schreibe so:

$$
\begin{array}{l}
4 \cdot 17 \\
\hline
4 \cdot 10 = 40 \\
4 \cdot 7 = 28 \\
\hline
40 + 28 = 68 \\
\hline
4 \cdot 17 = 68
\end{array}
$$

a) $5 \cdot 13$ b) $4 \cdot 16$

c) $2 \cdot 17$ d) $3 \cdot 18$ e) $7 \cdot 12$

3 Im Klassenzimmer stehen 13 Schülertische.
An jedem Tisch sitzen 2 Kinder.
Wie viele Kinder sitzen im Klassenzimmer?

Antwort: _____

4 Im Bücherregal sind 4 Reihen mit Büchern gefüllt.
In jeder Reihe stehen 12 Bücher.
Wie viele Bücher stehen insgesamt im Bücherregal?

Antwort: _____

1, 2: Halbschriftlich multiplizieren. 3, 4: Inhalt erfassen. Aufgabe bilden, lösen und antworten.

1 **Rechne und schreibe so:**

48 : 3
_____
30 : 3 = 10
18 : 3 = 6
_____
10 + 6 = 16
_____
48 : 3 = 16

a)   42 :   3
_____
30 :   3 = ☐☐
☐☐ :   3 =   ☐
☐☐ + ☐ = ☐☐
_____
42 :   3 = ☐☐

b)   57 :   3
_____
30 :   3 = ☐☐
☐☐ :   3 =   ☐
☐☐ + ☐ = ☐☐
_____
57 :   3 = ☐☐

c)   72 :   6
_____
☐☐ :   6 = ☐☐
☐☐ :   6 =   ☐
☐☐ + ☐ = ☐☐
_____
72 :   6 = ☐☐

d)   78 :   6
_____
☐☐ :   ☐ = ☐☐
☐☐ :   ☐ =   ☐
☐☐ + ☐ = ☐☐
_____
78 :   6 = ☐☐

e)   84 :   6
_____
☐☐ :   ☐ = ☐☐
☐☐ :   ☐ =   ☐
☐☐ + ☐ = ☐☐
_____
84 :   6 = ☐☐

2 a)   6 8 : 4   b)   6 4 : 4   c)   7 2 : 4

3 a)   8 4 : 7   b)   9 1 : 7   c)   9 8 : 7

4 Auf dem Schulhof stehen 42 Fahrradständer in 3 gleichen Reihen.
Wie viele Fahrräder können in einer Reihe abgestellt werden?

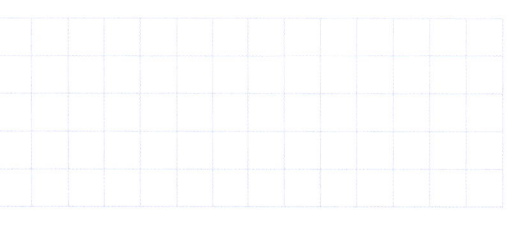

Antwort: _____

1 bis 3: Halbschriftliches Dividieren.   4: Inhalt erfassen. Aufgabe bilden, lösen und antworten.

79

Stunde – Minute – Sekunde

1

Tipp!
Der kleine, rote Zeiger
ist der Stundenzeiger.
Der große, blaue Zeiger
der Minutenzeiger.

Gib für jede Uhr die Vormittags- und Nachmittagszeit an.

2

__4:00__ Uhr   _____ Uhr   _____ Uhr   _____ Uhr   _____ Uhr

__16:00__ Uhr   _____ Uhr   _____ Uhr   _____ Uhr   _____ Uhr

3

__4:10__ Uhr   _____ Uhr   _____ Uhr   _____ Uhr   _____ Uhr

__16:10__ Uhr   _____ Uhr   _____ Uhr   _____ Uhr   _____ Uhr

4 Zeichne die Zeiger zur Uhrzeit ein.

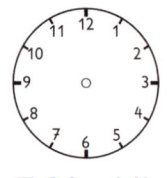 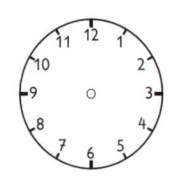 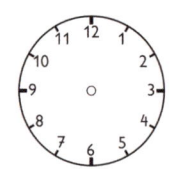 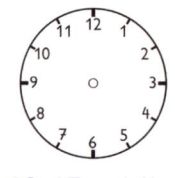 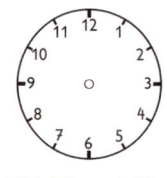

__7:00__ Uhr   __10:30__ Uhr   __15:00__ Uhr   __19:15__ Uhr   __17:15__ Uhr

5 **Freundeaufgabe**

Du nennst eine Uhrzeit. Dein Lernpartner
stellt dazu die Uhr ein. Dann stellt dein
Lernpartner die Uhr und du nennst die Uhrzeit.

10:30 Uhr

1: Vormittags- und Nachmittagszeit ablesen.   2, 3: Uhrzeiten angeben.   4: Zeiger einzeichnen.
5: Freundeaufgabe: Uhrzeiten nennen und dazu die Uhr stellen.

Du sprichst: eine Sekunde
Du schreibst: 1 s

60 Sekungen sind 1 Minute.
60 s = 1 min

1 Wie viele Sekunden sind seit 9:00 Uhr vergangen?

a) 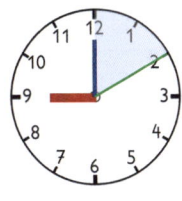   b) 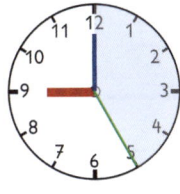   c)    d)

_____ s   _____ s   _____ s   _____ s

2 Ergänze zu einer Minute.

a) 30 s + ☐ 1 min

40 s + ☐ 1 min

50 s + ☐ 1 min

20 s + ☐ 1 min

b) 55 s + ☐ 1 min

51 s + ☐ 1 min

58 s + ☐ 1 min

53 s + ☐ 1 min

3 **Freundeaufgabe – Die Zeit schätzen und messen**

Schätze, wie viele Sekunden du für die Tätigkeit benötigst. Dein Lernpartner stoppt die Zeit mit der Uhr. Vergleicht die Ergebnisse.

Tätigkeit	geschätzte Zeit	gestoppte Zeit
Zähle von 20 bis 25.	☐ s	☐ s
Schreibe deinen Vornamen.	☐ s	☐ s
Sage die Malfolge der 2 auf.	☐ s	☐ s
Führe 5 Kniebeugen aus.	☐ s	☐ s

Jahr – Monat – Woche – Tag

1

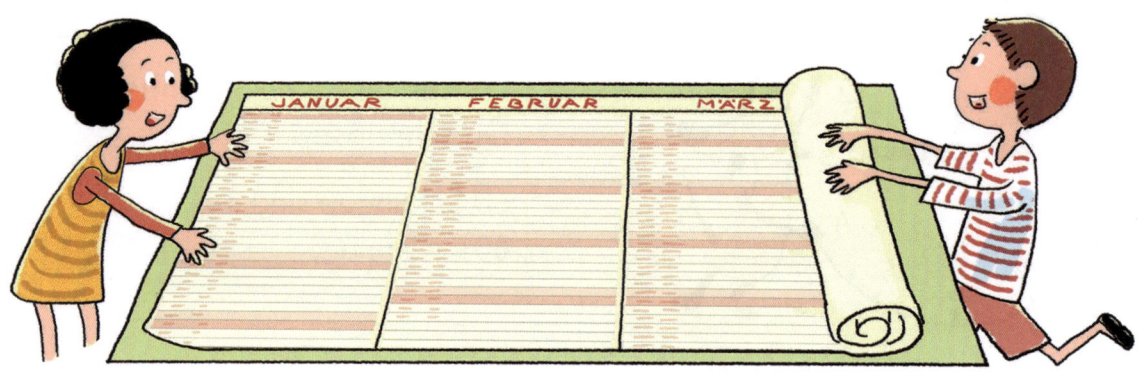

Suche in deinem Kalender besondere Tage.
Trage das Datum und den Wochentag in die Tabelle ein.

Besonderer Tag	Datum	Wochentag
Heiligabend	24.12.	
Silvester		
Neujahr		
Dein Geburtstag		
Sommeranfang		
Winteranfang		

2 Trage das Datum und den Wochentag ein.
Beginne mit heute.

	Datum	Wochentag
vorgestern		
gestern		
heute		
morgen		
übermorgen		

3 Arbeite mit deinem Kalender.
a) Schreibe zu jedem **Freitag** im Juli das Datum auf.

01.07., ☐☐.07., ☐☐.☐☐., ☐☐.☐☐., ☐☐.☐☐.

b) Schreibe zu jedem **Montag** im März das Datum auf.

☐☐.03., ☐☐.☐☐., ☐☐.☐☐., ☐☐.☐☐., ☐☐.☐☐.

1 bis 3: Datum und Wochentag angeben.

1 Wie viele Tage liegen zwischen

dem 02.06. und dem 08.06. ⟶ ☐ Tage

dem 09.07 und dem 17.07. ⟶ ☐ Tage

dem 15.10. und dem 29.10. ⟶ ☐☐ Tage

dem 23.11. und dem 06.12. ⟶ ☐☐ Tage

Juni						
Mo 2.	Di 3.	mi 4.	Do 5.	Fr 6.	Sa 7.	So 8.

2 Die Kinder waren im Urlaub. Wie viele Tage sind das?

Ben: 2 Wochen ⟶ 14 Tage

Max: 1 Woche und 5 Tage ⟶ ☐☐ Tage

Maria: 3 Wochen ⟶ ☐☐ Tage

Tom: 3 Wochen und 2 Tage ⟶ ☐☐ Tage

Anna: 2 Wochen und 3 Tage ⟶ ☐☐ Tage

Lisa: 2 Wochen und 6 Tage ⟶ ☐☐ Tage

> **MERKE DIR**
>
> 7 Tage sind 1 Woche.
> 12 Monate sind 1 Jahr.
> 24 Stunden sind 1 Tag.

3 Wie viele Monate sind es?

2 Jahre sind 24 Monate

a) 3 Jahre sind ☐☐ Monate.   d) 2 Jahre und 4 Monate sind ☐☐ Monate.

b) 4 Jahre sind ☐☐ Monate.   e) 4 Jahre und 7 Monate sind ☐☐ Monate.

c) 10 Jahre sind ☐☐☐ Monate.   f) 5 Jahre und 5 Monate sind ☐☐ Monate.

4 Rechne in Tage um.

Wochen	2	4	5	7	9	10
Tage						

5 Maria war 3 Wochen und 4 Tage im Trainingslager.
Anna kam nach 21 Tagen aus dem Trainingslager zurück.
Wer war länger im Trainingslager?

Antwort: _____

1: Anzahl der Tage berechnen.   2, 3: Zeitraum in Tagen / Monaten angeben. 4: Wochen in Tage umrechnen.
5: Inhalt erfassen. Aufgabe bilden, lösen und antworten.

83

Zeitpunkt – Zeitdauer

6:30 Uhr	Aufstehen	16:00 Uhr bis 17:00 Uhr	Fußballtraining
6:50 Uhr bis 7:15 Uhr	Frühstück	17:00 Uhr bis 18:00 Uhr	Freizeit
7:20 Uhr bis 7:30 Uhr	Schulweg	18:00 Uhr bis 18:30 Uhr	Abendbrot
7:45 Uhr bis 13:00 Uhr	Unterricht	18:30 Uhr bis 19:30 Uhr	Freizeit
13:30 Uhr bis 14:00 Uhr	Mittagessen	19:30 Uhr bis 20:00 Uhr	bettfertig machen
14:00 Uhr bis 15:00 Uhr	Freizeit	20:00 Uhr	Ab ins Bett!
15:00 Uhr bis 15:30 Uhr	Hausaufgaben		

1 Gib den genauen Zeitpunkt an.

a) Wann steht Tom auf?

⬜ : ⬜ Uhr

> **MERKE DIR**
>
> Mit „Wann" fragt man nach dem Zeitpunkt.

b) Wann geht Tom zur Schule?

⬜ : ⬜ Uhr

c) Wann gibt es Mittagessen?

⬜⬜ : ⬜⬜ Uhr

e) Wann ist der Unterricht zu Ende?

⬜⬜ : ⬜⬜ Uhr

d) Wann beginnt das Fußballtraining?

⬜⬜ : ⬜⬜ Uhr

f) Wann geht Tom ins Bett?

⬜⬜ : ⬜⬜ Uhr

2 Zeichne die Zeiger für den Zeitpunkt der Ankunft auf dem Reiterhof ein.

a) Maria geht 15:30 Uhr zum Reiterhof.
Sie benötigt 20 min für den Weg.

Ankunft: ⬜⬜ : ⬜⬜ Uhr

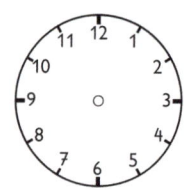

b) Ben fährt mit dem Fahrrad 15:45 Uhr zum Reiterhof.
Er legt den Weg in 15 min zurück.

Ankunft: ⬜⬜ : ⬜⬜ Uhr

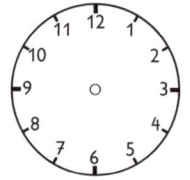

c) Anna fährt 15:50 Uhr mit dem Bus los.
Der Bus fährt 25 min bis zum Reiterhof.

Ankunft: ⬜⬜ : ⬜⬜ Uhr

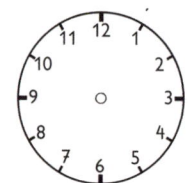

1: Zeitpunkt bestimmen. Passende Angaben dem Bild entnehmen.   2: Ankunftszeit angeben und entsprechende Uhrzeit einzeichnen.

1 Berechne die Zeitdauer für den täglichen Besuch der Schwimmhalle.

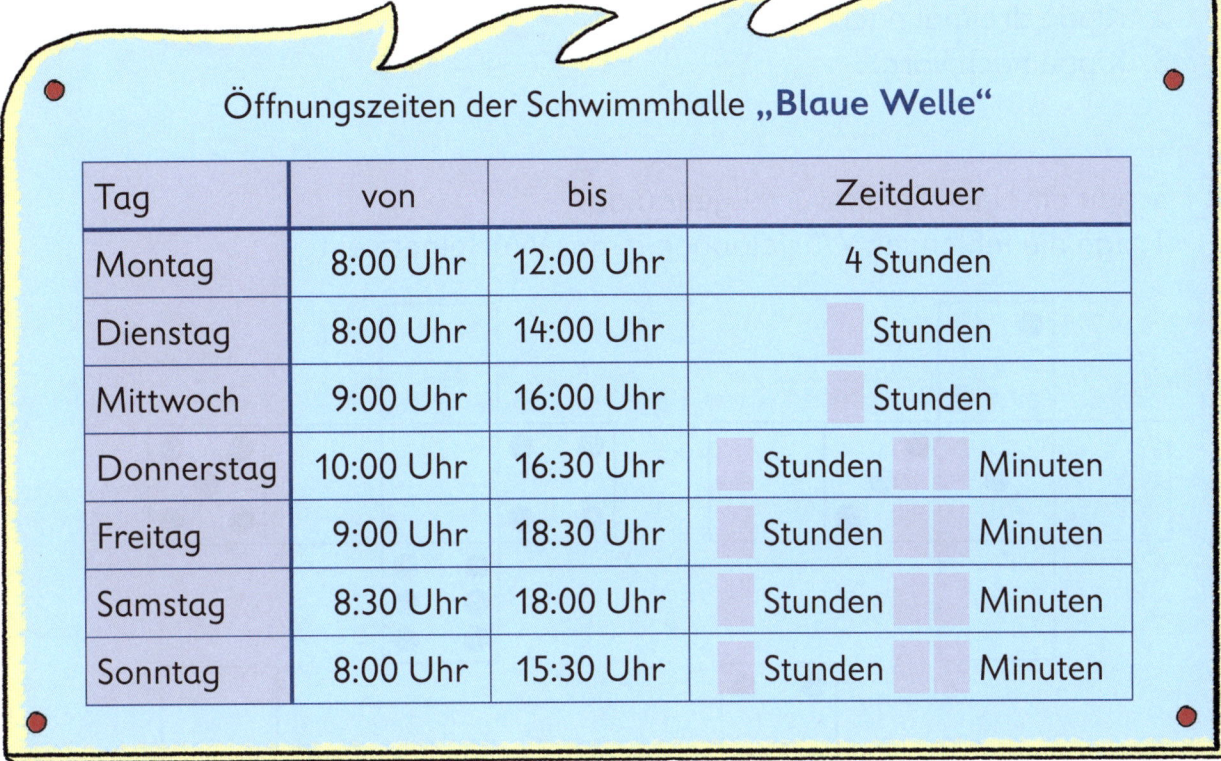

Öffnungszeiten der Schwimmhalle „Blaue Welle"

Tag	von	bis	Zeitdauer
Montag	8:00 Uhr	12:00 Uhr	4 Stunden
Dienstag	8:00 Uhr	14:00 Uhr	☐ Stunden
Mittwoch	9:00 Uhr	16:00 Uhr	☐ Stunden
Donnerstag	10:00 Uhr	16:30 Uhr	☐ Stunden ☐☐ Minuten
Freitag	9:00 Uhr	18:30 Uhr	☐ Stunden ☐☐ Minuten
Samstag	8:30 Uhr	18:00 Uhr	☐ Stunden ☐☐ Minuten
Sonntag	8:00 Uhr	15:30 Uhr	☐ Stunden ☐☐ Minuten

2 Wie viele Stunden hat die Schwimmhalle am Wochenende geöffnet?

Antwort: _____

3 Anna und ihre Freunde waren wandern.
Start: 9:45 Uhr   Ankunft: 11:00 Uhr

Wie lange waren sie unterwegs?   Wanderzeit: ☐ Stunden ☐☐ Minuten

4 Wie lange hat es gedauert?
Trage die Zeit ein.

a)   + ☐☐ min
6:20 Uhr ⟶ 7:00 Uhr

b)   + ☐☐ min
9:05 Uhr ⟶ 9:48 Uhr

c)   + ☐ h ☐☐ min
8:50 Uhr ⟶ 10:10 Uhr

1: Zeitdauer berechnen.   2, 3: Inhalt erfassen. Zeitdauer berechnen.   4: Zeitdauer ermitteln.

85

Würfel – Würfelnetze

1 Zeichne ein Würfelnetz wie Anna.
Zeichne zuerst die Startfläche.
Kippe dann den Würfel so:
1. Kippe nach vorn.
2. Kippe dreimal nach rechts.
3. Kippe nach vorn.

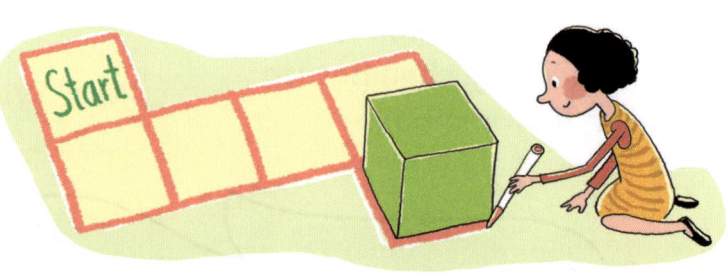

2 Schau dir einen Spielewürfel genau an.
Trage die fehlenden Würfelaugen in das Würfelnetz ein.

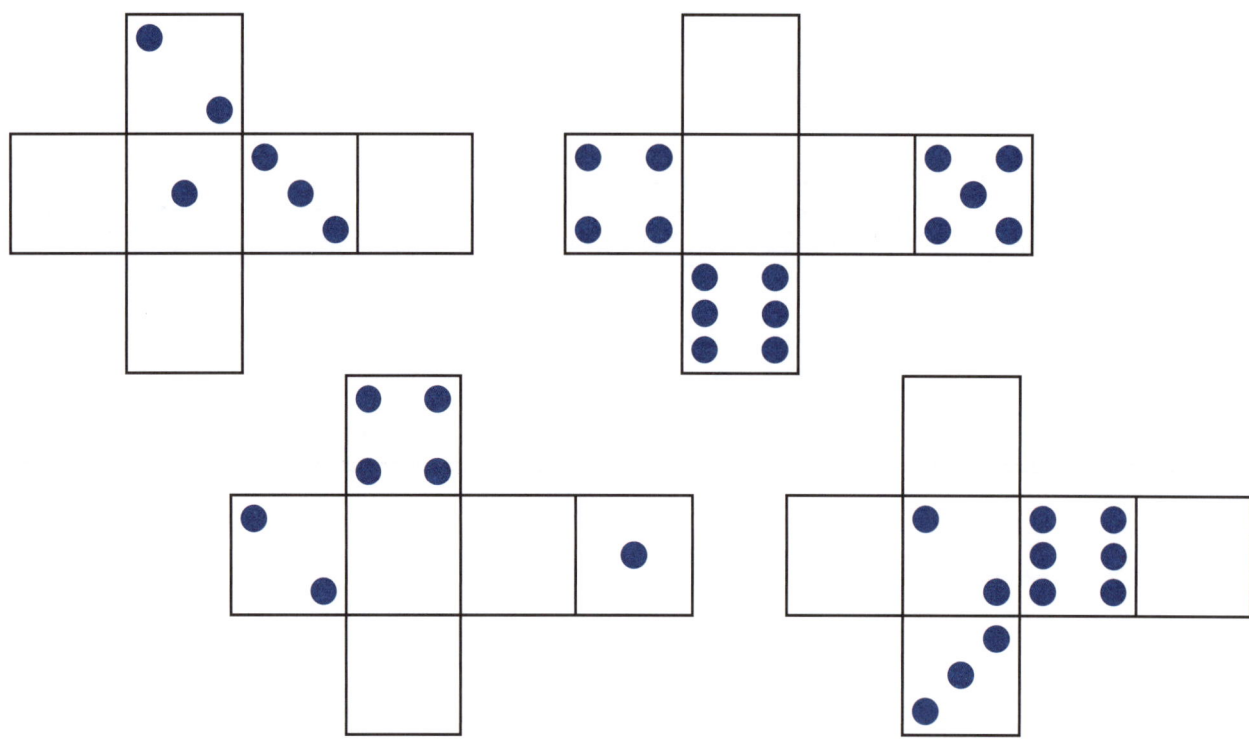

3 Zeichne dieses Würfelnetz auf Kästchenpapier.
Die Seitenlänge der Quadrate soll 6 Kästchen betragen.
Schneide das Würfelnetz aus und falte einen Würfel.

a)

b)

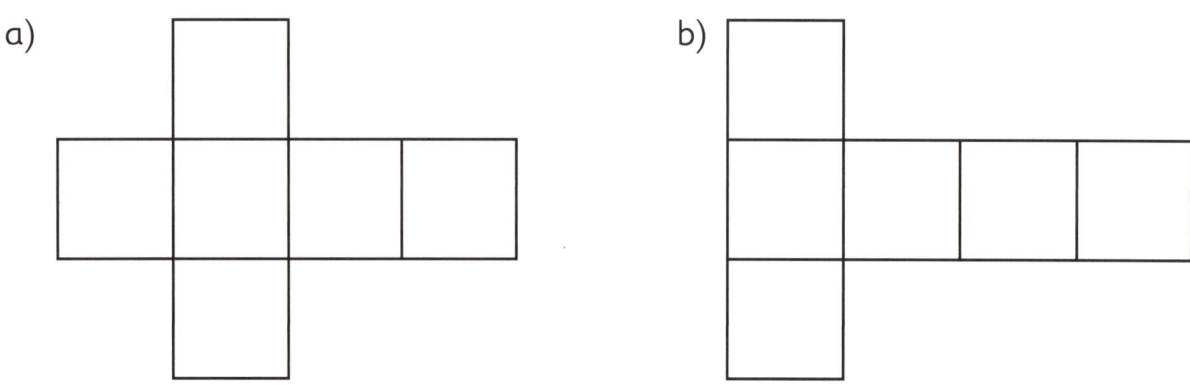

Quader – Quadernetze

1 Zeichne ein Quadernetz wie Ben.
Umrande zuerst die Startfläche.
Kippe dann den Quader so:
  1: Kippe nach rechts.
  2: Kippe nochmals nach rechts.
  3: Kippe nach vorn.
  4: Kippe nach rechts.
  5. Kippe nochmals nach rechts.

2 a) Zeichne die Quadernetze auf Kästchenpapier.
  b) Male die gegenüberliegenden Flächen mit der gleichen Farbe aus.
  c) Schneide jedes Quadernetz aus und falte es zu einem Quader.
  d) Prüfe, ob die gegenüberliegenden Flächen die gleiche Farbe haben.

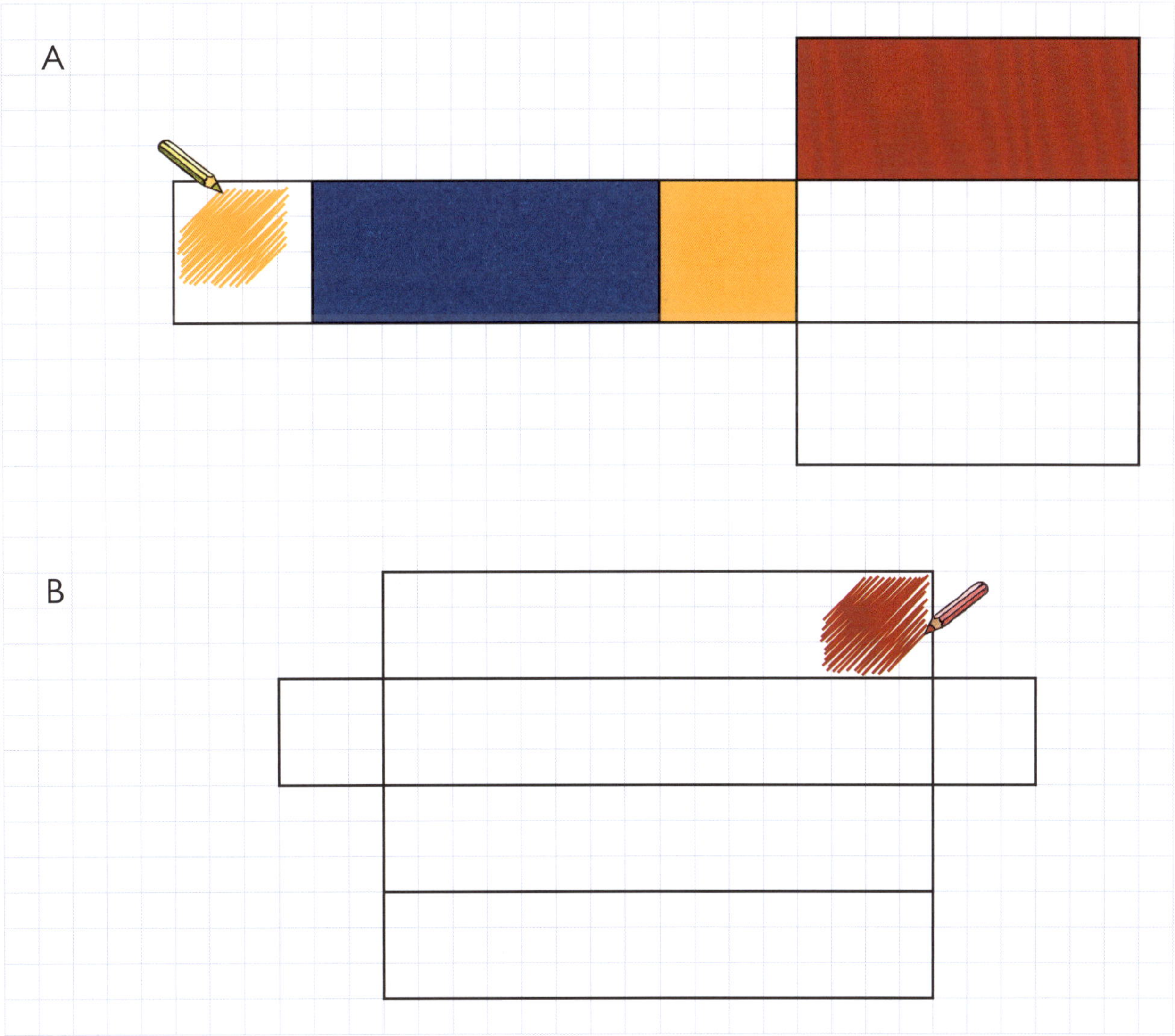

A

B

1: Quader nach Vorgabe kippen und Flächen umranden.
2: Quadernetze zeichnen. Seitenflächen färben. Quader falten. Färbung der gegenüberliegenden Seiten vergleichen.

87

Flächeninhalt

1 a) Wie viele Fliesen werden für jede Wand benötigt?

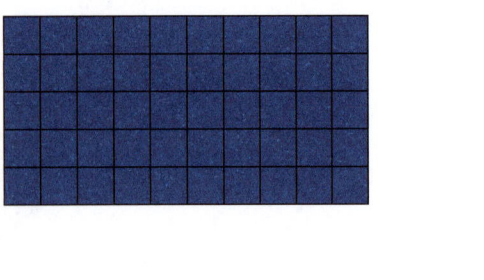

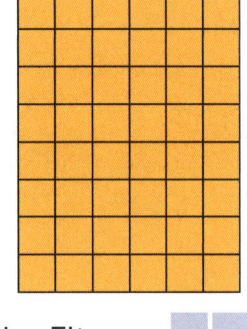

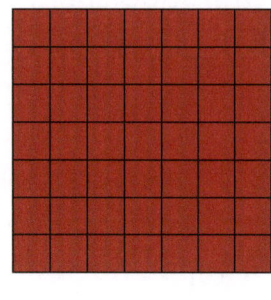

Blaue Fliesen: ▢▢   Gelbe Fliesen: ▢▢   Rote Fliesen: ▢▢

b) Welche Wand hat:

	Farbe	Anzahl der Kästchen
die größte Fläche		
die kleinste Fläche		

> **MERKE DIR**
>
> Die Anzahl der Kästchen gibt den Flächeninhalt (die Größe der Fläche) an.

2 Gib den Flächeninhalt für jede Figur an.

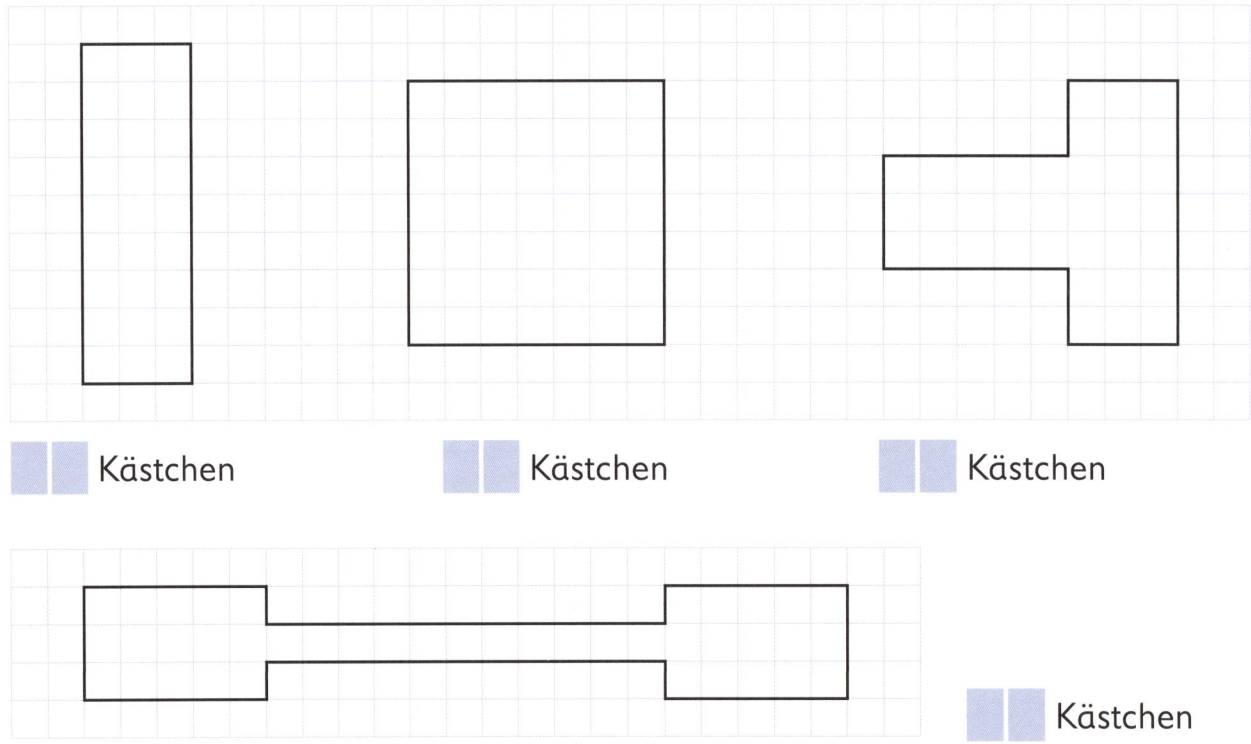

▢▢ Kästchen   ▢▢ Kästchen   ▢▢ Kästchen

▢▢ Kästchen

1: Anzahl der Fliesen bestimmen und vergleichen. Größte bzw. kleinste Fläche benennen.
2. Flächeninhalte bestimmen. Mögliche Vorgehensweise erklären.

1 a) Bestimme den Flächeninhalt der Figuren.

Figur	A	B	C	D	E	F	G	H	I
Kästchen	16								

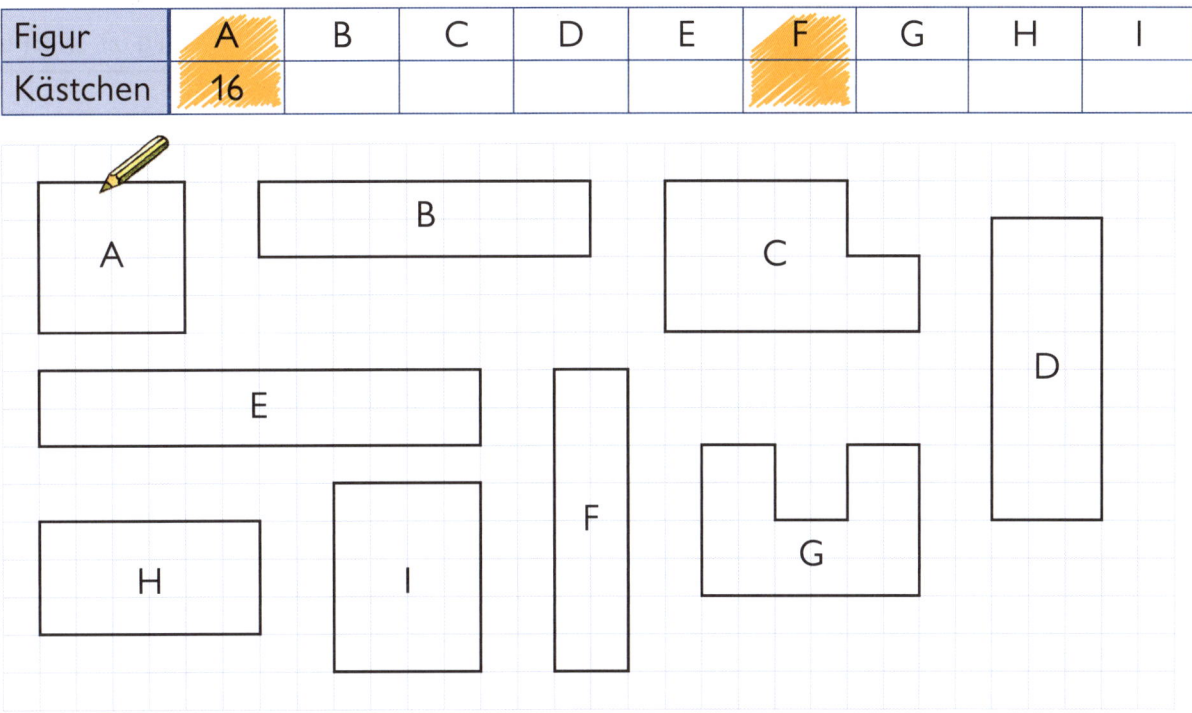

b) Male Figuren mit gleichem Flächeninhalt mit gleicher Farbe aus.

2 a) Wie groß ist der Flächeninhalt des grünen Rechtecks? ▢▢ Kästchen

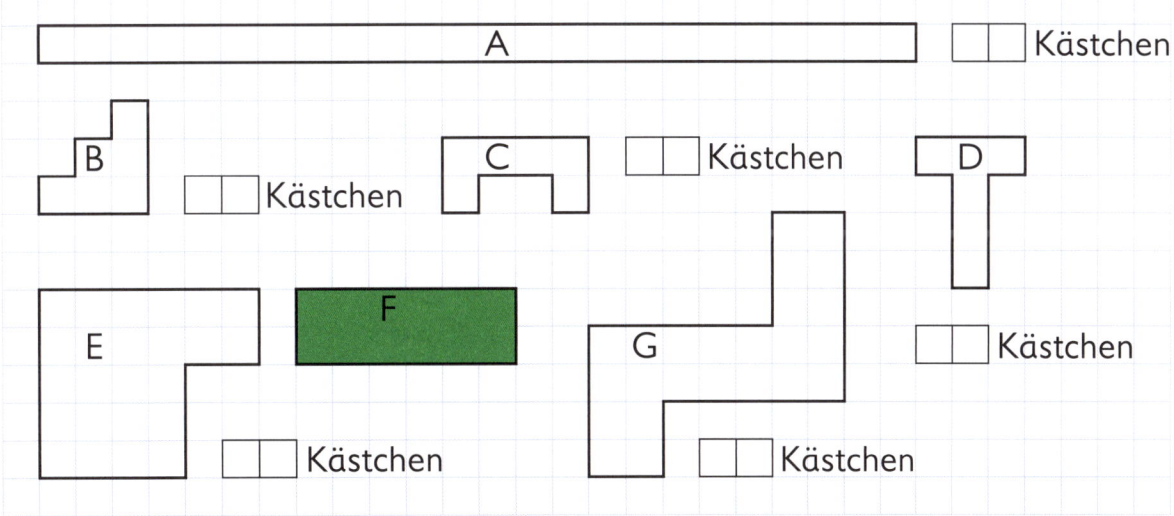

b) Welche Figuren haben einen doppelt so großen Flächeninhalt wie das grüne Rechteck? Male sie rot aus.

c) Welche Figuren haben einen halb so großen Flächeninhalt wie das grüne Rechteck? Male sie gelb aus.

Flächenumfang

1 Lege die Figuren mit gleich langen Stäbchen.
Gib den Umfang für jede Figur an.

Tipp!
Umfang:
Einmal um
die Figur herum.

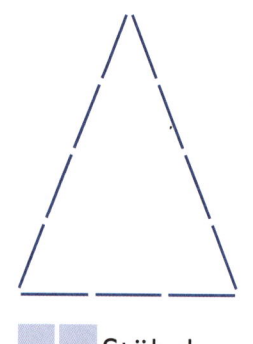

Umfang: ▢▢ Stäbchen   ▢▢ Stäbchen   ▢▢ Stäbchen

2 Gib den Umfang der Figuren an.

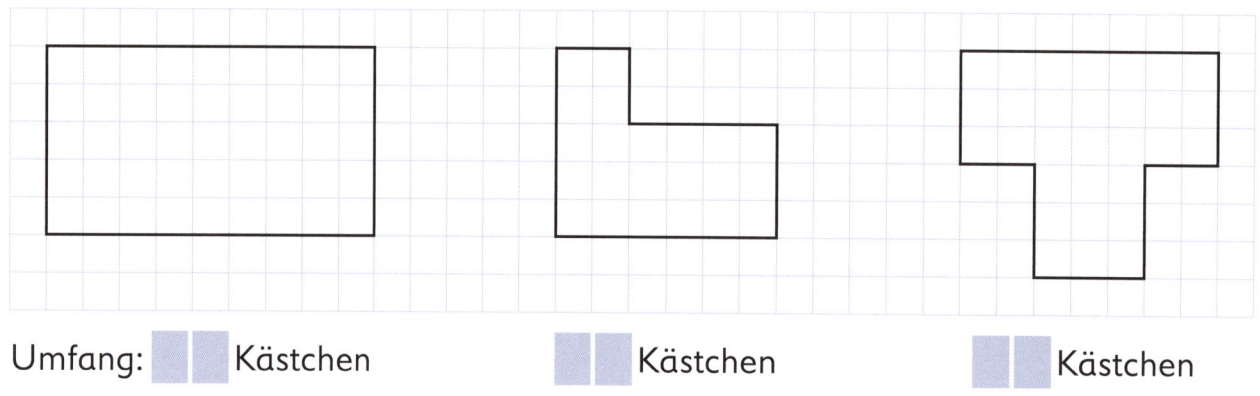

Umfang: ▢▢ Kästchen   ▢▢ Kästchen   ▢▢ Kästchen

> **MERKE DIR**
>
> Der Umfang einer ebenen Figur ist die Gesamtlänge der äußeren Umrandung.

3 Zeichne ein Rechteck mit den Seiten:
$\overline{AB}$ = 15 Kästchen, $\overline{BC}$ = 6 Kästchen
Gib den Umfang des Rechtecks an.

Umfang: ▢▢ Kästchen lang

1: Figuren mit Stäbchen legen. Umfang bestimmen.   2: Umfang mit Anzahl der Kästchen angeben.
3: Figuren nach Vorgabe zeichnen. Umfang angeben.

Miss erst die Länge der Seiten.
Berechne dann den Umfang.

1

D   C

A   B

$\overline{AB}$ = ▢ cm $\overline{BC}$ = ▢ cm

$\overline{AD}$ = ▢ cm $\overline{DC}$ = ▢ cm

Umfang: ▢ cm + ▢ cm + ▢ cm + ▢ cm = ▢▢ cm

2

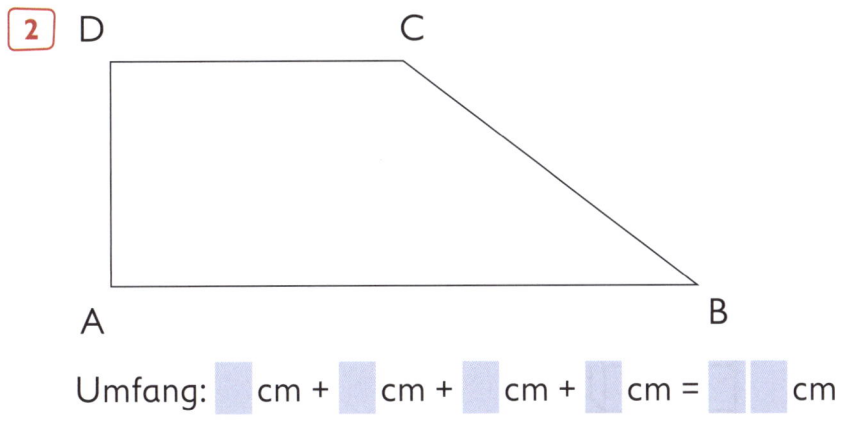

D   C

A   B

$\overline{AB}$ = ▢ cm $\overline{BC}$ = ▢ cm

$\overline{AD}$ = ▢ cm $\overline{DC}$ = ▢ cm

Umfang: ▢ cm + ▢ cm + ▢ cm + ▢ cm = ▢▢ cm

3

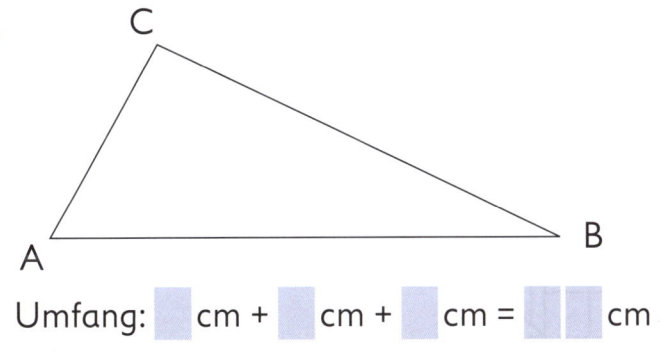

C

A   B

$\overline{AB}$ = ▢ cm $\overline{BC}$ = ▢ cm

$\overline{AD}$ = ▢ cm

Umfang: ▢ cm + ▢ cm + ▢ cm = ▢▢ cm

B

4

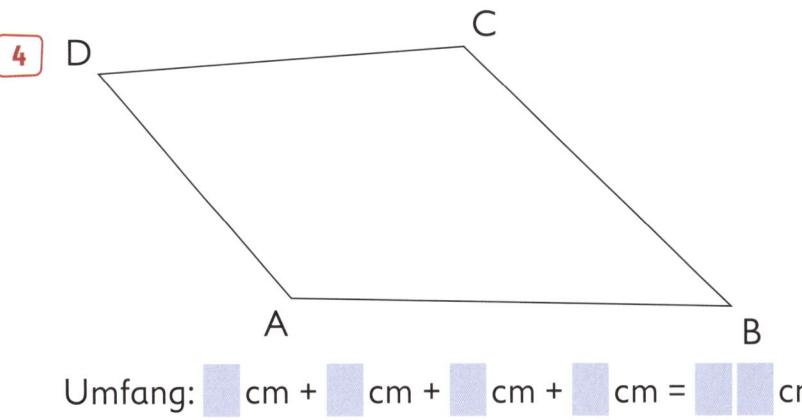

D   C

A   B

$\overline{AB}$ = ▢ cm $\overline{BC}$ = ▢ cm

$\overline{AD}$ = ▢ cm $\overline{DC}$ = ▢ cm

Umfang: ▢ cm + ▢ cm + ▢ cm + ▢ cm = ▢▢ cm

Rauminhalt – Würfelbauten

1 Wer hat Recht?

Mein Quader besteht aus mehr Würfeln.

Nein, mein Quader besteht aus mehr Würfeln.

☐☐ Würfel

☐☐ Würfel

MERKE DIR

Der Rauminhalt eines Würfelbaues ist gleich der Anzahl der Einheitswürfel.
Einheitswürfel sind gleich große Würfel.

2 a) Wie groß ist der Rauminhalt dieser Würfelbauten?

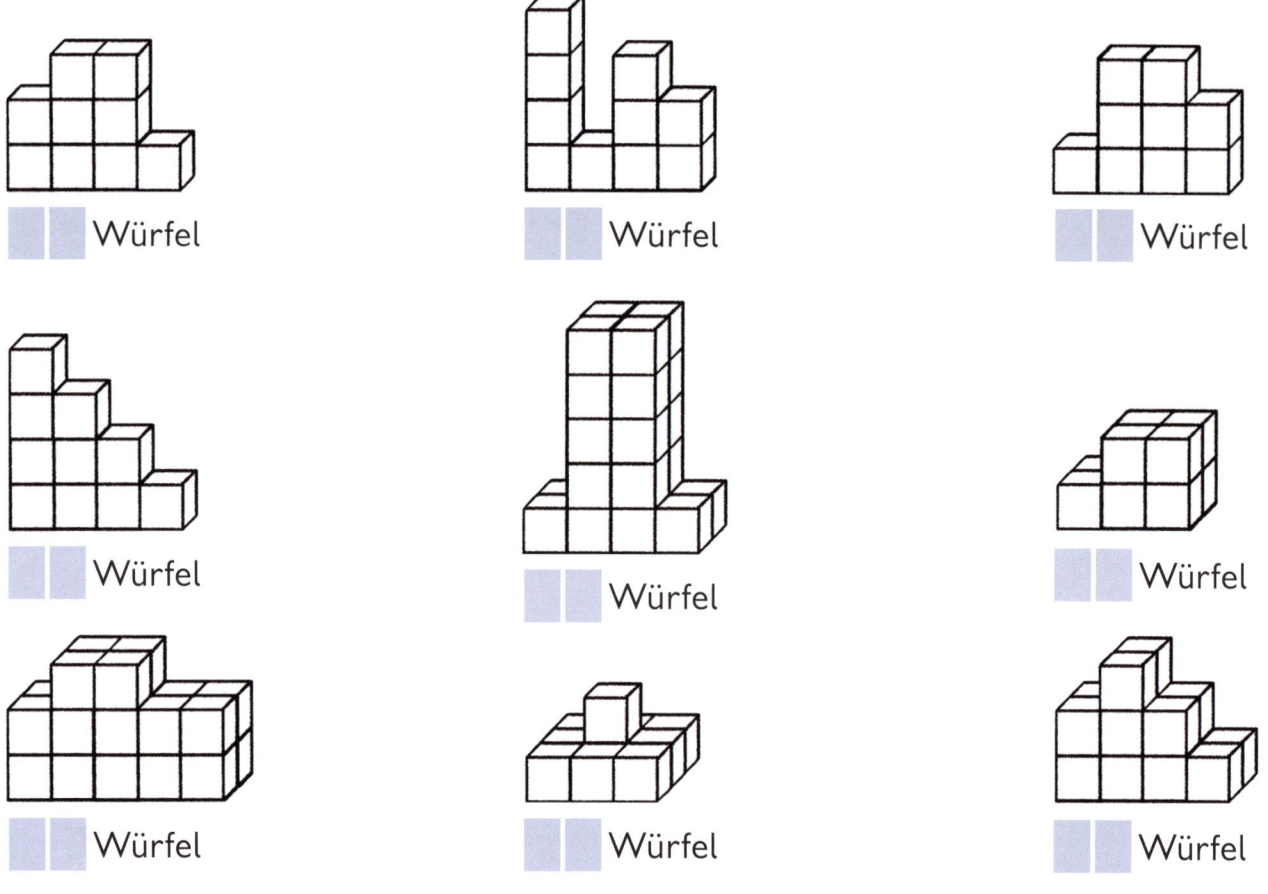

☐☐ Würfel

☐☐ Würfel

☐☐ Würfel

☐☐ Würfel

☐☐ Würfel

☐☐ Würfel

☐☐ Würfel

☐☐ Würfel

☐☐ Würfel

b) Male die Würfelbauten mit dem gleichen Rauminhalt mit der gleichen Farbe aus.

1: Anzahl der Würfel bestimmen und vergleichen. 2: Rauminhalt bestimmen. Würfel mit gleichem Rauminhalt mit gleicher Farbe ausmalen.

1 Jeder Kasten wird mit Würfeln gefüllt.

a)   b)   c)

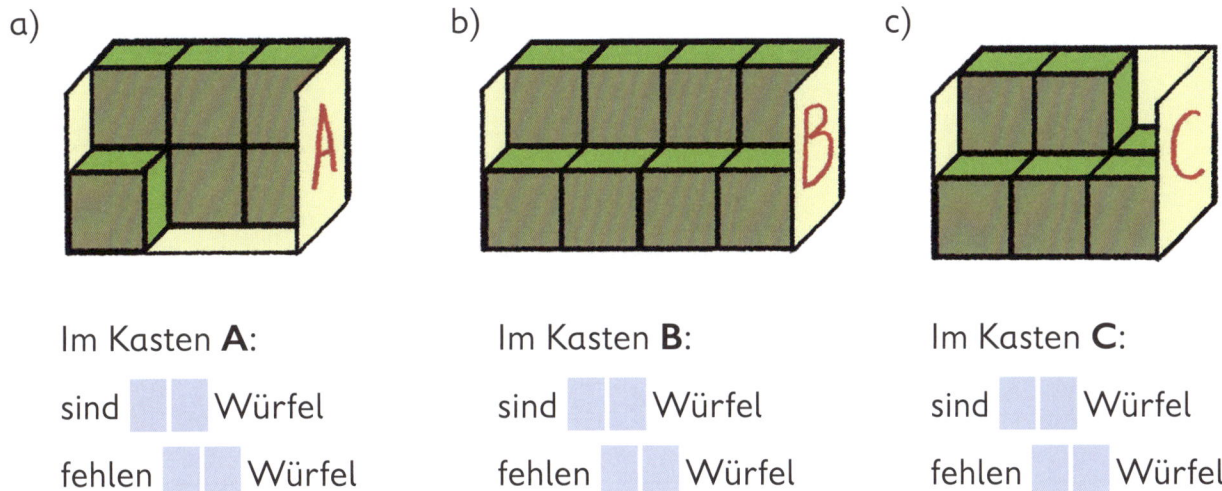

Im Kasten **A**:   Im Kasten **B**:   Im Kasten **C**:

sind ☐☐ Würfel   sind ☐☐ Würfel   sind ☐☐ Würfel

fehlen ☐☐ Würfel   fehlen ☐☐ Würfel   fehlen ☐☐ Würfel

2 Baue nach.
Gib den Rauminhalt für jeden Würfelbau an.

a)   b)   c)

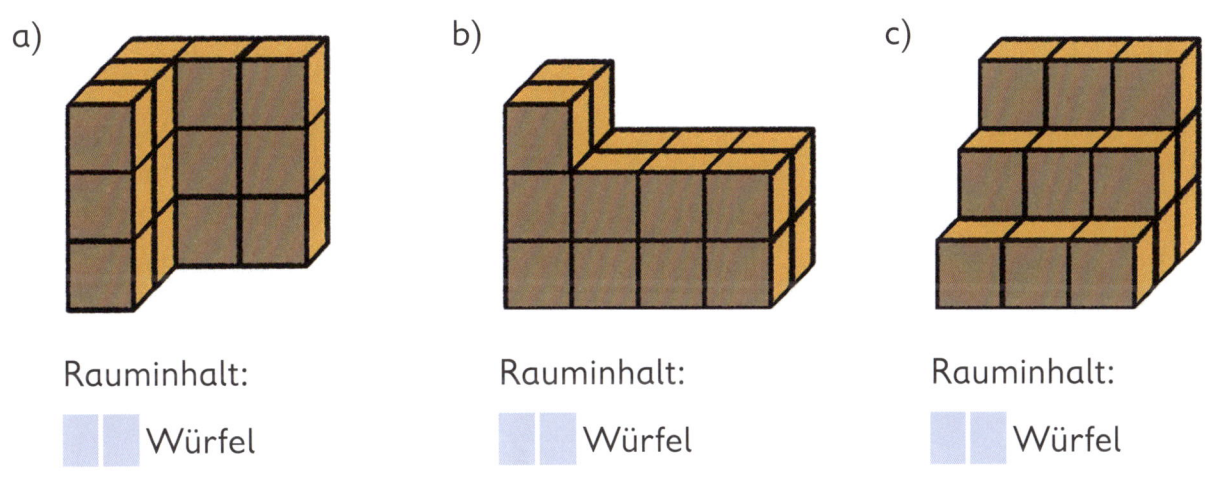

Rauminhalt: Rauminhalt: Rauminhalt:

☐☐ Würfel   ☐☐ Würfel   ☐☐ Würfel

3 Baue andere Würfelbauten mit dem gleichen Rauminhalt
wie diese Bauten:

a)   b)   c)

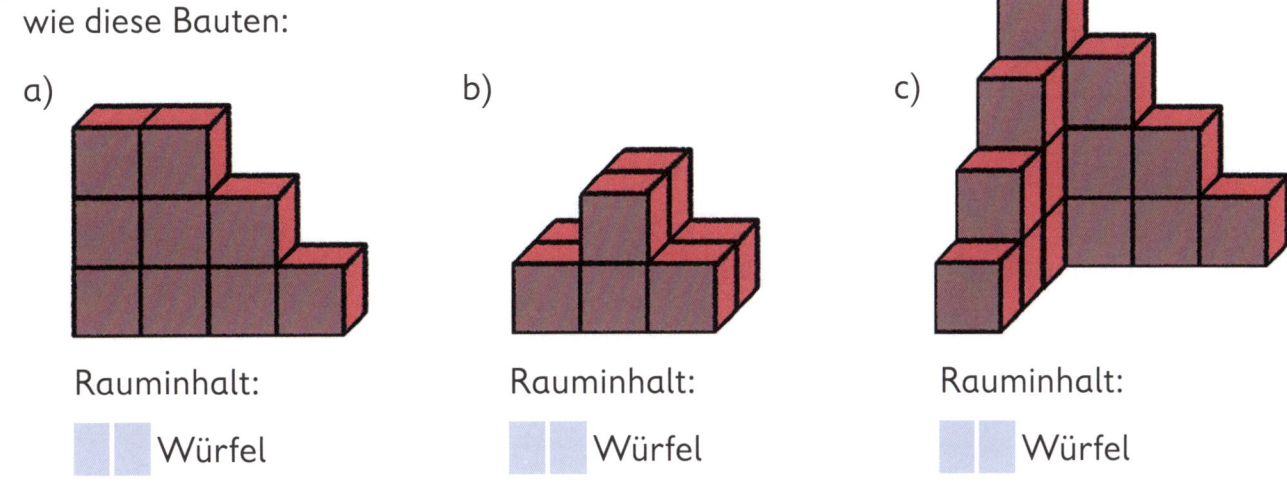

Rauminhalt: Rauminhalt: Rauminhalt:

☐☐ Würfel   ☐☐ Würfel   ☐☐ Würfel

Kann ich das schon?

1 Schreibe stellengerecht untereinander. Addiere und subtrahiere.

375 + 409	564 + 279	873 – 456	792 – 185
Ü: _____	Ü: _____	Ü: _____	Ü: _____

2

·	3	2	5	4	9	7	8	6	1
4									
40									
8									
80									

3

a)
$3 \cdot 15$
$3 \cdot 10 = \square$
$3 \cdot 5 = \square$
$\square + \square = \square$
$3 \cdot 15 = \square$

b)
$5 \cdot 16$
$\square \cdot \square = \square$
$\square \cdot \square = \square$
$\square + \square = \square$
$5 \cdot 16 = \square$

c)
$8 \cdot 13$
$\square \cdot \square = \square$
$\square \cdot \square = \square$
$\square + \square = \square$
$8 \cdot 13 = \square$

4

a)
$60 : 5$
$\square : 5 = \square$
$\square : 5 = \square$
$\square + \square = \square$
$60 : 5 = \square$

b)
$72 : 6$
$\square : 6 = \square$
$\square : 6 = \square$
$\square + \square = \square$
$\square : \square = \square$

c)
$84 : 7$
$\square : \square = \square$
$\square : \square = \square$
$\square + \square = \square$
$\square : \square = \square$

5 Der Eintritt für den Kinderzirkus kostet pro Kind 3 €.
Insgesamt wurden für 19 Kinder Karten bestellt.
Wie viel Geld muss die Lehrerin einsammeln?

Antwort: _____

1 Rechne um:

a)
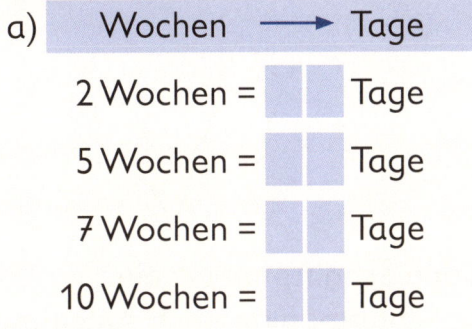

2 Wochen = ☐☐ Tage

5 Wochen = ☐☐ Tage

7 Wochen = ☐☐ Tage

10 Wochen = ☐☐ Tage

b) **Jahre ⟶ Monate**

1 Jahr = ☐☐ Monate

3 Jahre = ☐☐ Monate

5 Jahre = ☐☐ Monate

8 Jahre = ☐☐ Monate

2 Ergänze die Tabellen.

a)

jetzt	4 Stunden später
5:15 Uhr	9:15 Uhr
7:30 Uhr	☐☐ : ☐☐ Uhr
8:25 Uhr	☐☐ : ☐☐ Uhr
11:40 Uhr	☐☐ : ☐☐ Uhr

b)

jetzt	10 min später
6:20 Uhr	6:30 Uhr
7:40 Uhr	☐ : ☐☐ Uhr
9:15 Uhr	☐ : ☐☐ Uhr
18:50 Uhr	☐☐ : ☐☐ Uhr

c)

jetzt	2 Stunden früher
7:50 Uhr	5:50 Uhr
8:45 Uhr	☐ : ☐☐ Uhr
10:25 Uhr	☐ : ☐☐ Uhr
18:10 Uhr	☐☐ : ☐☐ Uhr

d)

jetzt	15 min früher
6:30 Uhr	6:15 Uhr
8:50 Uhr	☐ : ☐☐ Uhr
9:45 Uhr	☐ : ☐☐ Uhr
15:25 Uhr	☐☐ : ☐☐ Uhr

3 Färbe die Flächen der Trapeze rot und die der Parallelogramme grün.

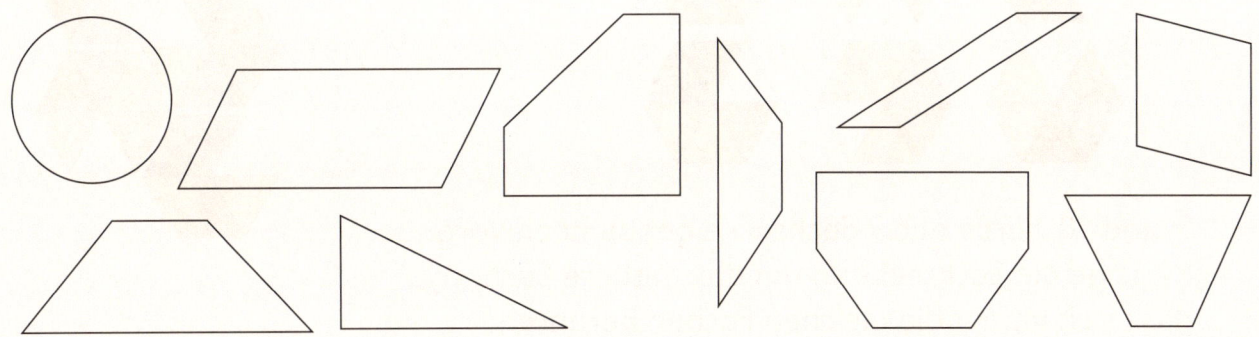

Projektidee: Mathematik zum Spielen und Staunen

1 1. 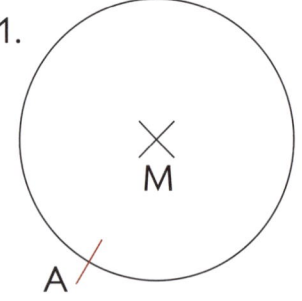 2. 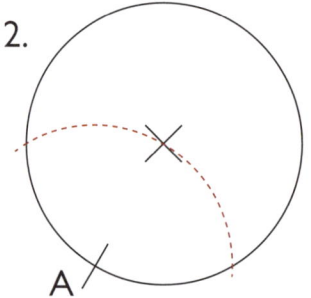 3.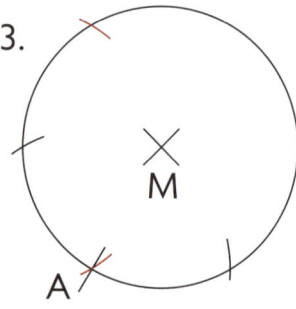

1. Zeichne einen Kreis um M mit r = 5 cm. Trage den Schnittpunkt A ein.
2. bis 4. Zeichne mit dem gleichen Radius weitere Schnittpunkte nach Anleitung.

4. 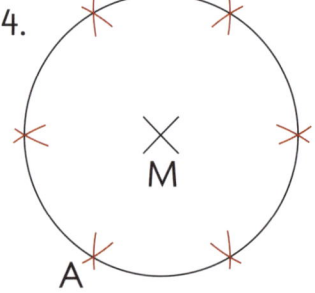 5. 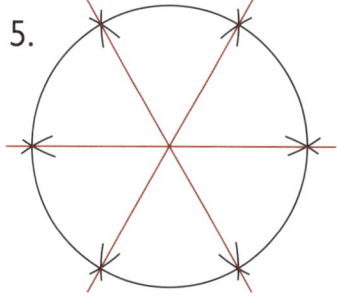 6.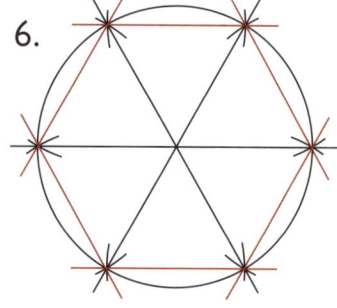

5. Verbinde die gegenüberliegenden Schnittpunkte.
6. Verbinde alle Schnittpunkte so, dass ein Sechseck entsteht.

7. 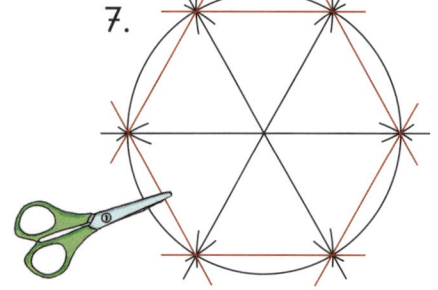 8. 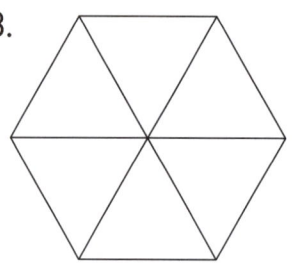 9.

7. und 8. Schneide entlang der Linie ein Sechseck aus.
Fertige insgesamt 7 Sechsecke an.

10.  11.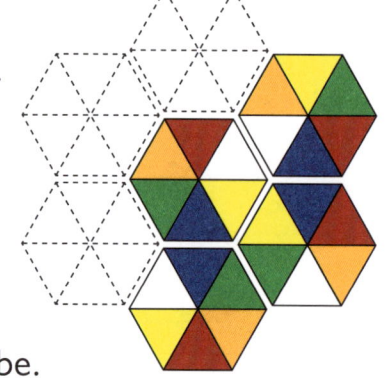

9. und 10. Färbe alle 7 Sechsecke genau nach Vorgabe.
11. Lege die Sechsecke so um das mittlere Sechseck,
dass sich immer die gleichen Farben berühren.

Sechsecke mit dem Zirkel erstellen und nach Vorgabe gestalten. Muster legen.

Mathefreunde 4

Arbeitsbuch Inklusion | Teil A

Herausgegeben von
Edmund Wallis, Leipzig

Erarbeitet von
Petra Franz, Erfurt
Patricia Reichard, Rostock
Edmund Wallis, Leipzig
Silvia Weisse, Bad Düben

VOLK UND WISSEN

Mathefreunde 4

Arbeitsbuch Inklusion | Teil A

Herausgegeben von
Edmund Wallis, Leipzig

Erarbeitet von
Petra Franz, Erfurt; Patricia Reichard, Rostock; Edmund Wallis, Leipzig; Silvia Weisse, Bad Düben

Redaktion: Hans Huschens
Illustration: Judith Ganter; Uta Bettzieche (Hunde)
Umschlaggestaltung und Layout: tritopp, Berlin, Daniel Müller (Illustration)
technische Umsetzung und Layout: Cornelia Gründer, Corngreen GmbH, Leipzig

www.cornelsen.de

1. Auflage, 4. Druck 2024

Alle Drucke dieser Auflage sind inhaltlich unverändert
und können im Unterricht nebeneinander verwendet werden.

Druck: Athesiadruck GmbH

ISBN 978-3-06-083739-7 (Paket mit den Teilen A und B)

Inhalt

An den Symbolen kannst du erkennen, worum es gerade geht.

Zahlen und Operationen ‾ : ÷

Größen und Messen 💵 ⏱

Geometrie ◯◿

Daten, Häufigkeit und Wahrscheinlichkeit 卌

Die Aufgaben sind so nummeriert: 1

Auf den Zetteln findest du die Lösungen: 0 1

Merkkasten **MERKE DIR**

Freundeaufgaben

Addieren

1 a) Finde zur Aufgabe das Ergebnis.

| 30 + 2 | 60 + 7 | 40 + 5 | 90 + 9 | 70 + 8 | 0 + 55 |

| 99 | 32 | 67 | 45 | 55 | 78 |

b)

| 14 + 6 | 22 + 4 | 41 + 6 | 73 + 5 | 94 + 5 | 100 + 0 |

| 26 | 47 | 78 | 99 | 100 | 20 |

2 a) 22 + 8 =   b) 35 + 5 =   c) 61 + 9 =   60 80 30 100

56 + 4 =   47 + 3 =   28 + 2 =   70 90 40 50

73 + 7 =   88 + 2 =   44 + 6 =

94 + 6 =   63 + 7 =   92 + 8 =   100 70 30 50

3 a) 14 + 7 =   b) 49 + 4 =   c) 58 + 5 =   24 22 23 21

19 + 5 =   28 + 6 =   63 + 8 =   46 34 41 53

17 + 6 =   33 + 8 =   75 + 8 =

15 + 7 =   37 + 9 =   84 + 7 =   91 83 63 71

4 Schreibe die Aufgabe in Geheimschrift.

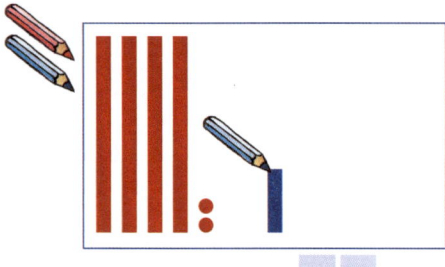

42 + 25 =

37 + 12 =

25 + 34 =

44 + 55 =

58 + 11 =

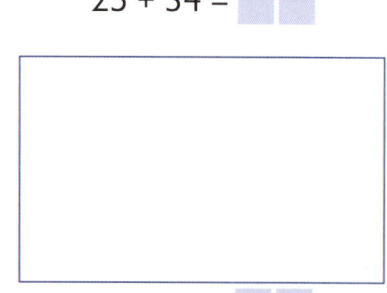

61 + 26 =

1: Ergebnisse zuordnen.   2: Addieren bis zum Zehner mit Selbstkontrolle.   3: Addieren mit Überschreiten des Zehners mit Selbstkontrolle.
4: Addieren der zweistelligen Zahl ohne Überschreiten.

1

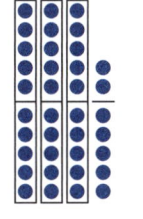 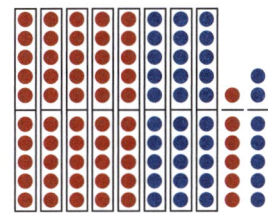

56 + 37

56 + 37	
56 + 30 =	
86 + 7 =	
56 + 37 =	

Rechne so:

1. Zerlege die zweite Zahl in Zehner und Einer.

2. Addiere erst den Zehner, dann den Einer.

2

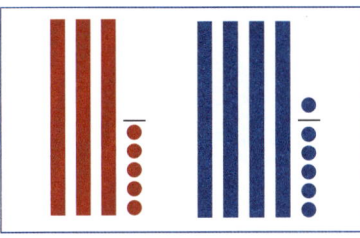 

35 + 46		69 + 18		58 + 35
35 + 40 =		69 + =		58 + =
+ 6 =		+ =		+ =
35 + 46 =		+ =		+ =

3

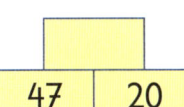

47	20

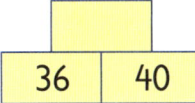

36	40

25	30

42	30

29	60

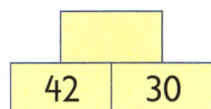

64	20

4 Auf der Leitung sitzen 20 Schwalben.
Es setzen sich 12 Schwalben dazu.
Wie viele Schwalben sind es insgesamt?

Antwort: _____

1, 2: Addieren zweistelliger Zahlen mit Überschreiten des Zehners.
3: Rechenmauern.   4: Sachaufgabe lösen und Antwortsatz bilden.

5

Subtrahieren

1 Jeweils drei Aufgaben haben dasselbe Ergebnis. Male sie mit gleicher Farbe an.

80 − 5 =	90 − 3 =	100 − 90 =	20 − 6 =	70 − 6 =
19 − 9 =	19 − 5 =	75 − 0 =	68 − 4 =	89 − 2 =
77 − 2 =	88 − 1 =	60 − 50 =	18 − 4 =	69 − 5 =

2 a) 55 − 5 =   b) 22 − 2 =   c) 35 − 5 = | 10 40 50 70 |

    46 − 6 =   56 − 6 =   67 − 7 = | 70 50 20 90 |

    17 − 7 =   73 − 3 =   88 − 8 = | 90 30 80 60 |

    71 − 1 =   94 − 4 =   99 − 9 =

3 a) 52 − 6 =   b) 21 − 6 =   c) 84 − 5 = | 66 46 38 26 |

    47 − 9 =   35 − 8 =   33 − 8 = | 27 15 45 16 |

    34 − 8 =   52 − 7 =   67 − 9 = | 58 79 46 25 |

    73 − 7 =   25 − 9 =   51 − 5 =

4

a)
−	20
37	
43	
65	

b)
−	30
48	
54	
75	

c)
−	50
66	
78	
84	

d)
−	60
61	
87	
96	

5 In unserer Klasse lernen 21 Schüler.
Es sind 2 Schüler weggezogen.
Wie viele Schüler sind noch in unserer Klasse?

Antwort: _____

1: Subtrahieren und Aufgaben mit gleicher Lösung kennzeichnen.   2: Subtrahieren bis zum Zehner.   3: Subtrahieren mit Überschreiten des Zehners.   4: Tabellen lösen, von zweistelligen Zahlen Zehnerzahlen subtrahieren.   5: Sachaufgabe lösen und Antwort finden.

1 a)

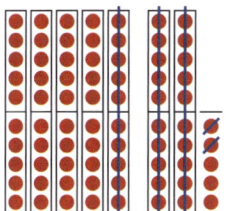

75 − 32
75 − 30 =   45
45 −   2 = ▢▢
75 − 32 = ▢▢

b)

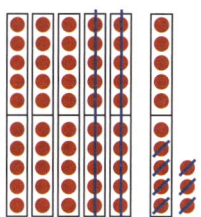

63 − 27
63 − 20 =   43
43 −   7 = ▢▢
63 − 27 = ▢▢

Rechne so:

1. Zerlege die 2. Zahl in Zehner und Einer.

2. Subtrahiere erst den Zehner, dann den Einer.

2 a)

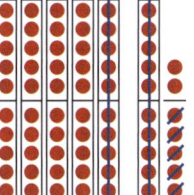

67 − 25
67 − 20 = ▢▢
▢▢ −   5 = ▢▢
67 − 25 = ▢▢

b)

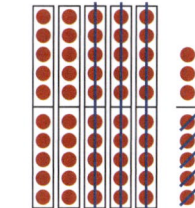

58 −   35
▢▢ − ▢▢ = ▢▢
▢▢ − ▢▢ = ▢▢
58 −   35 = ▢▢

c)

86 −   53
▢▢ − ▢▢ = ▢▢
▢▢ − ▢▢ = ▢▢
86 −   53 = ▢▢

3 a)

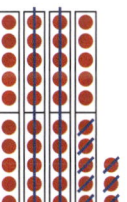

43 − 28
43 − 20 = ▢▢
23 −   8 = ▢▢
43 − 28 = ▢▢

b)

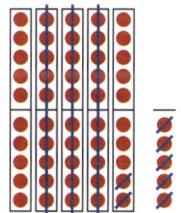

55 −   37
55 − ▢▢ = ▢▢
▢▢ − ▢▢ = ▢▢
55 −   37 = ▢▢

c)

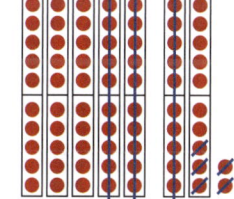

72 −   35
72 − ▢▢ = ▢▢
▢▢ − ▢▢ = ▢▢
72 −   35 = ▢▢

33   23   42   15   37   18

1: Subtrahieren zweistelliger Zahlen.   2: Subtrahieren zweistelliger Zahlen ohne Überschreiten.
3: Subtrahieren zweistelliger Zahlen mit Überschreiten. Ergebnisse mit Lösungszahlen vergleichen.

Addieren und Subtrahieren

1 Setze das richtige Zeichen: < , = , >

a)
30 ⬤ 50
70 ⬤ 60
12 ⬤ 20
50 ⬤ 15

b)
34 ⬤ 43
29 ⬤ 28
27 ⬤ 0
58 ⬤ 58

c)
82 ⬤ 88
43 ⬤ 43
77 ⬤ 71
96 ⬤ 99

d)
86 ⬤ 57
99 ⬤ 100
74 ⬤ 41
11 ⬤ 100

2 a)
28 + 10 = ☐☐
49 + 20 = ☐☐
56 + 30 = ☐☐
37 + 40 = ☐☐

| 86 38 69 77 |

b)
74 + 20 = ☐☐
66 + 30 = ☐☐
38 + 50 = ☐☐
19 + 70 = ☐☐

| 96 88 94 89 |

c)
37 − 10 = ☐☐
55 − 0 = ☐☐
49 − 20 = ☐☐
87 − 70 = ☐☐

| 17 27 29 55 |

3 a)
34 + 9 = ☐☐
44 + 9 = ☐☐
54 + 7 = ☐☐
64 + 6 = ☐☐

| 43 53 61 70 |

b)
42 + 9 = ☐☐
34 + 8 = ☐☐
53 + 7 = ☐☐
77 + 4 = ☐☐

| 42 51 81 60 |

c)
52 − 5 = ☐☐
43 − 5 = ☐☐
24 − 6 = ☐☐
92 − 4 = ☐☐

| 38 47 88 18 |

4 a)
55 − 15 = ☐☐
63 − 13 = ☐☐
46 − 16 = ☐☐
99 − 19 = ☐☐

| 80 30 50 40 |

b)
34 − 12 = ☐☐
56 − 23 = ☐☐
46 − 35 = ☐☐
72 − 21 = ☐☐

| 22 33 11 51 |

c)
46 + 13 = ☐☐
32 + 16 = ☐☐
73 + 21 = ☐☐
84 + 14 = ☐☐

| 59 48 98 94 |

5

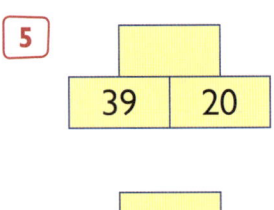
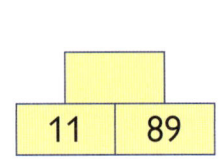
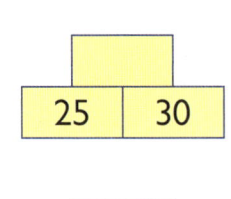
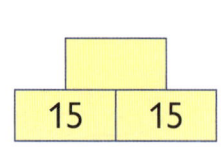

| 39 | 20 | | 20 | 19 | | 25 | 30 | | 0 | 88 |

| 91 | 9 | | 11 | 89 | | 25 | 25 | | 15 | 15 |

1: Vergleichen. 2 bis 4: Addieren und subtrahieren. 5: Rechenmauern lösen.

1 a) Addiere.

+	7	2	0	40	12
30					

b) Subtrahiere.

–	5	9	20	25
50				

2 a) Verdopple.

Zahl	7	9	10	40	12
Doppelte					

b) Halbiere.

Zahl	12	16	60	80
Hälfte				

3 Lisa und Ben spielen Karten.
Jeder bekommt 12 Karten.
Wie viele Karten werden ausgeteilt?

Antwort: _____

4 In Annas Klasse gehen 24 Kinder,
in Jans Klasse sind 7 Kinder mehr.
Wie viele Kinder sind in Jans Klasse?

Antwort: _____

5

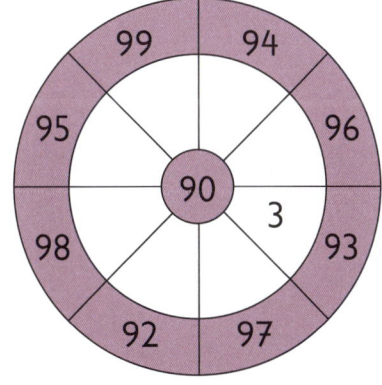 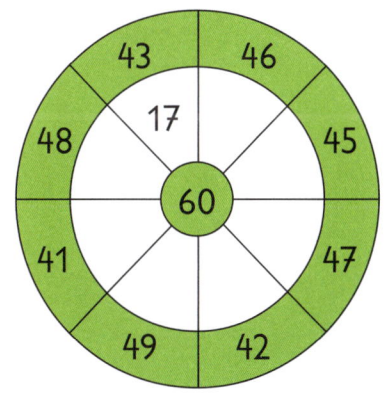

6 a)

b)

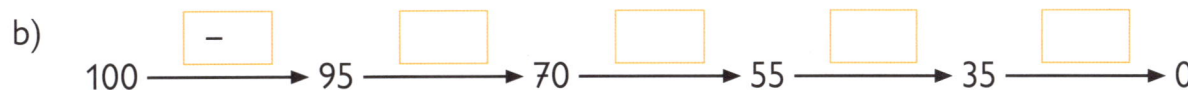

1: Addieren/Subtrahieren in Tabellen.   2: Verdoppeln und Halbieren.   3, 4: Inhalt erfassen. Aufgabe bilden, lösen und antworten.
5: Rechenräder lösen.   6: Kettenaufgaben lösen.

9

Multiplizieren

1 Bilde Aufgaben mit **+** und **∙** .

a)

b)

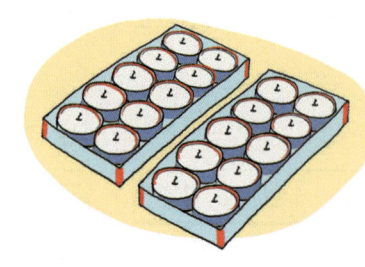

c)

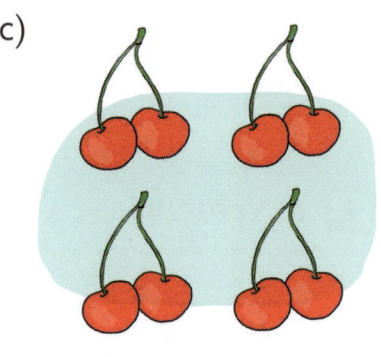

5 + ☐ + ☐ = ☐☐

☐ ∙ ☐ = ☐☐

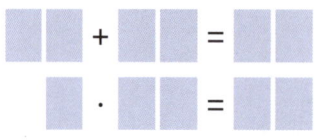 ☐☐ + ☐☐ = ☐☐

☐ ∙ ☐☐ = ☐☐

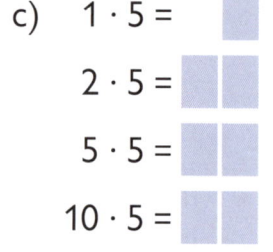 ☐ + ☐ + ☐ + ☐ = ☐☐

☐ ∙ ☐ = ☐

2 a) 1 ∙ 2 = ☐
2 ∙ 2 = ☐
5 ∙ 2 = ☐☐
10 ∙ 2 = ☐☐

b) 1 ∙ 10 = ☐☐
2 ∙ 10 = ☐☐
5 ∙ 10 = ☐☐
10 ∙ 10 = ☐☐☐

c) 1 ∙ 5 = ☐
2 ∙ 5 = ☐☐
5 ∙ 5 = ☐☐
10 ∙ 5 = ☐☐

3 a) 1 ∙ 2 = ☐
2 ∙ 2 = ☐
3 ∙ 2 = ☐

b) 10 ∙ 2 = ☐☐
9 ∙ 2 = ☐☐
8 ∙ 2 = ☐☐

c) 5 ∙ 2 = ☐☐
4 ∙ 2 = ☐
3 ∙ 2 = ☐

d) 5 ∙ 2 = ☐☐
6 ∙ 2 = ☐☐
7 ∙ 2 = ☐☐

4 a) 1 ∙ 10 = ☐☐
2 ∙ 10 = ☐☐
3 ∙ 10 = ☐☐

b) 5 ∙ 10 = ☐☐
6 ∙ 10 = ☐☐
7 ∙ 10 = ☐☐

c) 10 ∙ 10 = ☐☐☐
9 ∙ 10 = ☐☐
8 ∙ 10 = ☐☐

d) 5 ∙ 10 = ☐☐
4 ∙ 10 = ☐☐
3 ∙ 10 = ☐☐

5 a) 1 ∙ 5 = ☐
2 ∙ 5 = ☐☐
3 ∙ 5 = ☐☐

b) 10 ∙ 5 = ☐☐
9 ∙ 5 = ☐☐
8 ∙ 5 = ☐☐

c) 5 ∙ 5 = ☐☐
6 ∙ 5 = ☐☐
7 ∙ 5 = ☐☐

d) 5 ∙ 5 = ☐☐
4 ∙ 5 = ☐☐
3 ∙ 5 = ☐☐

1: Additions- und Multiplikationsaufgaben finden und lösen.   2: Kernaufgaben lösen.
3 bis 5: Kernaufgaben in ihrer Bedeutung für weitere Aufgaben verstehen, Aufgaben lösen.

1 a) $1 \cdot 2 = \square$

   $2 \cdot 2 = \square$

   b) $2 \cdot 2 = \square$

   $4 \cdot 2 = \square$

   c) $4 \cdot 2 = \square$

   $8 \cdot 2 = \square\square$

   d) $3 \cdot 2 = \square$

   $6 \cdot 2 = \square\square$

2 a) $1 \cdot 10 = \square\square$

   $2 \cdot 10 = \square\square$

   b) $2 \cdot 10 = \square\square$

   $4 \cdot 10 = \square\square$

   c) $4 \cdot 10 = \square\square$

   $8 \cdot 10 = \square\square$

   d) $3 \cdot 10 = \square\square$

   $6 \cdot 10 = \square\square$

3 a) $1 \cdot 5 = \square$

   $2 \cdot 5 = \square\square$

   b) $2 \cdot 5 = \square\square$

   $4 \cdot 5 = \square\square$

   c) $4 \cdot 5 = \square\square$

   $8 \cdot 5 = \square\square$

   d) $3 \cdot 5 = \square\square$

   $6 \cdot 5 = \square\square$

4 Anna hat 8 Bilder.
Leo hat doppelt so viele Bilder.
Wie viele Bilder hat Tom?

 $\square \cdot \square = \square\square$

Antwort: _____

5 a) $6 \cdot 2 = \square\square$

   $4 \cdot 5 = \square\square$

   $9 \cdot 2 = \square\square$

   $3 \cdot 5 = \square\square$

   $10 \cdot 10 = \square\square\square$

   b) $7 \cdot 5 = \square\square$

   $8 \cdot 2 = \square\square$

   $9 \cdot 5 = \square\square$

   $10 \cdot 5 = \square\square$

   $5 \cdot 2 = \square\square$

   c) $2 \cdot 5 = \square\square$

   $3 \cdot 1 = \square\square$

   $10 \cdot 2 = \square\square$

   $5 \cdot 5 = \square\square$

   $0 \cdot 10 = \square\square$

   d) $1 \cdot 10 = \square\square$

   $6 \cdot 5 = \square\square$

   $7 \cdot 2 = \square\square$

   $3 \cdot 10 = \square\square$

   $8 \cdot 5 = \square\square$

6 a) Tom kauft 4 Kinokarten.
Eine Karte kostet 5 €.
Wie viel Euro hat er bezahlt?

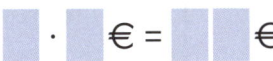 $\square \cdot \square\,€ = \square\square\,€$

Antwort: _____

_____

b) Frau Klein kauft 3 Bücher für je 10 €.
Wie viel kosten die Bücher
zusammen?

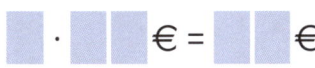 $\square \cdot \square\square\,€ = \square\square\,€$

Antwort: _____

_____

1 bis 3: Rechenstrategie des Verdoppelns erkennen und anwenden.   5: Multiplizieren.
4, 6: Inhalt erfassen, Aufgabe finden, lösen und antworten.

11

Dividieren

1 Frau Klein packt immer 5 Muffins in eine Kiste. Wie viele Kisten benötigt sie?

a)

☐☐ : ☐ = ☐

Sie benötigt ☐ Kisten.

b)

☐☐ : ☐ = ☐

Sie benötigt ☐ Kisten.

c)

☐☐ : ☐ = ☐

Sie benötigt ☐ Kisten.

2 Teile gerecht auf:

a) an 3 Kinder

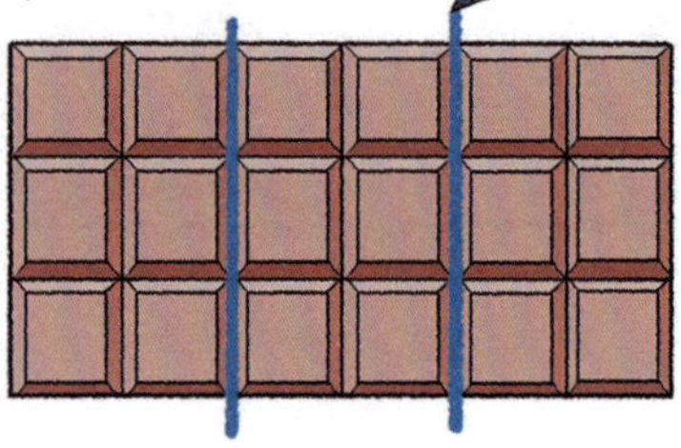

18 : 3 = ☐

Jeder erhält ☐ Stück.

b) an 2 Kinder

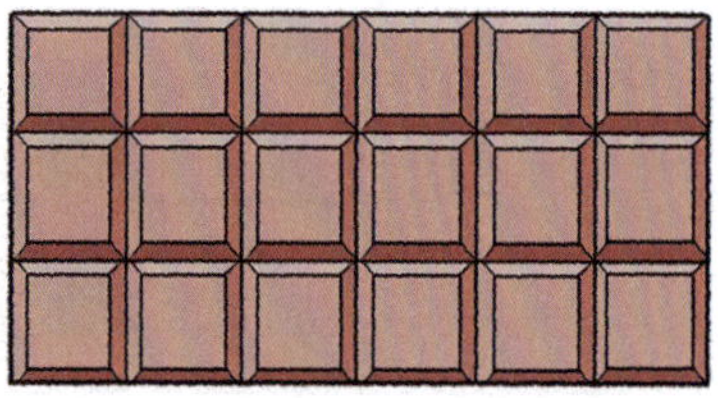

18 : ☐ = ☐

Jeder erhält ☐ Stück.

c) an 6 Kinder

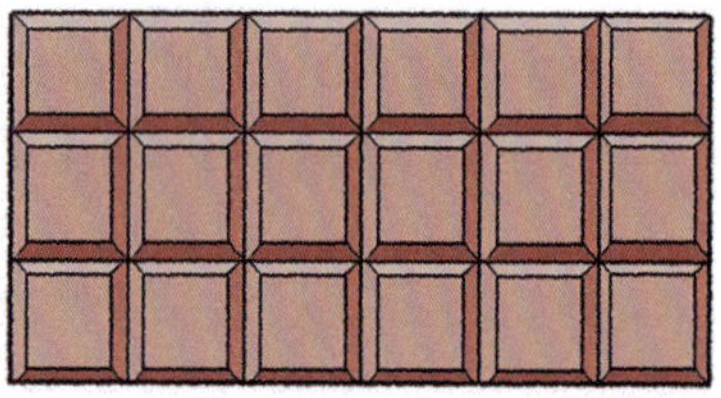

☐☐ : ☐ = ☐

Jeder erhält ☐ Stück.

d)

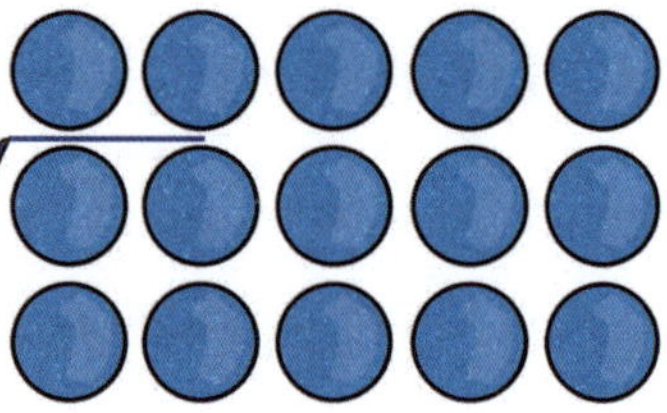

☐☐ : 3 = ☐

e)

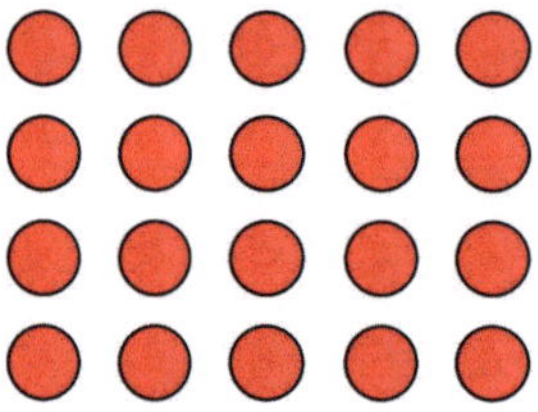

☐☐ : 4 = ☐

f)

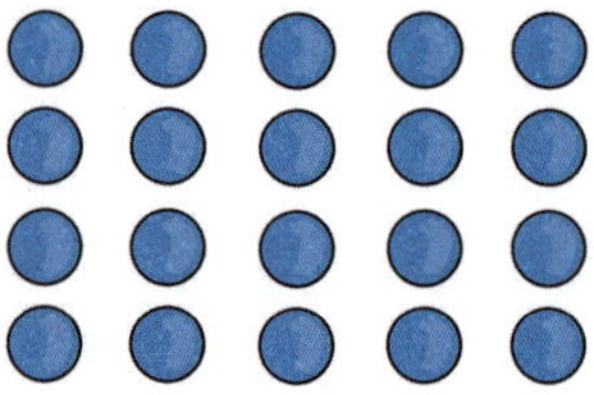

☐☐ : 5 = ☐

3 Verteile gleichmäßig. Zeichne und rechne.

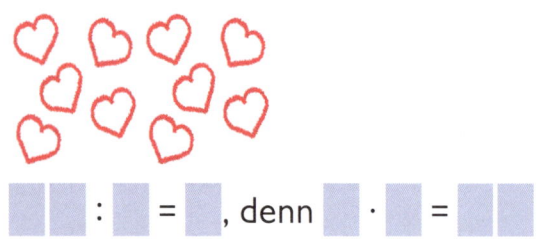

☐☐ : ☐ = ☐ , denn ☐ · ☐ = ☐☐

12

1, 2: Verteilen / Aufteilen nach Vorgabe, Aufgabe finden und lösen.
3: Verteilen darstellen. Aufgabe lösen. Ergebnis mit der Umkehraufgabe begründen.

1 Zwei Mannschaften werden gebildet. Wie viele Kinder hat jede Mannschaft?

 ☐☐ : ☐ = ☐ , denn ☐ · ☐ = ☐☐

Antwort: Jede Mannschaft hat ☐ Kinder.

2 a) 10 : 2 = ☐ , denn ☐ · ☐ = ☐☐ b) 12 : 2 = ☐ , denn ☐ · ☐ = ☐☐

   2 : 2 = ☐ , denn ☐ · ☐ = ☐   8 : 2 = ☐ , denn ☐ · ☐ = ☐

   14 : 2 = ☐ , denn ☐ · ☐ = ☐☐   20 : 2 = ☐☐ , denn ☐ · ☐ = ☐☐

   18 : 2 = ☐ , denn ☐ · ☐ = ☐☐   16 : 2 = ☐ , denn ☐ · ☐ = ☐☐

3 a) 20 : 10 = ☐ , denn ☐ · ☐☐ = ☐☐ b) 70 : 10 = ☐ , denn ☐ · ☐☐ = ☐☐

   60 : 10 = ☐ , denn ☐ · ☐☐ = ☐☐   90 : 10 = ☐ , denn ☐ · ☐☐ = ☐☐

   30 : 10 = ☐ , denn ☐ · ☐☐ = ☐☐   40 : 10 = ☐ , denn ☐ · ☐☐ = ☐☐

   80 : 10 = ☐ , denn ☐ · ☐☐ = ☐☐   50 : 10 = ☐ , denn ☐ · ☐☐ = ☐☐

4 a) 25 : 5 = ☐ , denn ☐ · ☐ = ☐☐ b) 40 : 5 = ☐ , denn ☐ · ☐ = ☐☐

   15 : 5 = ☐ , denn ☐ · ☐ = ☐☐   35 : 5 = ☐ , denn ☐ · ☐ = ☐☐

   50 : 5 = ☐☐ , denn ☐ · ☐ = ☐☐   45 : 5 = ☐ , denn ☐ · ☐ = ☐☐

   5 : 5 = ☐ , denn ☐ · ☐ = ☐   30 : 5 = ☐ , denn ☐ · ☐ = ☐☐

5 a)   Frau Müller hat 20 Blumen.   b)   In der Turnhalle sind 16 Kinder.
      Sie stellt immer 5 Blumen in eine   Die Hälfte der Kinder spielt
      Vase. Wie viele Vasen braucht   Fußball. Wie viele Kinder spielen
      Frau Müller?   Fußball?

      ☐☐ : ☐ = ☐   ☐☐ : ☐ = ☐

      Antwort: _____   Antwort: _____

1: Aufgaben finden und lösen.   2 bis 4: Dividieren und Ergebnis mit Umkehraufgabe begründen.
5: Inhalt erfassen, Aufgabe finden, lösen und antworten.

13

Multiplizieren und Dividieren

1 Wie viele Socken hängen an der Leine?

a)

□ · □ = □□

b)

□ · □ = □□

2 a) Wie viele Stifte sind es insgesamt?

□ · □ = □□

b) Wie viele Eier sind es insgesamt?

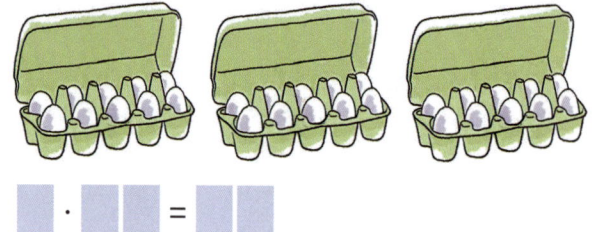

□ · □□ = □□

3

6 · 2 = □□   4 · 5 = □□   4 · 10 = □□   8 · 5 = □□

9 · 5 = □□   0 · 10 = □   9 · 2 = □□   7 · 2 = □□

3 · 10 = □□   5 · 2 = □□   7 · 5 = □□   10 · 5 = □□

4 a) 20 : 5 = □ , denn □ · □ = □□

14 : 2 = □ , denn □ · □ = □□

45 : 5 = □ , denn □ · □ = □□

b) 16 : 2 = □ , denn □ · □ = □□

35 : 5 = □ , denn □ · □ = □□

40 : 5 = □ , denn □ · □ = □□

5 Tom verteilt 14 Bilder an 2 Kinder. Jedes Kind bekommt die gleiche Anzahl. Wie viele Bilder bekommt jedes Kind?

□□ ● □ = □

Antwort: _____

6 Tom hat 4 Packungen mit Luftballons. In jeder Packung sind 5 Luftballons. Wie viele Luftballons hat Tom insgesamt?

□ ● □ = □□

Antwort: _____

1, 2: Aufgabe finden und lösen.   3: Multiplizieren.   4: Dividieren, Lösung mit der Umkehraufgabe begründen.
5, 6: Inhalt erfassen, Aufgabe bilden, lösen und antworten.

1

5 · 10 = □□
10 · 5 = □□
50 : 10 = □
50 : 5 = □□

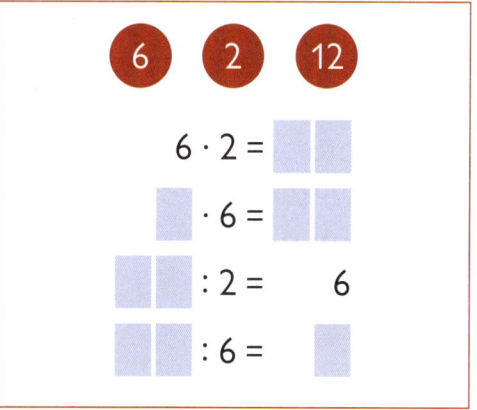

2

3   5   15

□ · □ = □□
□ · □ = □□
□□ : □ = □
□□ : □ = □

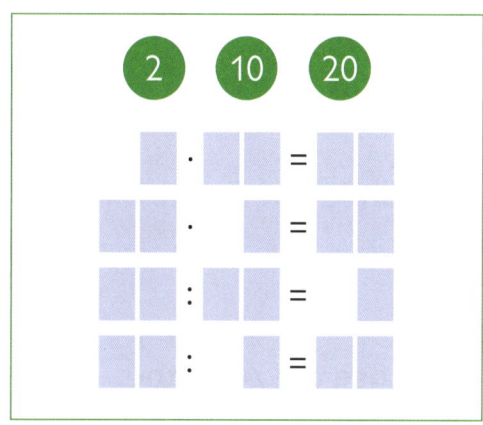

3

7   2   14

□ · □ = □□
□ · □ = □□
□□ : □ = □
□□ : □ = □

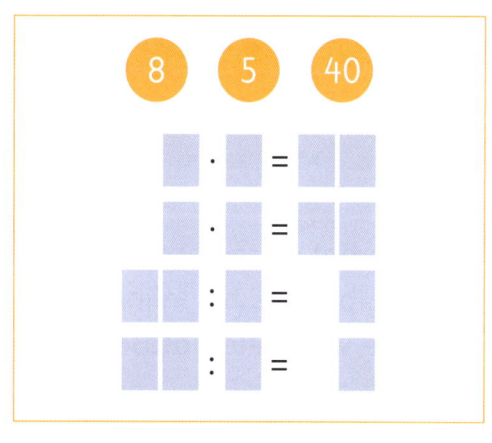

4

30   5   6

□ · □ = □□
□ · □ = □□
□□ : □ = □
□□ : □ = □

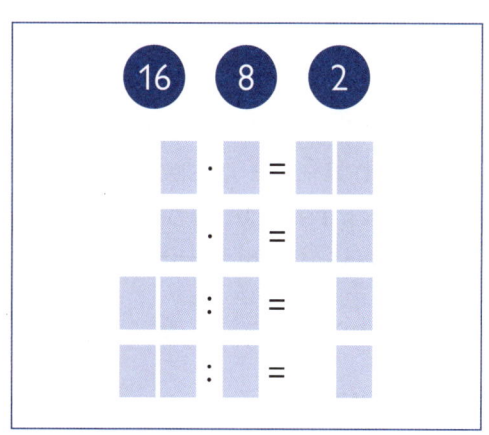

Sachaufgaben – Schrittfolge zum Lösen

So kannst du Sachaufgaben lösen:

Lies die Aufgabe genau durch. Achte auf **besondere Wörter** (mehr, weniger …), **Zahlen** (fünf, 23 …), **Größen** (€, cm, kg …).	Frau Müller kauft eine Hose für 45 € und einen Pulli für 39 €. Wie viel bezahlt Frau Müller insgesamt?
Finde die Frage.	Wie viel bezahlt Frau Müller insgesamt?
Finde zur Frage eine Aufgabe.	45 € + 39 €
Löse die Aufgabe.	45 € + 39 € = 84 €
Beantworte die Frage im Satz.	Frau Müller bezahlt insgesamt 84 €.

1 Ben hat 80 € gespart.
Er gibt 64 € für Inline-Skater aus.
Wie viel Geld hat Ben übrig?

Rechnung: 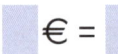 € = €

Antwort: _____

2 Anna will sich einen neuen Fahrradhelm kaufen.
Sie hat 29 € gespart.
Von ihrer Oma bekommt sie 25 € dazu.
Wie viel Geld hat sie nun?

Rechnung: € 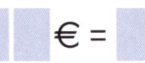 € = €

Antwort: _____

1, 2: Schrittfolge zum Lösen von Sachaufgaben anwenden.

1 Im Stall sind 24 Schweine und 15 Ferkel.
Wie viele Tiere sind das insgesamt?

Rechnung: =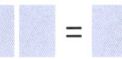

Antwort: _____

2 Der Bauer besitzt 43 Kühe.
27 Kühe wurden schon gemolken.
Wie viele Kühe müssen noch gemolken werden?

Rechnung: =

Antwort: _____

3 Der Bauer hat 16 Kaninchen. Die Hälfte verkauft er.
Wie viele Kaninchen hat er dann noch?

Rechnung: =

Antwort: _____

4 Die Bäuerin verpackt 90 Eier in Packungen zu je 10 Stück.
Wie viele Packungen benötigt sie?

Rechnung: =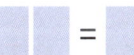

Antwort: _____

5 Die Bäuerin hat 7 Packungen Eier für je 2 € verkauft.
Wie viel Geld hat die Bäuerin eingenommen?

Rechnung: € = 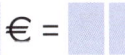 €

Antwort: _____

6 **Freundeaufgabe – Rechengeschichten**

Wähle 2 Aufgaben aus. Erzähle dazu deinem Lernpartner
je eine Rechengeschichte mit einer Frage.

Dein Lernpartner löst die Aufgaben und antwortet
auf die Frage.

34 + 12

7 · 5

48 – 26

16 : 2

1 bis 5: Inhalt erfassen. Aufgabe finden, lösen und antworten.
6: Freundeaufgabe – Rechengeschichten erfinden.

17

Die Hunderterzahlen

1 Hunderterzahlen aus der Umwelt

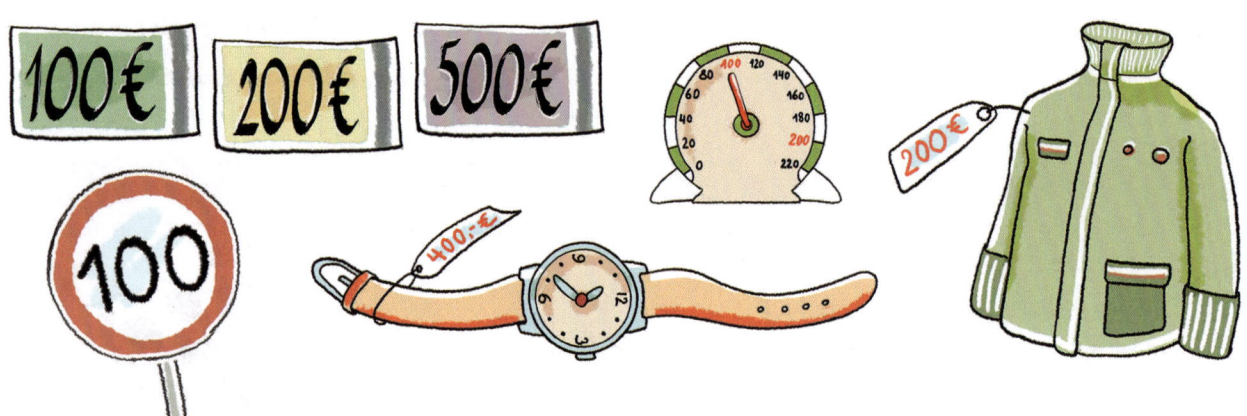

2 Zähle in Hunderterschritten.

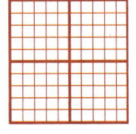

100

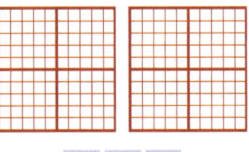

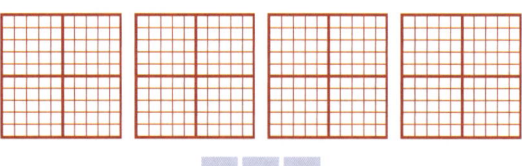

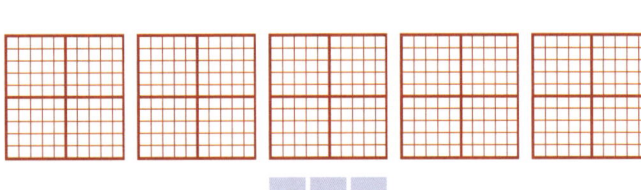

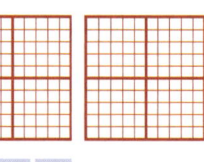

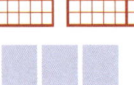

3 Zähle in 100er-Schritten.

a) 100, 200, [   ], [   ], [   ], [   ], [   ], [   ], [   ], 1000

b) 1000, [   ], [   ], [   ], [   ], 500, [   ], [   ], [   ], [   ]

4 Ergänze die fehlenden Hunderter.

a) 200, [   ], [   ], [   ], 600   b) 1000, [   ], [   ], [   ], [   ], 500

    400, [   ], [   ], [   ], 800   900, [   ], [   ], [   ], [   ], 400

    600, [   ], [   ], [   ], [   ]   500, [   ], [   ], [   ], [   ]

1: Beispiele für Hunderterzahlen aus der Umwelt sammeln.   2: Hunderterzahlen zuordnen.
3: In Hunderterschritten vorwärts und rückwärts zählen.   4: Hunderterzahlen ergänzen.

1 Ergänze.

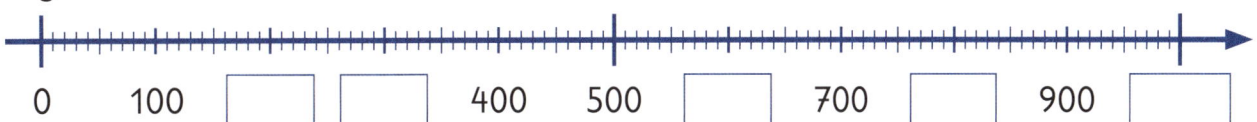

0   100   [ ]   [ ]   400   500   [ ]   700   [ ]   900   [ ]

2 Ordne zu.

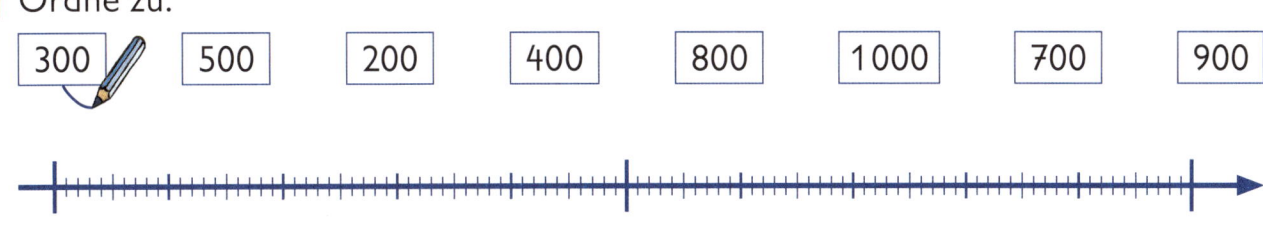

300 ✏️   500   200   400   800   1000   700   900

100   600

3 Vergleiche. < , = , >

a)   300 ⬤ 500   b)   600 ⬤ 300   c)   500 ⬤ 500   d)   200 ⬤ 20

400 ⬤ 700   100 ⬤ 0   1000 ⬤ 100   100 ⬤ 300

1000 ⬤ 900   800 ⬤ 1000   700 ⬤ 900   400 ⬤ 400

600 ⬤ 600   500 ⬤ 800   800 ⬤ 800   900 ⬤ 20

4 a)   Ordne. Beginne mit der kleinsten Zahl.

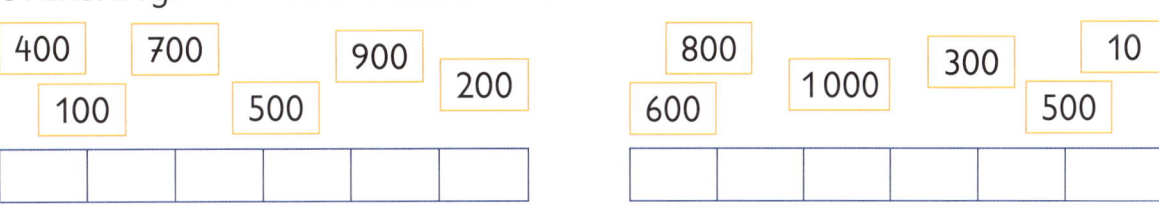

400   700   900   200   100   500

800   1000   300   10   600   500

b)   Ordne. Beginne mit der größten Zahl.

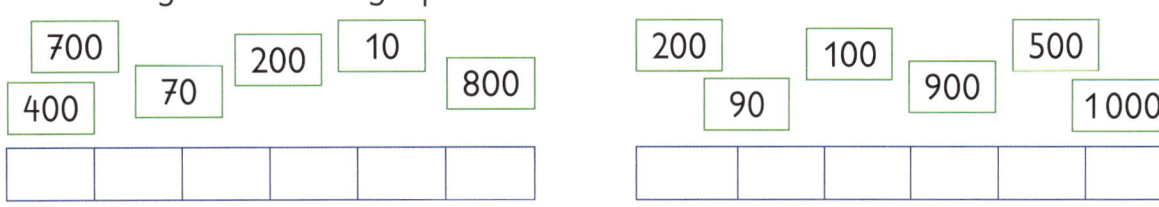

700   200   10   800   70   400

200   100   500   900   90   1000

5 Ordne zu.

300 ✏️   200   600   900   100   800   1000   700   400   500

sechshundert   dreihundert   einhundert   eintausend   fünfhundert

zweihundert   neunhundert   achthundert   siebenhundert   vierhundert

---

1: Ergänzen am Zahlenstrahl.   2: Zuordnen von Hunderterzahlen am Zahlenstrahl.   3: Zahlen vergleichen.
4: Zahlen ordnen.   5: Zuordnen: Zahl/Zahlwort.

Die Zehnerzahlen

1

110

2

3

150

4

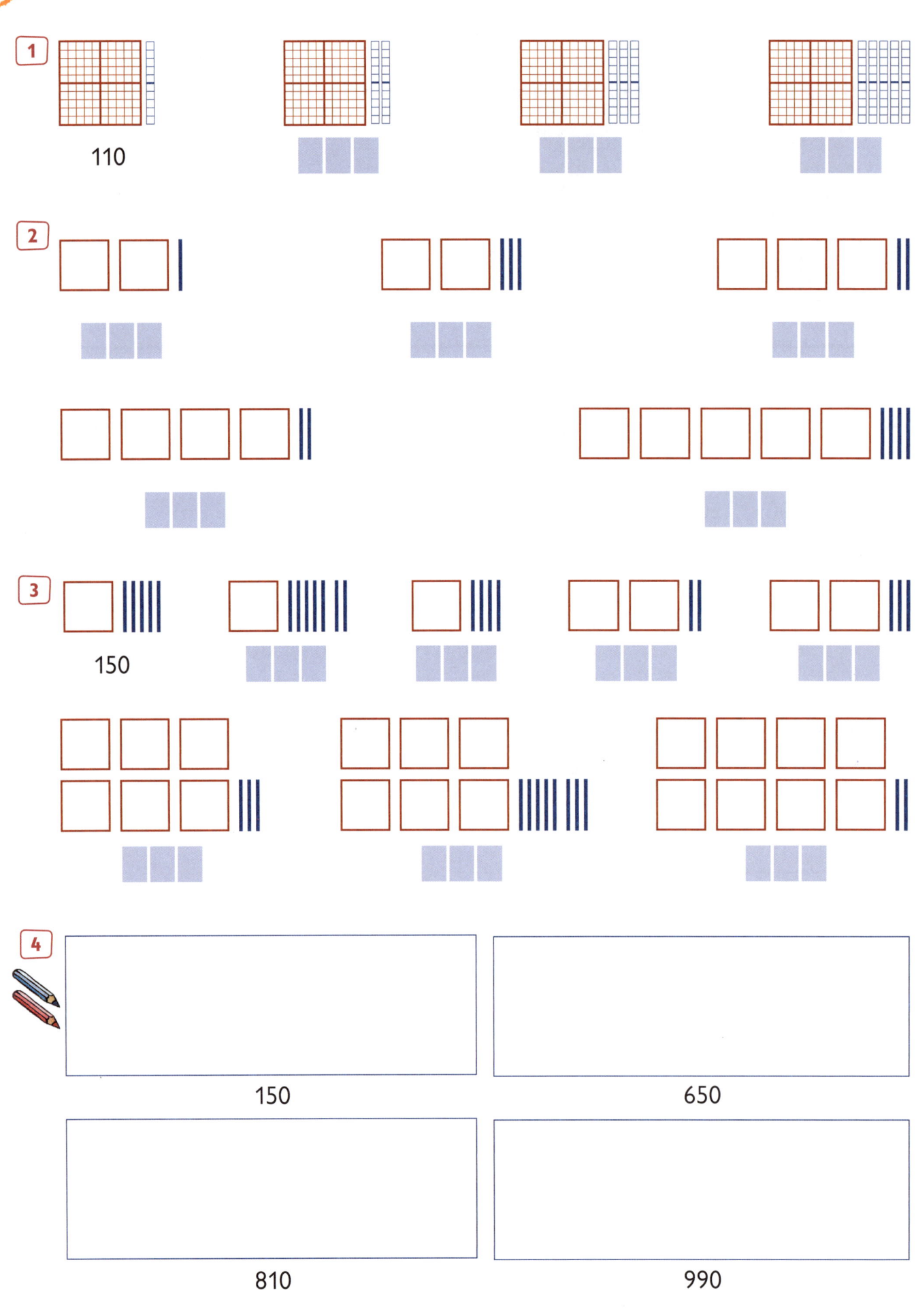

150

650

810

990

1 Zähle in Zehnerschritten.

| 60 | 70 | 80 | 90 | 100 | 110 | | | | | | | | | |

2

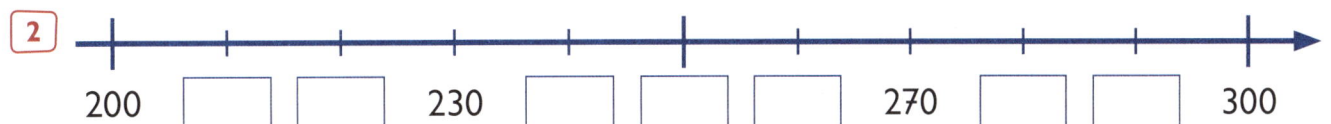

200 [ ] [ ] 230 [ ] [ ] [ ] 270 [ ] [ ] 300

3

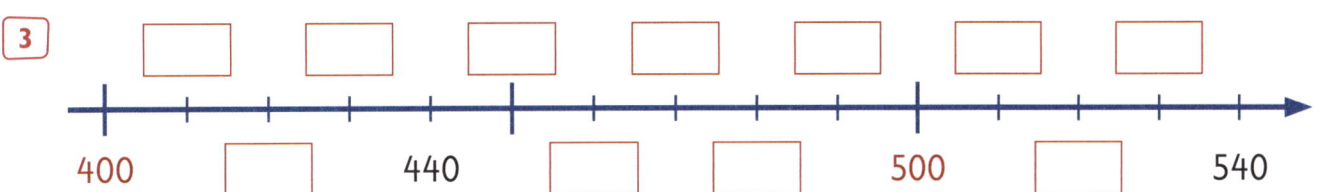

400 [ ] 440 [ ] [ ] 500 [ ] 540

4

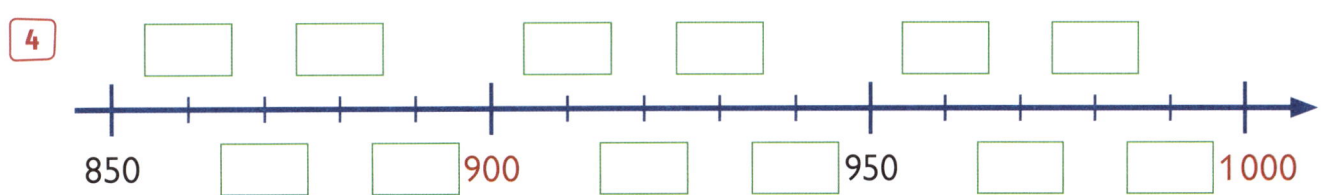

850 [ ] [ ] 900 [ ] [ ] 950 [ ] [ ] 1000

5

| | | | 490 | 500 | | | 550 | | 580 | | 600 |

6

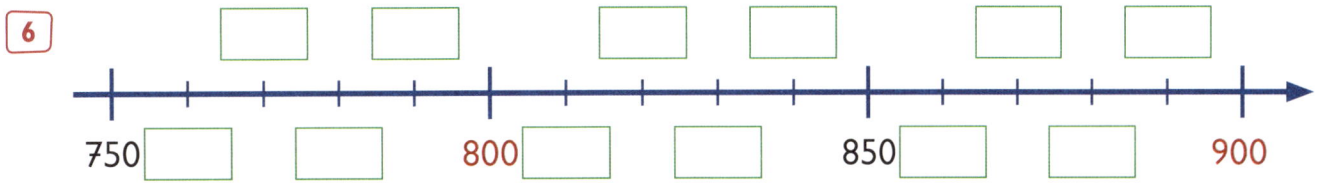

750 [ ] [ ] 800 [ ] [ ] 850 [ ] [ ] 900

7 310, 320, [ ], [ ], [ ], [ ], [ ], [ ], 400, [ ]

710, [ ], [ ], [ ], [ ], [ ], [ ], 790, [ ]

910, [ ], [ ], [ ], [ ], [ ], 980, [ ], 1000

Alle Zahlen bis 1000

1

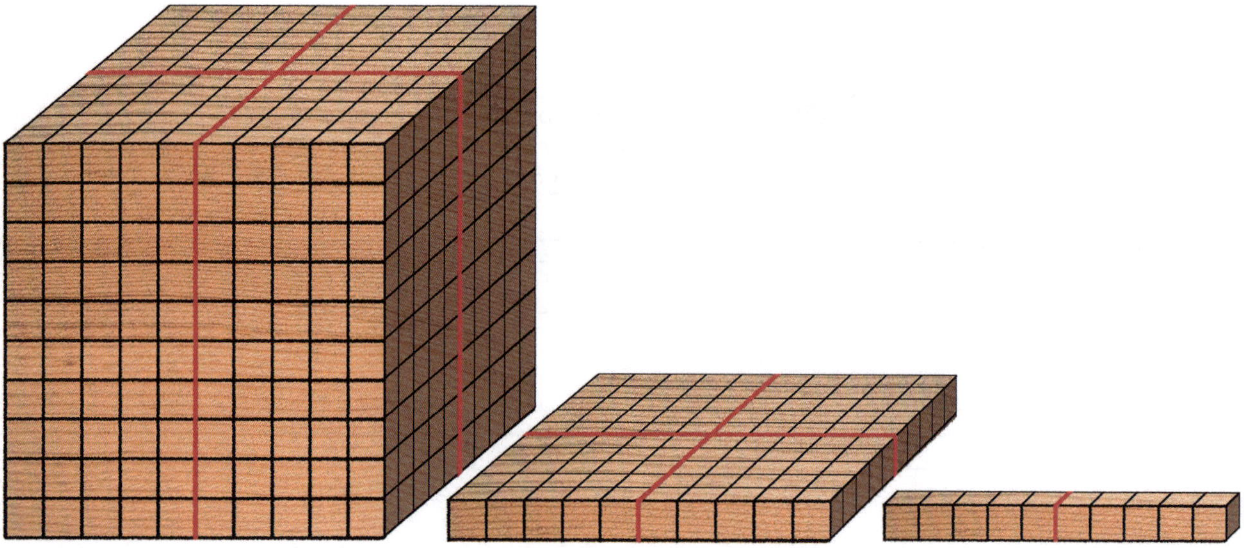

Tausend (T)   Hundert (H)   Zehn (Z)

1 Zehnerstange sind ☐☐ Einerwürfel.

1 Hunderterplatte sind ☐☐☐ Einerwürfel.

1 Tausenderwürfel sind ☐☐☐☐ Einerwürfel.

1 Z sind ☐☐ E.

1 H sind ☐☐☐ E.

1 T sind ☐☐☐☐ E.

2

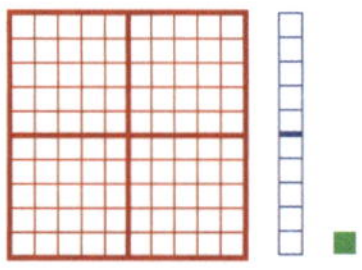

H	Z	E
1	1	1

Die Zahl heißt 1 1 1.

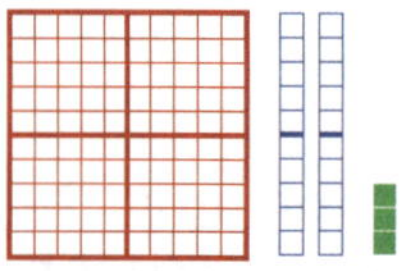

H	Z	E

Die Zahl heißt ☐☐☐.

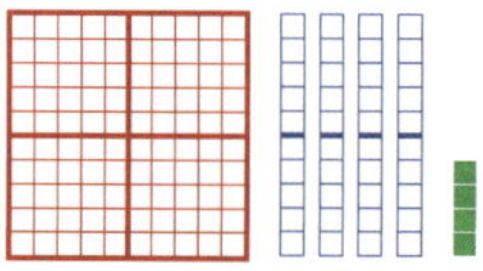

H	Z	E

Die Zahl heißt ☐☐☐.

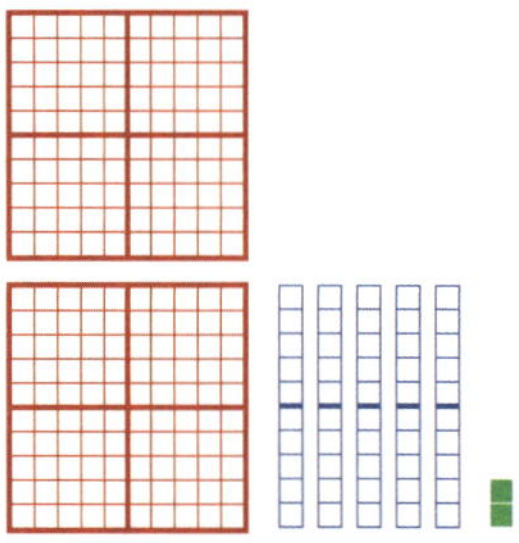

H	Z	E

Die Zahl heißt ☐☐☐.

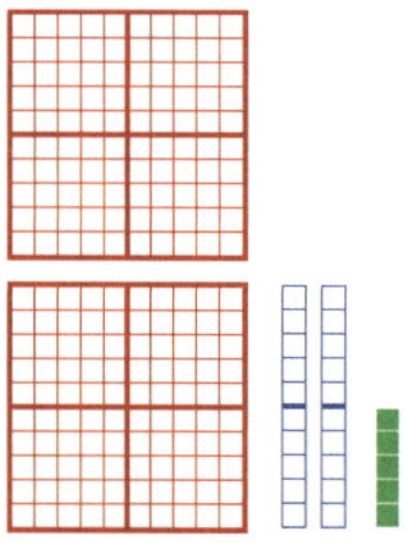

H	Z	E

Die Zahl heißt ☐☐☐.

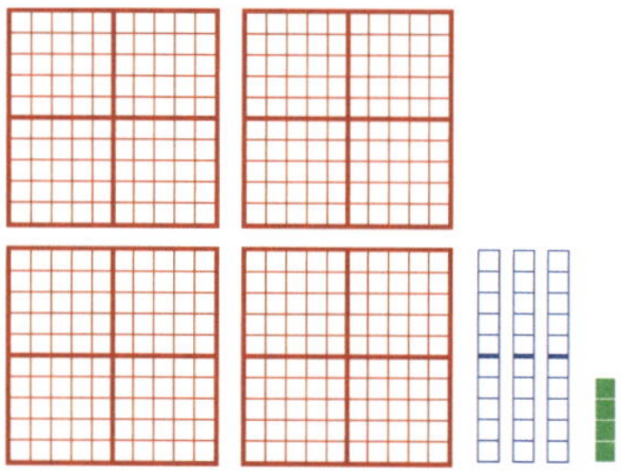

H	Z	E

Die Zahl heißt ☐☐☐.

1: Zuordnen von Bild, Zahl und Wort.   2: Erarbeiten der Stellenwerttafel.

1

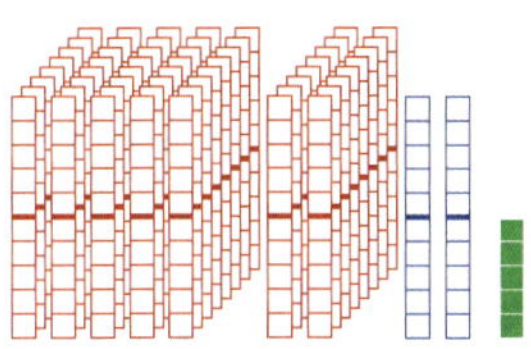

H	Z	E

Die Zahl heißt ▮▮▮ .

siebenhundertfünfundzwanzig

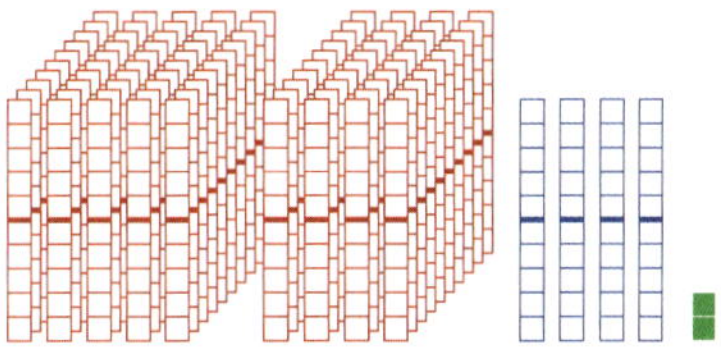

H	Z	E

Die Zahl heißt ▮▮▮ .

neunhundertzweiundvierzig

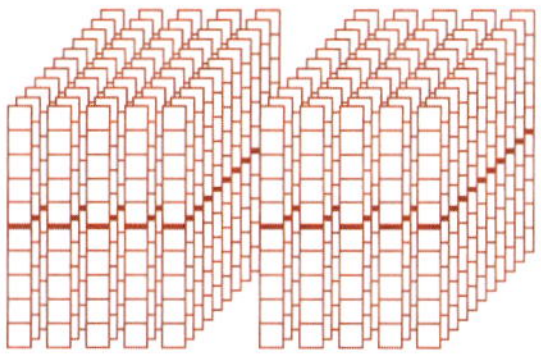

T	H	Z	E

Die Zahl heißt ▮▮▮▮ .

eintausend

2

H	Z	E

1 1 2

H	Z	E

▮ ▮ ▮

H	Z	E

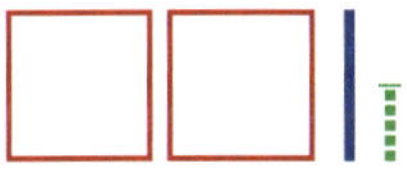

▮ ▮ ▮

H	Z	E

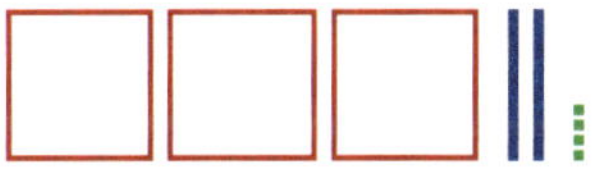

▮ ▮ ▮

H	Z	E

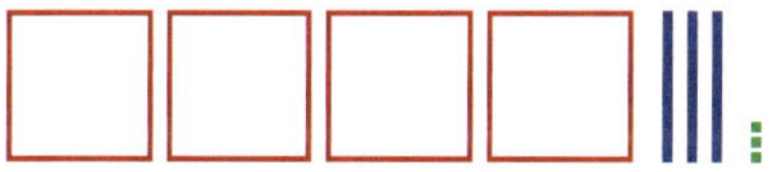

▮ ▮ ▮

H	Z	E

▮ ▮ ▮

3 Trage in die Stellenwerttafel ein.

178
H	Z	E

371
H	Z	E

809
H	Z	E

227
H	Z	E

745
H	Z	E

999
H	Z	E

546
H	Z	E

837
H	Z	E

670
H	Z	E

1: Aufgabe nachlegen mit Hunderterplatten, Zehnerstangen und Einerwürfeln. Zahl zuordnen. Zahl lesen.
2: Geheimschrift lesen, Zahl in die Stellenwerttafel eintragen.   3: Zahl in die Stellenwerttafel eintragen und lesen.

1 Ergänze.

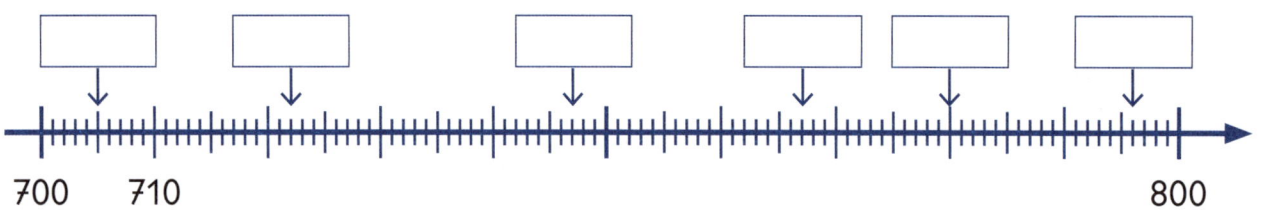

700   710   800

2 a)   An welcher Stelle auf dem Zahlenstrahl stehen folgende Zahlen?
120, 150, 190, 170, 175

100   110   ↑   200

b)   100, 50, 150, 60, 160

0   200

3 Zähle weiter.

a)   175, 176, 177, ☐ , ☐ , ☐ , ☐ , ☐ , 183

b)   898, 899, 900, ☐ , ☐ , ☐ , ☐ , ☐ , 906

c)   532, 542, 552, ☐ , ☐ , ☐ , ☐ , ☐ , 612

d)   475, 485, ☐ , 505, ☐ , ☐ , ☐ , ☐ , 555

4 Bestimme den Vorgänger und den Nachfolger.

a)

V	Z	N
	125	
	439	
	220	
	319	

b)

V	Z	N
	378	
	500	
	701	
	799	

c)

V	Z	N
		1000
	777	
399		
	99	

1: Zahlen am Zahlenstrahl ablesen und antragen.   2: Zahlen zuordnen.
3: Zahlenfolgen ergänzen.   4: Vorgänger und Nachfolger bestimmen.

1 Lege mit den Ziffernkarten dreistellige Zahlen.
Schreibe sie auf. Beginne mit der kleinsten Zahl.

⬛⬛⬛ , ⬛⬛⬛ , ⬛⬛⬛ , ⬛⬛⬛ , ⬛⬛⬛ , ⬛⬛⬛

2 Wie heißen die Zahlen?
a) Lege sie mit Ziffernkarten.
b) Trage sie in die Stellenwerttafel ein.

Zahl	T	H	Z	E

3 Schreibe die Zahl zum Zahlwort.

vierhundertfünfzig ⬛⬛⬛ , dreihundertvier ⬛⬛⬛

einhundertachtzig ⬛⬛⬛ , neunhundertfünf ⬛⬛⬛

zweihunderteinundfünfzig ⬛⬛⬛ , achthundertdreiundvierzig ⬛⬛⬛

4 Male Zahl und Zahlwort mit gleicher Farbe aus.

sechshundert   einhundertfünfzig   dreihundertzehn

(310)   (912)   (600)   (409)   (813)   (150)

vierhundertneun   achthundertdreizehn   neunhundertzwölf

5 **Freundeaufgabe – vorwärts und rückwärts zählen**

a) Zähle in Fünferschritten von 315 bis 345.
Schreibe die Zahlen auf: _____
Dein Lernpartner zählt in Fünferschritten von 345 bis 315.
Vergleiche mit deinen Zahlen.

b) Zähle in Hunderterschritten von 900 bis 400.
Schreibe die Zahlen auf: _____
Dein Lernpartner zählt in Hunderterschritten von 400 bis 900.

1: Dreistellige Zahlen legen, schreiben und ordnen.   2: Zahlen nennen, legen, in die Stellenwerttafel eintragen.
3, 4: Zuordnung: Zahlwort/Zahl.   5: Freundeaufgabe – Vorwärts und rückwärts zählen nach Vorgabe.

25

Zahlen vergleichen und ordnen

1 Vergleiche. < , = , >

Erst die Hunderter vergleichen.

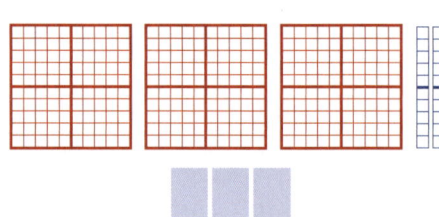

Die Hunderter sind unterschiedlich.
Wenn 200 < 300, dann ist 240 < 320.

2 Vergleiche. < , = , >

a) 330 ⬤ 230

   540 ⬤ 670

   170 ⬤ 370

b) 470 ⬤ 740

   620 ⬤ 260

   230 ⬤ 410

c) 160 ⬤ 260

   340 ⬤ 340

   630 ⬤ 530

3 Wenn die Hunderter gleich sind, die Zehner vergleichen.

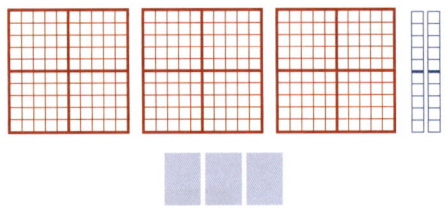
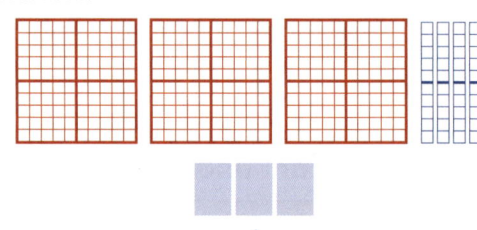

Die Zehner sind unterschiedlich.
Wenn 20 < 30, dann ist 320 < 340.

4 Vergleiche. < , = , >

a) 310 ⬤ 330

   380 ⬤ 370

   650 ⬤ 690

b) 590 ⬤ 570

   710 ⬤ 750

   530 ⬤ 550

c) 410 ⬤ 420

   440 ⬤ 440

   990 ⬤ 970

5 a) 530 ⬤ 210

   450 ⬤ 540

   660 ⬤ 330

b) 490 ⬤ 940

   790 ⬤ 170

   820 ⬤ 820

c) 710 ⬤ 110

   80 ⬤ 180

   990 ⬤ 1000

1 a) Ordne. Beginne mit der kleinsten Zahl.

| 280 | 210 | 0 | 200 | 190 | 20 | 100 | 250 |

0, ▢▢, ▢▢▢, ▢▢▢, ▢▢▢, ▢▢▢, ▢▢▢, ▢▢▢

b)

| 360 | 570 | 750 | 510 | 390 | 480 | 150 | 930 |

▢▢▢, ▢▢▢, ▢▢▢, ▢▢▢, ▢▢▢, ▢▢▢, ▢▢▢, ▢▢▢

2 a) Ordne. Beginne mit der größten Zahl.

| 300 | 13 | 30 | 310 | 390 | 400 | 130 | 450 |

450, ▢▢▢, ▢▢▢, ▢▢▢, ▢▢▢, ▢▢▢, ▢▢, ▢▢

b)

| 950 | 910 | 250 | 780 | 690 | 280 | 1000 | 190 |

▢▢▢▢, ▢▢▢, ▢▢▢, ▢▢▢, ▢▢▢, ▢▢▢, ▢▢▢, ▢▢▢

3 Vervollständige die Zahlenfolgen.

rückwärts   in Hunderterschritten   vorwärts

a) 440, 340, ▢, ▢, 40   350, 450, ▢, ▢, 750
b) 510, 410, ▢, ▢, 110   280, ▢, ▢, ▢, 680
c) 630, 530, ▢, ▢, 230   520, ▢, ▢, ▢, 920
d) 890, ▢, ▢, ▢, 490   410, ▢, ▢, ▢, 810

4 Ergänze die Nachbarzehner.

Nachbarzehner	420								
Zahl	430	560	230	720	640	880	110	690	900
Nachbarzehner	440								

1, 2: Zahlen ordnen. 3: Ergänzen der Zahlenfolge in Hunderterschritten vorwärts und rückwärts.
4: Ergänzen der Nachbarzehner.

27

Geldwerte bis 500 Euro

1

a) Beschreibe die Euro-Scheine.

b) Finde die Gemeinsamkeiten und Unterschiede.

2 Wie viel Euro?

☐☐☐ €   ☐☐☐ €   ☐☐☐ €

3

☐☐☐ €   ☐☐☐ €   ☐☐☐ €

4

☐☐☐ €   ☐☐☐ €   ☐☐☐ €

1: Gemeinsamkeiten und Unterschiede erkennen und benennen.
2 bis 4: Geldbetrag bestimmen.

1 Lege die Geldbeträge mit möglichst wenigen Geldscheinen.

150 €

a) 100 €, 200 €, 350 €, 650 €, 850 €

b) 40 €, 65 €, 90 €, 125 €, 160 €

c) 270 €, 515 €, 680 €, 365 €, 930 €

2 Lege den Geldbetrag auf unterschiedliche Weise.
Gib 3 Möglichkeiten an.
Trage die Anzahl der Geldscheine in die Tabelle ein.

a)
Geldbetrag	100 €	50 €	20 €	10 €	5 €
160 €	1	1		1	
160 €					
160 €					

b)
Geldbetrag	500 €	200 €	100 €	50 €	20 €	10 €	5 €
575 €		2	1	1	1		1
575 €							
575 €							

3 Wie viel könnten die Gegenstände kosten?
Schreibe einen möglichen Preis darunter.

☐☐☐ €   ☐☐☐ €   ☐☐☐ €   ☐☐☐ €

☐☐☐ €   ☐☐☐ €   ☐☐☐ €

1: Geldbeträge nach Vorgabe legen.   2: Geldbeträge auf verschiedene Weise legen. Anzahl der Geldscheine in die Tabelle eintragen.
3: Sinnvolle Preise den Gegenständen zuordnen.

29

1 Lege 700 € mit Geldscheinen. Male, wie du gelegt hast.

a) Mit 2 Scheinen.

b) Mit 3 Scheinen.

c) Mit 4 Scheinen.

d) Mit 5 Scheinen.

e) Mit 6 Scheinen.

2 Wurde richtig gewechselt – Ja oder nein? Kreuze an.

Geldbetrag	Wechselgeld	Ja	Nein
100	50 20 20 10	◯	◯
100	20 20 20 20	◯	◯
100	50 20 10 10	◯	◯
200	100 50 50	◯	◯
200	50 50 50 20 5 5	◯	◯
500	200 100 100 50 20 20 10	◯	◯

1: Geldbetrag mit der angegebenen Anzahl von Geldscheinen legen.
2: Wechselgeld überprüfen.

1 Schreibe die Geldbeträge auf.

Vergleiche. < , = , >

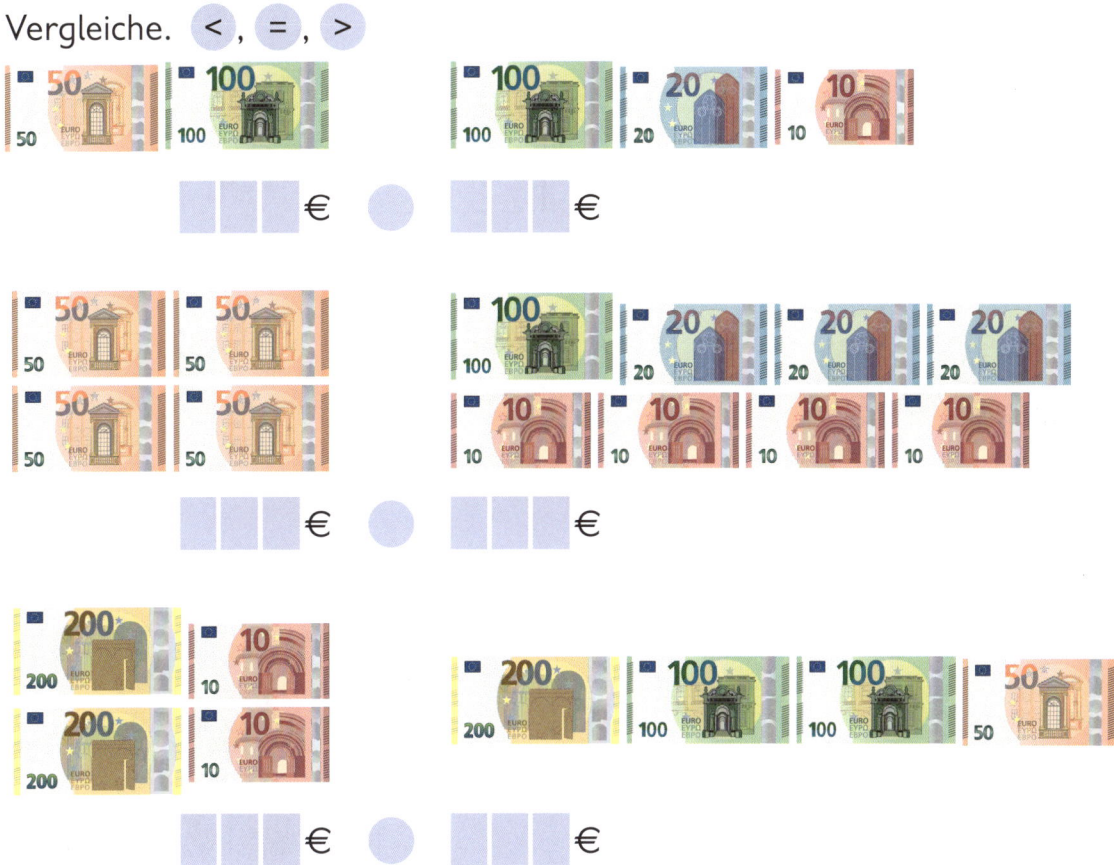

⬜⬜⬜ € 🔵 ⬜⬜⬜ €

⬜⬜⬜ € 🔵 ⬜⬜ €

⬜⬜⬜ € 🔵 ⬜⬜⬜ €

2 Wie viel Euro sind es? Lege nach und trage den Betrag ein.

500	200	100	50	20	10	5	2€	1€	Betrag
		1		1			1		€
	2			3				5	€
1				4	2			1	€
1	1	1	1	1	1	1	1	1	€

3 **Freundeaufgabe – Geldbeträge legen**

Lege mit Rechengeld einen Geldbetrag der größer als 400 € und kleiner als 500 € ist.

Dein Lernpartner nennt den Betrag und schreibt ihn auf.

Dann legt dein Lernpartner einen Geldbetrag.

1: Geldbetrag bestimmen und vergleichen.   2: Geldbetrag ermitteln und nachlegen.
3: Freundeaufgabe – Im Wechsel Geldbeträge nennen, aufschreiben und legen.

31

Geldbeträge in Kommaschreibweise

Lisa ordnet ihr Geld nach € und ct.

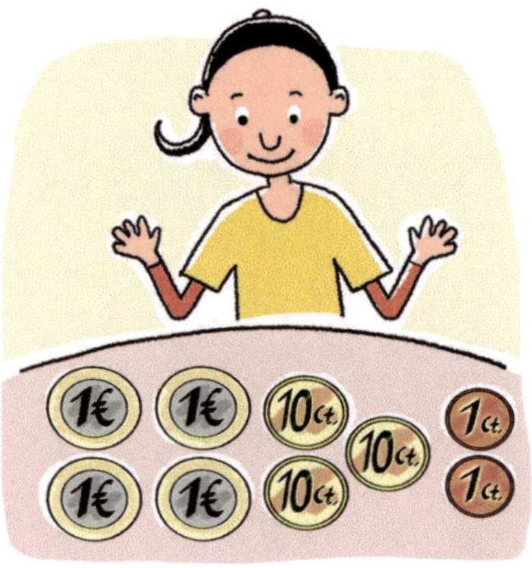

Sie notiert in einer Tabelle:

1 €	10 ct	1 ct
4	3	2

Sie schreibt den Betrag mit Komma:

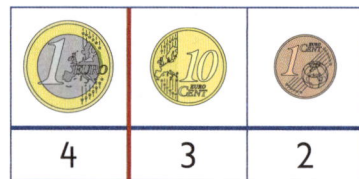

4,32 €

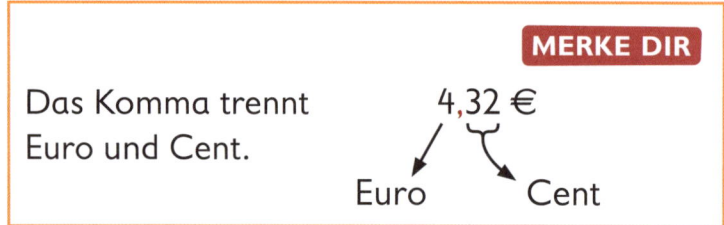

MERKE DIR

Das Komma trennt Euro und Cent.

4,32 € — 4 → Euro, 32 → Cent

1 Trage die Anzahl der jeweiligen Münzen in der Tabelle ein. Gib den Geldbetrag mit Komma an.

a) 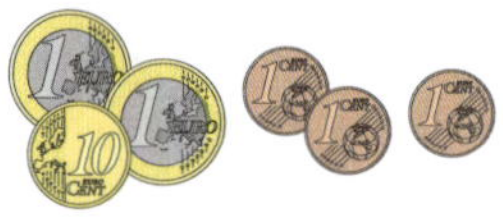

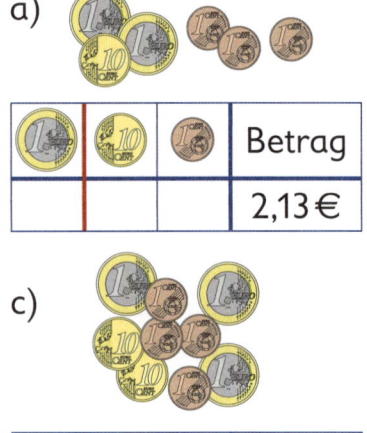

1 €	10 ct	1 ct	Betrag
			2,13 €

b) 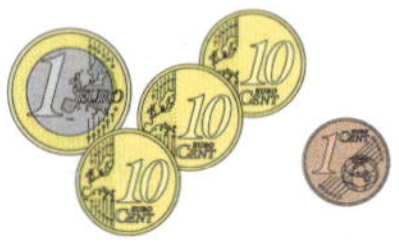

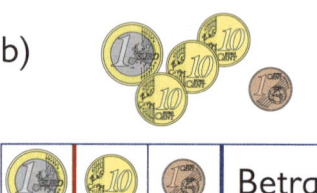

1 €	10 ct	1 ct	Betrag
			€

c) 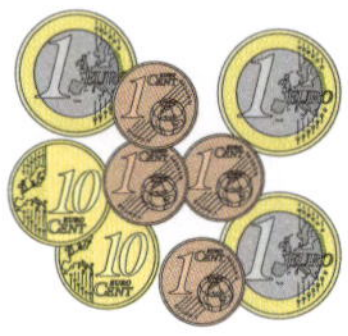

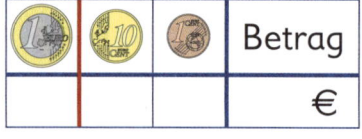

1 €	10 ct	1 ct	Betrag
			€

d) 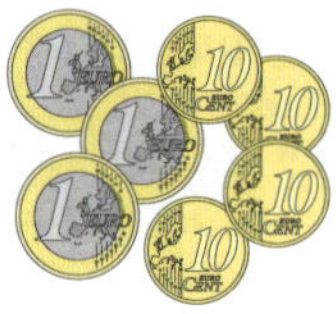

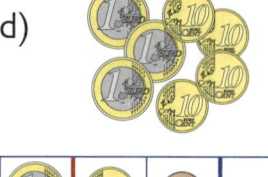

1 €	10 ct	1 ct	Betrag
			€

2 Trage die Anzahl der jeweiligen Geldscheine und Münzen in die Tabelle ein. Gib den Geldbetrag mit Komma an.

a) 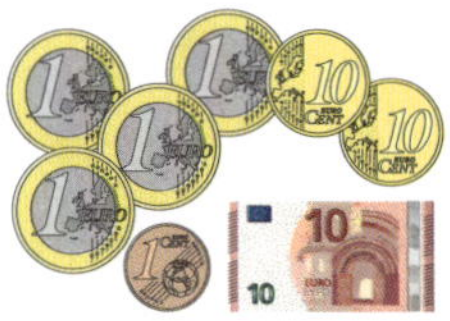

10 €	1 €	10 ct	1 ct	Betrag
				€

b) 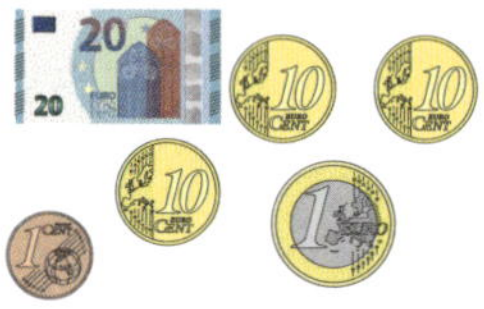

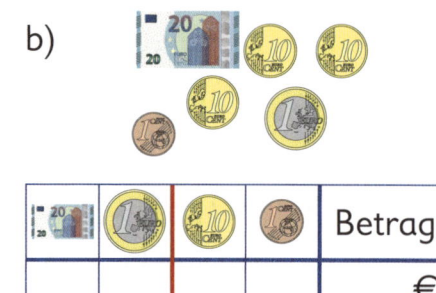

20 €	1 €	10 ct	1 ct	Betrag
				€

1: Anzahl der jeweiligen Münzen bestimmen. Geldbetrag ermitteln und mit Komma schreiben.
2: Anzahl der jeweiligen Geldscheine und Münzen bestimmen. Geldbetrag ermitteln und mit Komma schreiben.

1 Schreibe mit Komma.

a) 5 € 23 ct = | 5 | , | 2 | 3 | €   b) 13 € 40 ct = | 1 | 3 | , | 4 | 0 | €

2 € 87 ct = ☐ €   15 € 60 ct = ☐ €

9 € 15 ct = ☐ €   22 € 20 ct = ☐ €

1 € 99 ct = ☐ €   17 € 50 ct = ☐ €

0 € 48 ct = ☐ €   32 € 10 ct = ☐ €

Tipp

0, 64 €
0€ 64 ct

2 Schreibe in € und ct.

a) 6,93 € = 6 € 9 3 ct   b) 6,70 € = 6 € 7 0 ct

4,53 € = ☐ € ☐ ct   8,50 € = ☐ € ☐ ct

7,71 € = ☐ € ☐ ct   5,20 € = ☐ € ☐ ct

1,93 € = ☐ € ☐ ct   21,60 € = ☐ € ☐ ct

0,64 € = ☐ € ☐ ct   30,30 € = ☐ € ☐ ct

3 Wandle um: Erst von Cent in Euro und Cent, dann in die Kommaschreibweise.

236 ct	734 ct	168 ct	470 ct	910 ct	180 ct	70 ct
2 € 26 ct						
2,36 €						

4 Wandle um: Erst von der Kommaschreibweise in Euro und Cent, dann in Cent.

7,25 €	5,97 €	4,38 €	9,30 €	1,60 €	0,90 €	0,40 €
7 € 25 ct						
725 ct						

5 **Freundeaufgabe – Geldbeträge**

Lege einen Geldbetrag der kleiner
als 10 € ist.
Dein Lernpartner schreibt den
Geldbetrag auf:
a) in Euro und Cent
b) in Kommaschreibweise

1 bis 4: Geldbeträge umwandeln.
5: Geldbeträge legen und den Betrag in zwei Schreibweisen angeben.

33

Addieren und Subtrahieren mit Hunderterzahlen

1

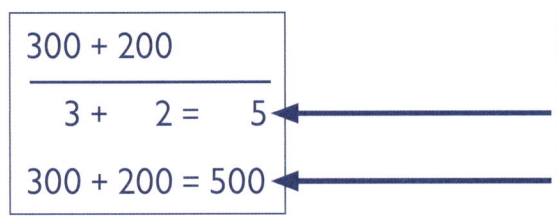

300 + 200 =

300 + 200	**Rechne so:**
3 + 2 = 5 ◄——	Löse erst die bekannte Aufgabe.
300 + 200 = 500 ◄——	Übertrage das Ergebnis.

2 a)

4 + 2 =

400 + 200 =

b)

5 + =

500 + =

c)

+ =

+ =

d)

+ =

+ =

3 a)   2 + 3 =

200 + 300 =

b)   7 + 2 =

700 + 200 =

c)   4 + 5 =

400 + 500 =

d)   + =

300 + 400 =

e)   + =

200 + 600 =

f)   + =

300 + 600 =

4 a) 400 + 200 =

600 + 300 =

200 + 500 =

800 + 100 =

b) 300 + 400 =

200 + 600 =

100 + 500 =

400 + 400 =

c) 200 + 700 =

300 + 300 =

600 + 100 =

300 + 500 =

1: Aufgabe mit didaktischem Material legen, Rechenweg erörtern. Analogie erfassen, Aufgabe lösen.
2: Geheimschrift zur Lösung der Aufgaben nutzen, Analogie erkennen.   3, 4: Addieren, Analogie nutzen.

1

Die Schule hat 500 Luftballons für das Sportfest gekauft.
Aus 200 Luftballons werden Tiere gebastelt.
Wie viele Luftballons bleiben übrig?

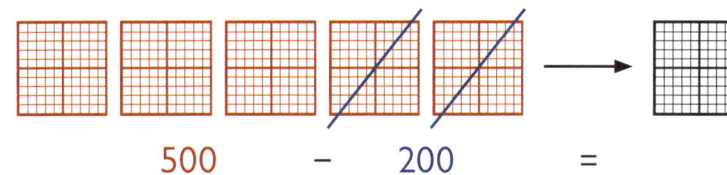

500   –   200   =

500 – 200
5 – 2 = 3
500 – 200 = 300

Rechne so:

Löse erst die bekannte Aufgabe.

Übertrage das Ergebnis.

2 a)

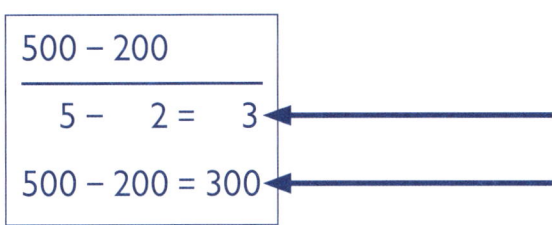

6 – 5 =

600 – 500 =

b)

9 –   =

900 –   =

c)

  –   =

  –   =

d)

  –   =

  –   =

3 a) 4 – 3 =

400 – 300 =

b) 8 – 2 =

800 – 200 =

c) 6 – 1 =

600 – 100 =

d)   –   =

700 – 100 =

e)   –   =

900 – 500 =

f)   –   =

500 – 400 =

4 a) 500 – 100 =

600 – 400 =

300 – 200 =

800 – 300 =

b) 400 – 200 =

900 – 100 =

600 – 300 =

700 – 500 =

c) 700 – 200 =

800 – 600 =

900 – 800 =

500 – 300 =

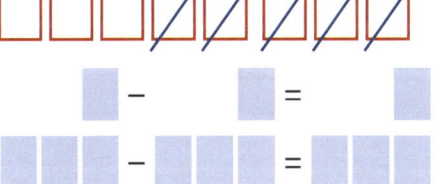

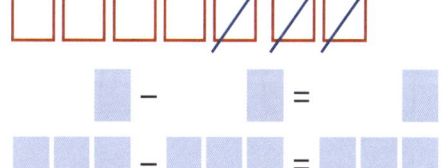

1: Aufgabe mit didaktischem Material legen, Rechenweg erörtern. Analogie erfassen, Aufgabe lösen.
2: Geheimschrift zur Lösung der Aufgaben nutzen, Analogie erkennen. 3, 4: Subtrahieren.

35

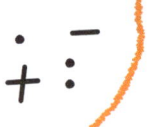

1

$137 + 200 =$ ☐☐☐

Nur der Hunderter ändert sich: 137 + 200 = 327

2

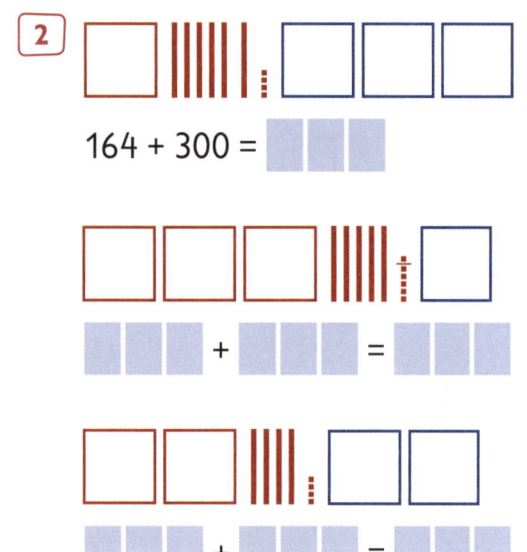

$164 + 300 =$ ☐☐☐

☐☐☐ + ☐☐☐ = ☐☐☐

☐☐☐ + ☐☐☐ = ☐☐☐

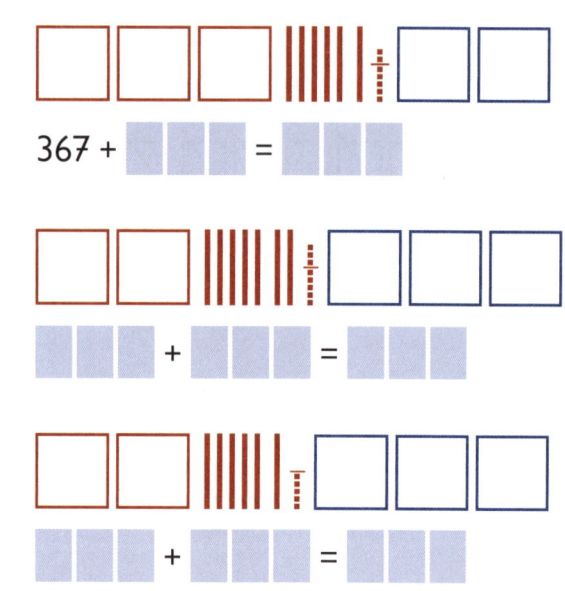

$367 +$ ☐☐☐ $=$ ☐☐☐

☐☐☐ + ☐☐☐ = ☐☐☐

☐☐☐ + ☐☐☐ = ☐☐☐

3 a) $254 + 100 =$ ☐☐☐

$254 + 200 =$ ☐☐☐

$254 + 300 =$ ☐☐☐

$254 + 400 =$ ☐☐☐

b) $479 + 200 =$ ☐☐☐

$479 + 300 =$ ☐☐☐

$479 + 400 =$ ☐☐☐

$479 + 500 =$ ☐☐☐

c) $138 + 200 =$ ☐☐☐

$138 + 400 =$ ☐☐☐

$138 + 600 =$ ☐☐☐

$138 + 800 =$ ☐☐☐

4 a) $236 + 100 =$ ☐☐☐

$471 + 200 =$ ☐☐☐

$384 + 300 =$ ☐☐☐

$147 + 400 =$ ☐☐☐

b) $328 + 500 =$ ☐☐☐

$731 + 200 =$ ☐☐☐

$846 + 100 =$ ☐☐☐

$569 + 300 =$ ☐☐☐

c) $653 + 300 =$ ☐☐☐

$350 + 400 =$ ☐☐☐

$492 + 500 =$ ☐☐☐

$817 + 100 =$ ☐☐☐

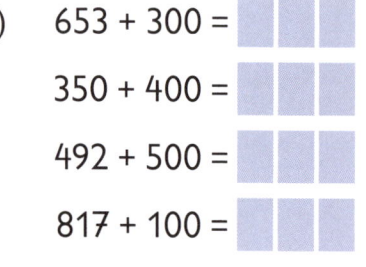

1: Bild: Rechenweg erörtern. 2: Aufgabe finden, addieren. 3: Struktur erfassen, addieren. 4: Addieren.

1

$326 - 200 \quad = \quad \square\square\square$

Nur der Hunderter ändert sich: $326 - 200 = 126$

2

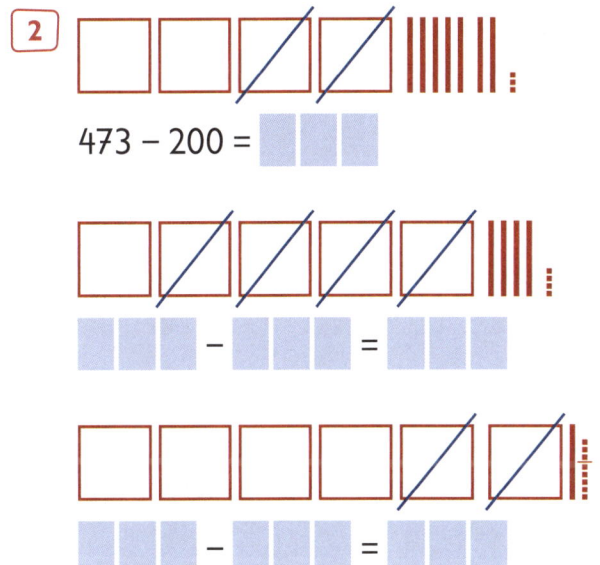

$473 - 200 = \square\square\square$

$\square\square\square - \square\square\square = \square\square\square$

$\square\square\square - \square\square\square = \square\square\square$

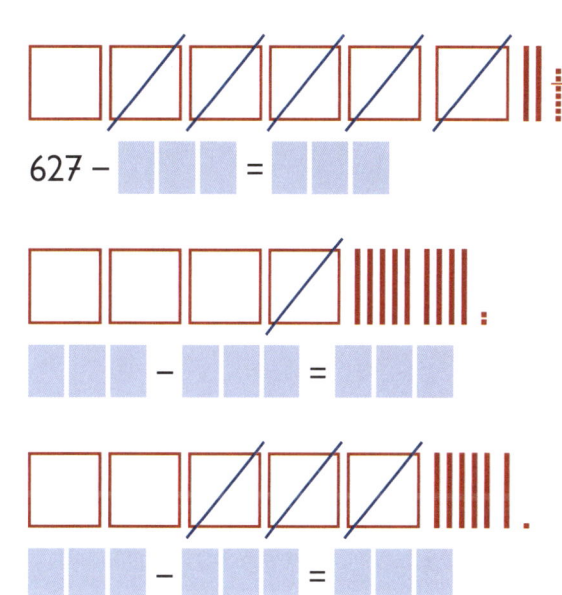

$627 - \square\square\square = \square\square\square$

$\square\square\square - \square\square\square = \square\square\square$

$\square\square\square - \square\square\square = \square\square\square$

3 a) $531 - 100 = \square\square\square$ b) $768 - 200 = \square\square\square$ c) $954 - 400 = \square\square\square$

$531 - 200 = \square\square\square$ $768 - 300 = \square\square\square$ $954 - 500 = \square\square\square$

$531 - 300 = \square\square\square$ $768 - 400 = \square\square\square$ $954 - 600 = \square\square\square$

$531 - 400 = \square\square\square$ $768 - 500 = \square\square\square$ $954 - 700 = \square\square\square$

4 a) $265 - 100 = \square\square\square$ b) $396 - 200 = \square\square\square$ c) $638 - 200 = \square\square\square$

$487 - 200 = \square\square\square$ $264 - 100 = \square\square\square$ $849 - 400 = \square\square\square$

$736 - 300 = \square\square\square$ $929 - 500 = \square\square\square$ $471 - 300 = \square\square\square$

$813 - 400 = \square\square\square$ $575 - 300 = \square\square\square$ $982 - 600 = \square\square\square$

1: Aufgabe mit didaktischem Material legen, Rechenweg erörtern, Aufgabe lösen.
2: Geheimschrift zur Lösung der Aufgaben nutzen.   3 Struktur erfassen, subtrahieren.   4: Subtrahieren.

Addieren mit Zehnerzahlen

1

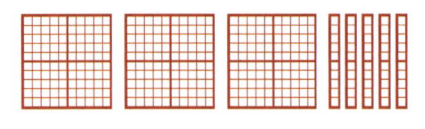

350   +   20   =

2

 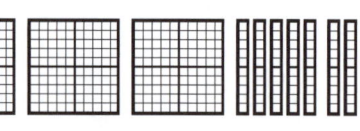

430 + 50 = ▢▢▢   270 + ▢▢ = ▢▢▢

▢▢▢ + ▢▢ = ▢▢▢   ▢▢▢ + ▢▢ = ▢▢▢

▢▢▢ + ▢▢ = ▢▢▢   ▢▢▢ + ▢▢ = ▢▢▢

3 a)   450 + 10 = ▢▢   b)   830 + 20 = ▢▢   c)   610 + 20 = ▢▢

450 + 20 = ▢▢   830 + 30 = ▢▢   610 + 40 = ▢▢

450 + 30 = ▢▢   830 + 40 = ▢▢   610 + 60 = ▢▢

450 + 40 = ▢▢   830 + 50 = ▢▢   610 + 80 = ▢▢

4 a)   320 + 30 = ▢▢   b)   770 + 20 = ▢▢   c)   510 + 70 = ▢▢

330 + 30 = ▢▢   760 + 20 = ▢▢   520 + 60 = ▢▢

340 + 30 = ▢▢   750 + 20 = ▢▢   530 + 50 = ▢▢

350 + 30 = ▢▢   740 + 20 = ▢▢   540 + 40 = ▢▢

1: Bild: Rechenweg erörtern.   2: Aufgabe bilden, addieren.   3, 4: Struktur erfassen, addieren.

1 a)
b)
c)

140 + 30 = ⬜⬜⬜   210 + 50 = ⬜⬜⬜   150 + 40 = ⬜⬜⬜

340 + 30 = ⬜⬜⬜   ⬜⬜⬜ + ⬜⬜ = ⬜⬜⬜   ⬜⬜⬜ + ⬜⬜ = ⬜⬜⬜

⬜⬜⬜ + ⬜⬜ = ⬜⬜⬜   ⬜⬜⬜ + ⬜⬜ = ⬜⬜⬜   ⬜⬜⬜ + ⬜⬜ = ⬜⬜⬜

⬜⬜⬜ + ⬜⬜ = ⬜⬜⬜   ⬜⬜⬜ + ⬜⬜ = ⬜⬜⬜   ⬜⬜⬜ + ⬜⬜ = ⬜⬜⬜

2 a)
260 + 30 = ⬜⬜⬜
470 + 10 = ⬜⬜⬜
630 + 50 = ⬜⬜⬜
520 + 40 = ⬜⬜⬜

b)
320 + 60 = ⬜⬜⬜
540 + 30 = ⬜⬜⬜
730 + 40 = ⬜⬜⬜
910 + 80 = ⬜⬜⬜

c)
170 + 10 = ⬜⬜⬜
810 + 50 = ⬜⬜⬜
420 + 70 = ⬜⬜⬜
730 + 50 = ⬜⬜⬜

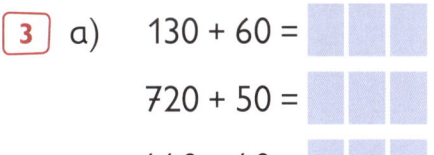 180 290 380 480 490 560 570 680 770 780 860 990

3 a)
130 + 60 = ⬜⬜⬜
720 + 50 = ⬜⬜⬜
440 + 40 = ⬜⬜⬜
850 + 30 = ⬜⬜⬜

b)
370 + 10 = ⬜⬜⬜
250 + 40 = ⬜⬜⬜
620 + 70 = ⬜⬜⬜
530 + 40 = ⬜⬜⬜

c)
960 + 20 = ⬜⬜⬜
430 + 30 = ⬜⬜⬜
520 + 60 = ⬜⬜⬜
640 + 30 = ⬜⬜⬜

 190 290 380 460 480 570 580 670 690 770 880 980

4 a)
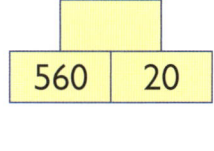
240 | 30

560 | 20

720 | 60

440 | 50

b)
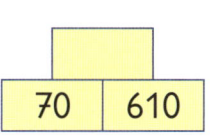
40 | 350

70 | 610

50 | 920

30 | 830

1: Aufgaben bilden und lösen. 2, 3: Addieren, Ergebnisse mit Lösungszahlen kontrollieren.
4: Rechenmauern lösen.

39

Subtrahieren mit Zehnerzahlen

1

340 − 20   = ▢▢▢

2

480 − 30 = ▢▢▢

390 − ▢▢ = ▢▢▢

▢▢▢ − ▢▢ = ▢▢▢

▢▢▢ − ▢▢ = ▢▢▢

▢▢▢ − ▢▢ = ▢▢▢

▢▢▢ − ▢▢ = ▢▢▢

3
a)
260 − 10 = ▢▢▢
260 − 20 = ▢▢▢
260 − 30 = ▢▢▢
260 − 40 = ▢▢▢

b)
950 − 20 = ▢▢▢
950 − 30 = ▢▢▢
950 − 40 = ▢▢▢
950 − 50 = ▢▢▢

c)
790 − 20 = ▢▢▢
790 − 40 = ▢▢▢
790 − 60 = ▢▢▢
790 − 80 = ▢▢▢

4
a)
430 − 20 = ▢▢▢
440 − 20 = ▢▢▢
450 − 20 = ▢▢▢
460 − 20 = ▢▢▢

b)
690 − 40 = ▢▢▢
680 − 40 = ▢▢▢
670 − 40 = ▢▢▢
660 − 40 = ▢▢▢

c)
530 − 20 = ▢▢▢
540 − 30 = ▢▢▢
550 − 40 = ▢▢▢
560 − 50 = ▢▢▢

1: Bild: Rechenweg erörtern. 2: Aufgabe bilden, subtrahieren. 3, 4: Struktur erfassen, subtrahieren.

1 a)

b)

c)

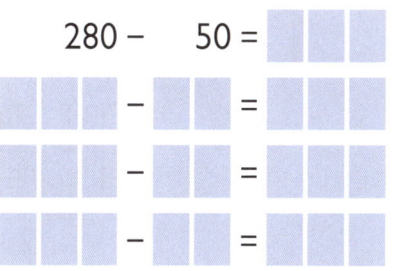

170 – 30 = ▢▢▢   360 – 40 = ▢▢▢   280 – 50 = ▢▢▢

370 – 30 = ▢▢▢   ▢▢▢ – ▢▢ = ▢▢▢   ▢▢▢ – ▢▢ = ▢▢▢

▢▢▢ – ▢▢ = ▢▢▢   ▢▢▢ – ▢▢ = ▢▢▢   ▢▢▢ – ▢▢ = ▢▢▢

▢▢▢ – ▢▢ = ▢▢▢   ▢▢▢ – ▢▢ = ▢▢▢   ▢▢▢ – ▢▢ = ▢▢▢

2 a) 350 – 40 = ▢▢▢   b) 470 – 50 = ▢▢▢   c) 580 – 70 = ▢▢▢

640 – 20 = ▢▢▢   960 – 40 = ▢▢▢   190 – 50 = ▢▢▢

820 – 10 = ▢▢▢   590 – 70 = ▢▢▢   650 – 20 = ▢▢▢

760 – 30 = ▢▢▢   230 – 20 = ▢▢▢   870 – 40 = ▢▢▢

140 210 310 420 510 520 620 630 730 810 830 920

3 a) 260 – 30 = ▢▢▢   b) 740 – 30 = ▢▢▢   c) 890 – 50 = ▢▢▢

570 – 40 = ▢▢▢   390 – 60 = ▢▢▢   670 – 50 = ▢▢▢

680 – 70 = ▢▢▢   880 – 50 = ▢▢▢   160 – 20 = ▢▢▢

450 – 20 = ▢▢▢   560 – 20 = ▢▢▢   970 – 60 = ▢▢▢

140 230 330 430 530 540 610 620 710 830 840 910

4 a)

270	
30	

760	
50	

190	
60	

560	
20	

b)

480	
40	

930	
20	

650	
40	

870	
30	

Addieren mit dreistelligen Zahlen und Zehnerzahlen

1

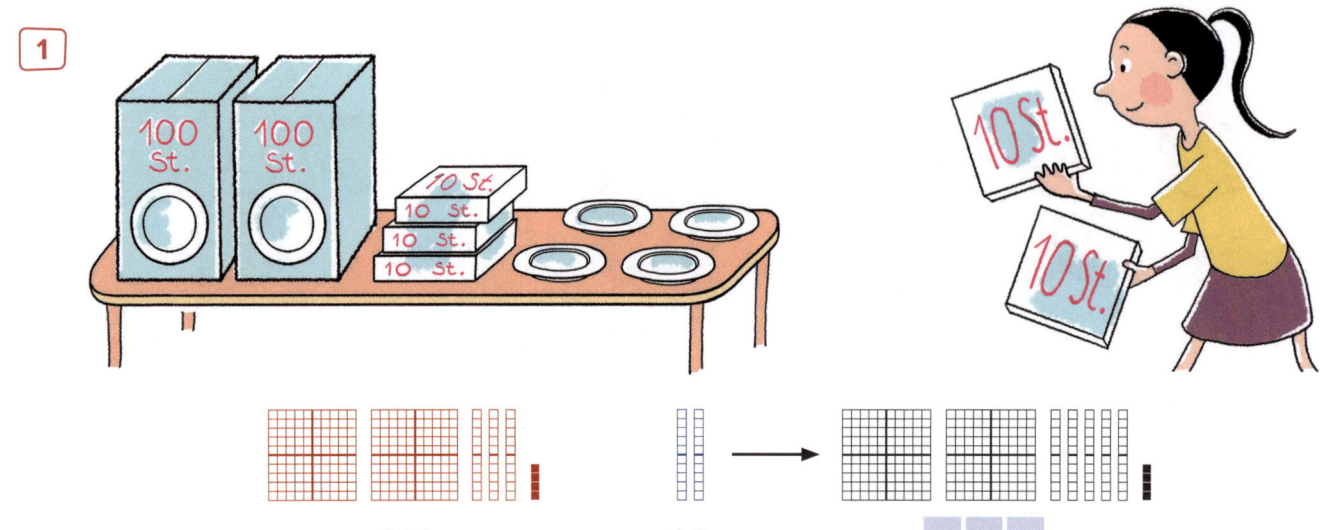

234 + 20 = ☐☐☐

2

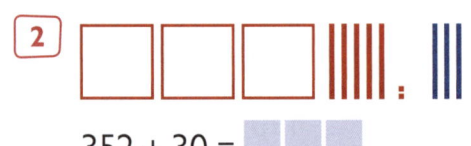

352 + 30 = ☐☐☐

517 + ☐☐ = ☐☐☐

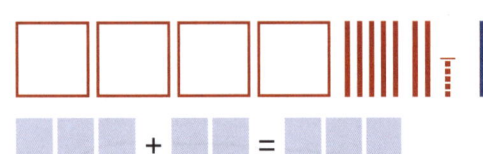

☐☐☐ + ☐☐ = ☐☐☐

☐☐☐ + ☐☐ = ☐☐☐

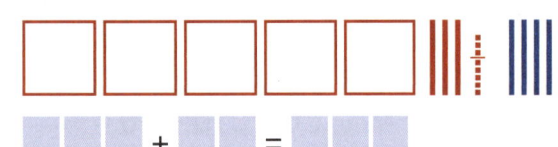

☐☐☐ + ☐☐ = ☐☐☐

☐☐☐ + ☐☐ = ☐☐☐

3 a)   347 + 10 = ☐☐☐   b)   536 + 20 = ☐☐☐   c)   714 + 20 = ☐☐☐

347 + 20 = ☐☐☐   536 + 30 = ☐☐☐   714 + 40 = ☐☐☐

347 + 30 = ☐☐☐   536 + 40 = ☐☐☐   714 + 60 = ☐☐☐

347 + 40 = ☐☐☐   536 + 50 = ☐☐☐   714 + 80 = ☐☐☐

4 a)   915 + 50 = ☐☐☐   b)   261 + 30 = ☐☐☐   c)   452 + 20 = ☐☐☐

925 + 50 = ☐☐☐   251 + 30 = ☐☐☐   442 + 30 = ☐☐☐

935 + 50 = ☐☐☐   241 + 30 = ☐☐☐   432 + 40 = ☐☐☐

945 + 50 = ☐☐☐   231 + 30 = ☐☐☐   422 + 50 = ☐☐☐

1: Bild: Rechenweg erörtern.   2: Aufgabe bilden, addieren.   3, 4: Struktur erfassen, addieren.

1 a)  b)  c)

261 + 20 = ☐☐☐   127 + 50 = ☐☐☐   352 + 30 = ☐☐☐

461 + 20 = ☐☐☐   ☐☐☐ + ☐☐ = ☐☐☐   ☐☐☐ + ☐☐ = ☐☐☐

☐☐☐ + ☐☐ = ☐☐☐   ☐☐☐ + ☐☐ = ☐☐☐   ☐☐☐ + ☐☐ = ☐☐☐

☐☐☐ + ☐☐ = ☐☐☐   ☐☐☐ + ☐☐ = ☐☐☐   ☐☐☐ + ☐☐ = ☐☐☐

2 a) 346 + 20 = ☐☐☐   b) 139 + 60 = ☐☐☐   c) 736 + 40 = ☐☐☐

258 + 30 = ☐☐☐   519 + 70 = ☐☐☐   854 + 10 = ☐☐☐

539 + 40 = ☐☐☐   623 + 50 = ☐☐☐   921 + 50 = ☐☐☐

425 + 60 = ☐☐☐   745 + 20 = ☐☐☐   372 + 20 = ☐☐☐

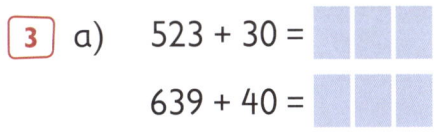 199 288 366 392 485 579 589 673 765 776 864 971

3 a) 523 + 30 = ☐☐☐   b) 723 + 60 = ☐☐☐   c) 835 + 40 = ☐☐☐

639 + 40 = ☐☐☐   915 + 70 = ☐☐☐   187 + 10 = ☐☐☐

471 + 10 = ☐☐☐   324 + 50 = ☐☐☐   734 + 50 = ☐☐☐

267 + 20 = ☐☐☐   542 + 50 = ☐☐☐   461 + 30 = ☐☐☐

 197 287 374 481 491 553 592 679 783 784 875 985

4 a)

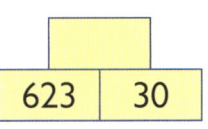   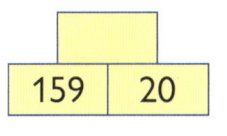   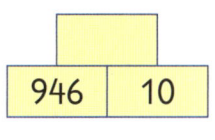

| 315 | 40 | | 623 | 30 | | 159 | 20 | | 946 | 10 |

b)

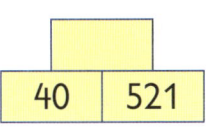   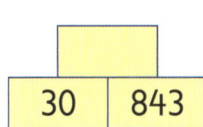

| 20 | 467 | | 40 | 521 | | 30 | 843 | | 50 | 738 |

Subtrahieren mit dreistelligen Zahlen und Zehnerzahlen

1

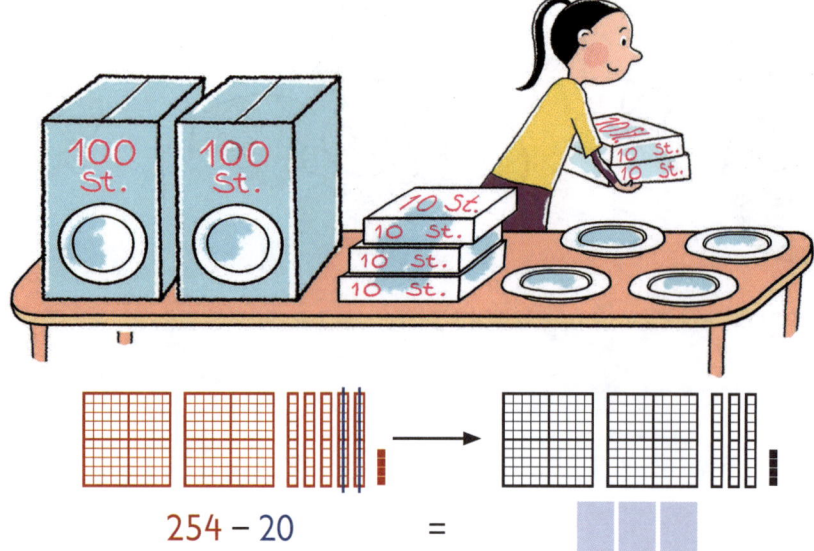

254 – 20 = ☐☐☐

2

395 – 70 = ☐☐☐

631 – ☐☐ = ☐☐☐

☐☐☐ – ☐☐ = ☐☐☐

☐☐☐ – ☐☐ = ☐☐☐

☐☐☐ – ☐☐ = ☐☐☐

☐☐☐ – ☐☐ = ☐☐☐

3 a) 176 – 10 = ☐☐☐

176 – 20 = ☐☐☐

176 – 30 = ☐☐☐

176 – 40 = ☐☐☐

b) 364 – 20 = ☐☐☐

364 – 30 = ☐☐☐

364 – 40 = ☐☐☐

364 – 50 = ☐☐☐

c) 683 – 10 = ☐☐☐

683 – 30 = ☐☐☐

683 – 50 = ☐☐☐

683 – 70 = ☐☐☐

4 a) 536 – 20 = ☐☐☐

546 – 20 = ☐☐☐

556 – 20 = ☐☐☐

566 – 20 = ☐☐☐

b) 287 – 50 = ☐☐☐

277 – 50 = ☐☐☐

267 – 50 = ☐☐☐

257 – 50 = ☐☐☐

c) 859 – 30 = ☐☐☐

869 – 40 = ☐☐☐

879 – 50 = ☐☐☐

889 – 60 = ☐☐☐

1 a)

b)

c)

245 −   20 = ▢▢▢

445 −   20 = ▢▢▢

▢▢▢ − ▢▢ = ▢▢▢

▢▢▢ − ▢▢ = ▢▢▢

172 −   40 = ▢▢▢

▢▢▢ − ▢▢ = ▢▢▢

▢▢▢ − ▢▢ = ▢▢▢

▢▢▢ − ▢▢ = ▢▢▢

394 −   30 = ▢▢▢

▢▢▢ − ▢▢ = ▢▢▢

▢▢▢ − ▢▢ = ▢▢▢

▢▢▢ − ▢▢ = ▢▢▢

2 a) 653 − 20 = ▢▢▢

975 − 50 = ▢▢▢

582 − 40 = ▢▢▢

147 − 30 = ▢▢▢

b) 824 − 10 = ▢▢▢

749 − 20 = ▢▢▢

961 − 50 = ▢▢▢

293 − 40 = ▢▢▢

c) 585 − 70 = ▢▢▢

466 − 40 = ▢▢▢

378 − 50 = ▢▢▢

752 − 20 = ▢▢▢

117   253   328   426   515   542   633   729   732   814   911   925

3 a) 438 − 20 = ▢▢▢

957 − 30 = ▢▢▢

179 − 40 = ▢▢▢

382 − 50 = ▢▢▢

b) 665 − 30 = ▢▢▢

597 − 70 = ▢▢▢

258 − 40 = ▢▢▢

744 − 30 = ▢▢▢

c) 843 − 20 = ▢▢▢

928 − 10 = ▢▢▢

276 − 50 = ▢▢▢

361 − 20 = ▢▢▢

139   218   226   332   341   418   527   635   714   823   918   927

4 a)

341	
10	

186	
30	

574	
50	

832	
20	

b)

692	
40	

258	
20	

783	
60	

965	
30	

Addieren und Subtrahieren von Zehnern – Hunderterübergang

1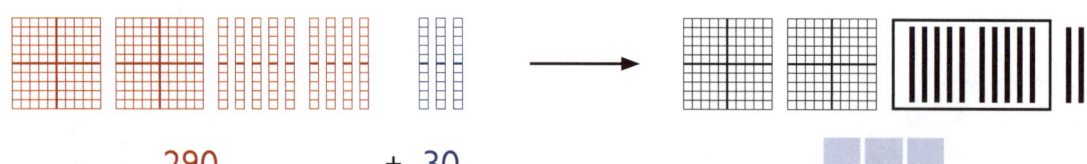

290   + 30

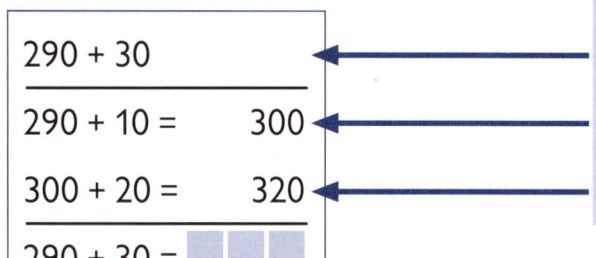

290 + 30

290 + 10 =   300

300 + 20 =   320

290 + 30 = ▢▢▢

Rechne so:

1. Zerlege die zweite Zahl.

2. Ergänze zum Hunderter.

3. Addiere den Rest.

2 a)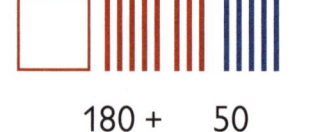

180 +   50

180 +   20 = ▢▢▢

▢▢▢ + ▢▢ = ▢▢▢

180 +   50 = ▢▢▢

b)

450 +   70

▢▢▢ +   50 = ▢▢

▢▢▢ + ▢▢ = ▢▢▢

▢▢▢ + ▢▢ = ▢▢▢

c)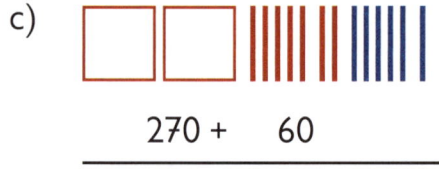

270 +   60

▢▢▢ + ▢▢ = ▢▢▢

▢▢▢ + ▢▢ = ▢▢▢

▢▢▢ + ▢▢ = ▢▢▢

d)

340 +   80

▢▢▢ + ▢▢ = ▢▢▢

▢▢▢ + ▢▢ = ▢▢▢

▢▢▢ + ▢▢ = ▢▢▢

e)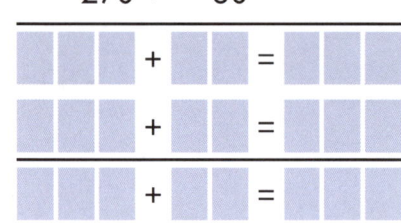

▢▢▢ + ▢▢

▢▢▢ + ▢▢ = ▢▢▢

▢▢▢ + ▢▢ = ▢▢▢

▢▢▢ + ▢▢ = ▢▢▢

f)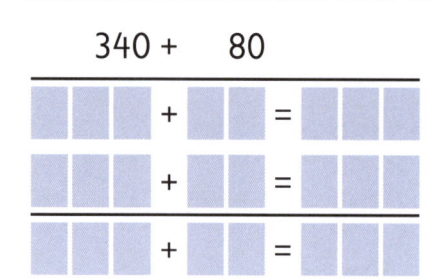

▢▢▢ + ▢▢

▢▢▢ + ▢▢ = ▢▢▢

▢▢▢ + ▢▢ = ▢▢

▢▢▢ + ▢▢ = ▢▢▢

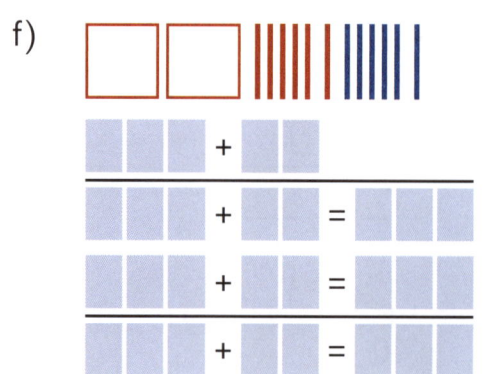

1 a)

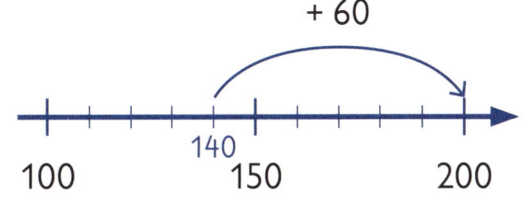

140 + ⬜⬜ = ⬜⬜⬜

b)

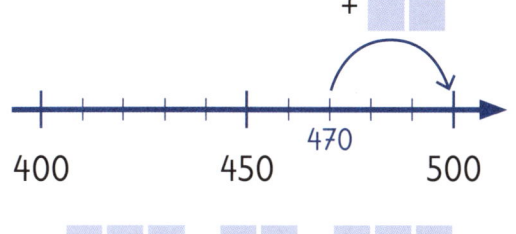

⬜⬜⬜ + ⬜⬜ = ⬜⬜⬜

2 a)
390 + 10 = ⬜⬜⬜
380 + 20 = ⬜⬜⬜
370 + 30 = ⬜⬜⬜
360 + 40 = ⬜⬜⬜

b)
750 + 50 = ⬜⬜⬜
270 + 30 = ⬜⬜⬜
540 + 60 = ⬜⬜⬜
610 + 90 = ⬜⬜⬜

c)
260 + ⬜⬜ = 300
430 + ⬜⬜ = 500
820 + ⬜⬜ = 900
740 + ⬜⬜ = 800

3 a)

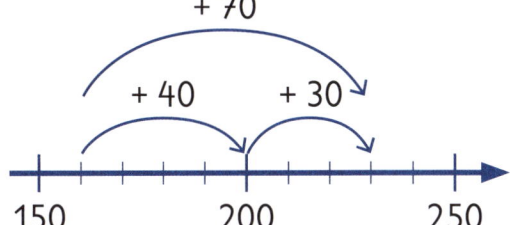

160 + 70

160 + 40 = ⬜⬜
⬜⬜⬜ + ⬜⬜ = ⬜⬜⬜
⬜⬜⬜ + ⬜⬜ = ⬜⬜⬜

b)

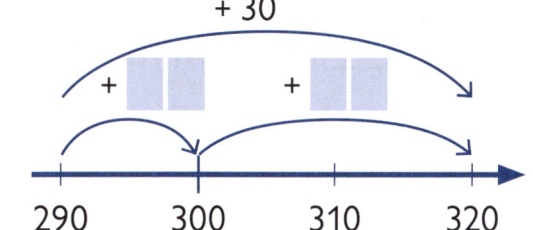

290 + 30

⬜⬜⬜ + ⬜⬜ = ⬜⬜⬜
⬜⬜⬜ + ⬜⬜ = ⬜⬜⬜
⬜⬜⬜ + ⬜⬜ = ⬜⬜⬜

4 a)
280 + 20 = ⬜⬜⬜
280 + 30 = ⬜⬜⬜
280 + 40 = ⬜⬜⬜
280 + 50 = ⬜⬜⬜

b)
860 + 40 = ⬜⬜⬜
860 + 50 = ⬜⬜⬜
860 + 60 = ⬜⬜⬜
860 + 70 = ⬜⬜⬜

c)
370 + ⬜⬜ = 400
370 + ⬜⬜ = 410
370 + ⬜⬜ = 420
370 + ⬜⬜ = 430

5 a)
470 + 20 = ⬜⬜⬜
470 + 30 = ⬜⬜⬜
470 + 40 = ⬜⬜⬜
470 + 50 = ⬜⬜⬜

b)
550 + 50 = ⬜⬜⬜
550 + 70 = ⬜⬜⬜
550 + 90 = ⬜⬜⬜
550 + 80 = ⬜⬜⬜

c)
780 + ⬜⬜ = 790
780 + ⬜⬜ = 800
780 + ⬜⬜ = 810
780 + ⬜⬜ = 820

1, 3: Addieren am Zahlenstrahl.
2, 4, 5: Addieren bzw. Ergänzungsaufgaben lösen.

47

1 Wechsle 1 H in 10 Z.

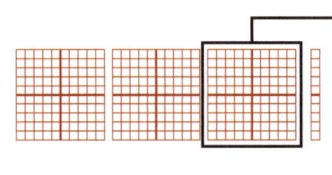

310

310 − 30 =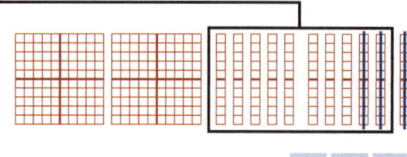

Rechne so:

310 − 30
_____
310 − 10 =   300
300 − 20 =   280
_____
310 − 30 =

1. Zerlege die zweite Zahl.

2. Subtrahiere bis zum Hunderter.

3. Subtrahiere den Rest.

2 a)

340 −   60
_____
340 −   40 =
_____ − __ =
_____
340 −   60 =

b)

420 −   50
_____
___ −   20 =
___ − __ =
_____
___ − __ =

c)

560 −   80
_____
___ − __ =
___ − __ =
_____
___ − __ =

d)

470 −   90
_____
___ − __ =
___ − __ =
_____
___ − __ =

e)

___ − __
_____
___ − __ =
___ − __ =
_____
___ − __ =

f)

___ − __
_____
___ − __ =
___ − __ =
_____
___ − __ =

1: Rechenweg erfassen, Aufgabe lösen. 2: Halbschriftliches Subtrahieren.

1 a)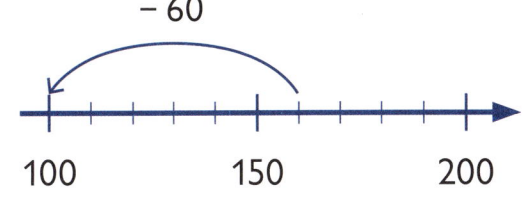

-60

100   150   200

b)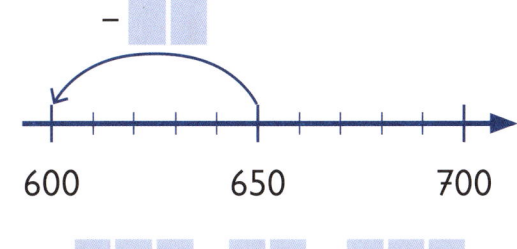

$-$ ⬜⬜

600   650   700

$160 - $ ⬜⬜ $=$ ⬜⬜⬜

⬜⬜⬜ $-$ ⬜⬜ $=$ ⬜⬜⬜

2 a) $250 - 20 =$ ⬜⬜⬜

$250 - 30 =$ ⬜⬜⬜

$250 - 40 =$ ⬜⬜⬜

$250 - 50 =$ ⬜⬜⬜

b) $470 - 40 =$ ⬜⬜⬜

$470 - 50 =$ ⬜⬜⬜

$470 - 60 =$ ⬜⬜⬜

$470 - 70 =$ ⬜⬜⬜

c) $840 - $ ⬜⬜ $= 830$

$840 - $ ⬜⬜ $= 820$

$840 - $ ⬜⬜ $= 810$

$840 - $ ⬜⬜ $= 800$

3 a)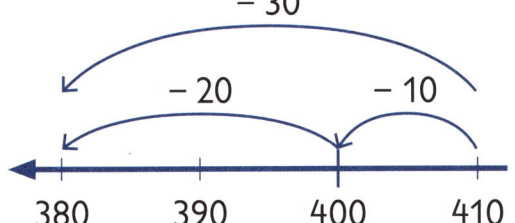

-30

-20 -10

380   390   400   410

$410 - 30$
_____

$410 - 10 =$ ⬜⬜⬜

⬜⬜⬜ $-$ ⬜⬜ $=$ ⬜⬜⬜
_____

⬜⬜⬜ $-$ ⬜⬜ $=$ ⬜⬜⬜

b)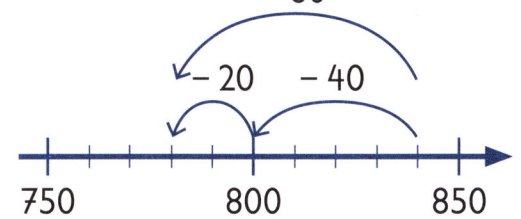

-60

-20 -40

750   800   850

$840 - 60$
_____

⬜⬜⬜ $-$ ⬜⬜ $=$ ⬜⬜⬜

⬜⬜⬜ $-$ ⬜⬜ $=$ ⬜⬜⬜
_____

⬜⬜⬜ $-$ ⬜⬜ $=$ ⬜⬜⬜

4 a) $540 - 20 =$ ⬜⬜

$540 - 30 =$ ⬜⬜

$540 - 40 =$ ⬜⬜

$540 - 50 =$ ⬜⬜

b) $410 - 10 =$ ⬜⬜⬜

$410 - 20 =$ ⬜⬜⬜

$410 - 30 =$ ⬜⬜⬜

$410 - 40 =$ ⬜⬜⬜

c) 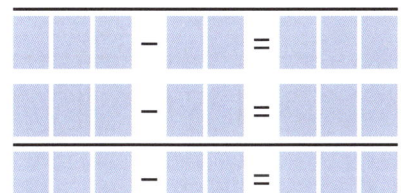 $720 - $ ⬜⬜ $= 710$

$720 - $ ⬜⬜ $= 700$

$720 - $ ⬜⬜ $= 690$

$720 - $ ⬜⬜ $= 680$

5 a) $360 - 50 =$ ⬜⬜⬜

$360 - 60 =$ ⬜⬜⬜

$360 - 70 =$ ⬜⬜⬜

$360 - 80 =$ ⬜⬜⬜

b) $930 - 30 =$ ⬜⬜⬜

$930 - 40 =$ ⬜⬜⬜

$930 - 60 =$ ⬜⬜⬜

$930 - 80 =$ ⬜⬜⬜

c) $610 - $ ⬜⬜ $= 600$

$610 - $ ⬜⬜ $= 590$

$610 - $ ⬜⬜ $= 580$

$610 - $ ⬜⬜ $= 570$

1, 3: Subtrahieren am Zahlenstrahl.
2, 4, 5: Subtrahieren bzw. Ergänzungsaufgaben lösen.

Addieren einstelliger Zahlen zu dreistelligen Zahlen

1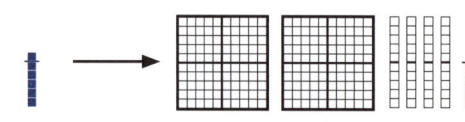

 +  =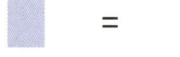

239 + 6		**Rechne so:**
239 + 1 =	240	1. Zerlege die zweite Zahl.
240 + 5 =	245	2. Ergänze zum nächsten Zehner.
239 + 6 =		3. Addiere den Rest.

2 a)

165 + 7

165 + 5 = ☐☐

☐☐☐ + ☐ = ☐☐☐

165 + 7 = ☐☐☐

b)

357 + 6

☐☐☐ + 3 = ☐☐☐

☐☐☐ + ☐ = ☐☐☐

☐☐☐ + ☐ = ☐☐☐

c)

446 + 5

☐☐☐ + ☐ = ☐☐☐

☐☐☐ + ☐ = ☐☐☐

☐☐☐ + ☐ = ☐☐☐

d)

283 + 8

☐☐☐ + ☐ = ☐☐☐

☐☐☐ + ☐ = ☐☐☐

☐☐☐ + ☐ = ☐☐☐

e)

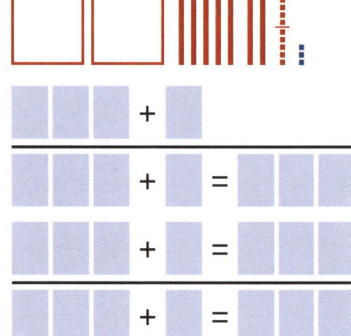

☐☐☐ + ☐

☐☐☐ + ☐ = ☐☐☐

☐☐☐ + ☐ = ☐☐☐

☐☐☐ + ☐ = ☐☐☐

f)

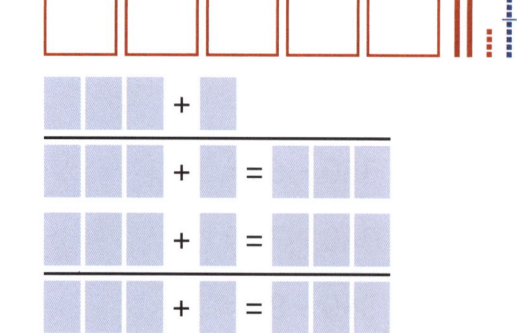

☐☐☐ + ☐

☐☐☐ + ☐ = ☐☐☐

☐☐☐ + ☐ = ☐☐☐

1: Rechenweg erfassen, Aufgabe lösen.   2: Halbschriftliches Addieren.

1

Ich löse zuerst die bekannte Aufgabe 39 + 6.

2 3 9 + 6

Wenn 39 + 6 = ☐☐

dann ist 239 + 6 = ☐☐☐

+ 6

|———|———|———|———|———|———|———|→
    40   45

☐☐ + ☐ = ☐☐

+ 6

|———|———|———|———|———|———|———|→
    240   245

☐☐☐ + ☐ = ☐☐☐

2

+ ☐

|———|———|———|———|———|———|———|→
67   70   74

☐☐ + ☐ = ☐☐

+ ☐

|———|———|———|———|———|———|———|→
867   870   874

☐☐☐ + ☐ = ☐☐☐

3 a)   25 + 6 = ☐☐   b)   83 + 9 = ☐☐   c)   69 + 4 = ☐☐

     125 + 6 = ☐☐☐   383 + 9 = ☐☐☐   969 + 4 = ☐☐☐

     37 + 8 = ☐☐   29 + 0 = ☐☐   48 + 5 = ☐☐

     237 + 8 = ☐☐☐   929 + 0 = ☐☐☐   748 + 5 = ☐☐☐

4 a)   28 + 4 = ☐☐   b)   59 + 6 = ☐☐   c)   45 + 7 = ☐☐

     128 + 4 = ☐☐☐   259 + 6 = ☐☐☐   745 + 7 = ☐☐☐

     228 + 4 = ☐☐☐   459 + 6 = ☐☐☐   345 + 7 = ☐☐☐

5 a)   196 + 4 = 200   b)   397 + ☐ = 400   c)   999 + ☐ = 1000

     198 + ☐ = 200   391 + ☐ = 400   996 + ☐ = 1000

     195 + ☐ = 200   399 + ☐ = 400   992 + ☐ = 1000

1, 2: Analogie erkennen, Zahlenstrahl zum Addieren nutzen.
3 bis 5: Struktur erkennen und zum Lösen der Additionsaufgaben nutzen.

51

Subtrahieren einstelliger Zahlen von dreistelligen Zahlen

1

▢▢▢ – ▢ = ▢▢▢

Rechne·so:

362 – 4	← 1. Zerlege die zweite Zahl.
362 – 2 = 360	← 2. Subtrahiere bis zum nächsten Zehner.
360 – 2 = 358	← 3. Subtrahiere den Rest.
362 – 4 = ▢▢▢	

---

2 a)

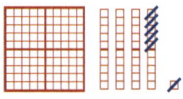

141 – 6
141 – 1 = ▢▢
▢▢▢ – ▢ = ▢▢
141 – 6 = ▢▢

b)

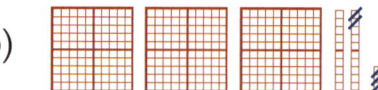

323 – 5
▢▢▢ – 3 = ▢▢
▢▢▢ – ▢ = ▢▢▢
▢▢▢ – ▢ = ▢▢▢

c)

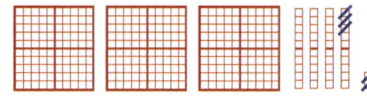

342 – 5
▢▢▢ – ▢ = ▢▢
▢▢▢ – ▢ = ▢▢▢
▢▢▢ – ▢ = ▢▢▢

d)

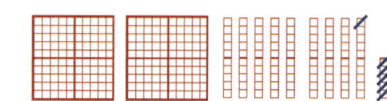

295 – 6
▢▢▢ – ▢ = ▢▢▢
▢▢▢ – ▢ = ▢▢▢
▢▢▢ – ▢ = ▢▢▢

e)

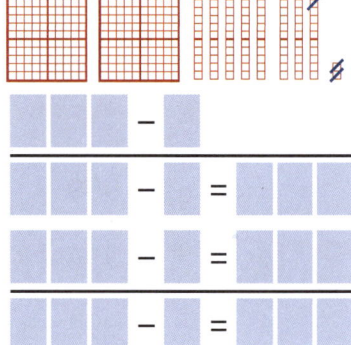

▢▢▢ – ▢
▢▢▢ – ▢ = ▢▢▢
▢▢▢ – ▢ = ▢▢▢
▢▢▢ – ▢ = ▢▢▢

f)

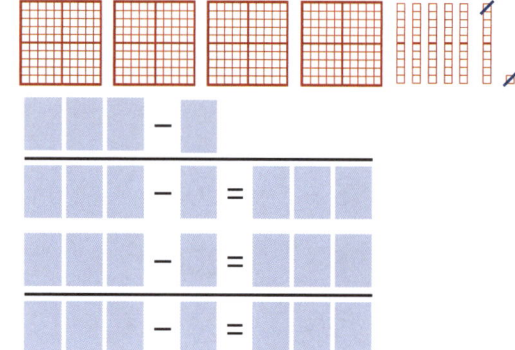

▢▢▢ – ▢
▢▢▢ – ▢ = ▢▢▢
▢▢▢ – ▢ = ▢▢▢
▢▢▢ – ▢ = ▢▢▢

1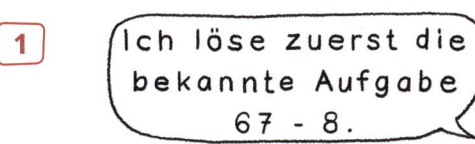

Ich löse zuerst die bekannte Aufgabe 67 − 8.

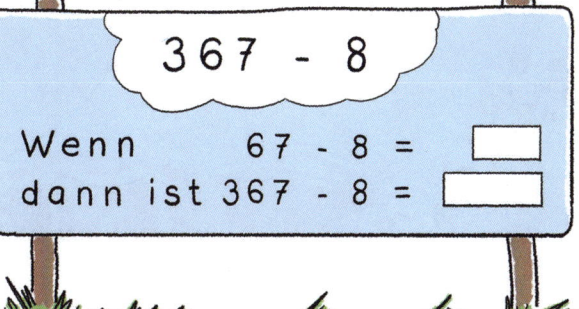

367 − 8

Wenn 67 − 8 = ☐
dann ist 367 − 8 = ☐

− 8

60 ___ 65

☐☐ − ☐ = ☐☐

− 8

360 ___ 365

☐☐☐ − ☐ = ☐☐☐

2

− ☐

77 ___ 80 ___ 84

☐☐ − ☐ = ☐☐

− ☐

777 ___ 780 ___ 784

☐☐☐ − ☐ = ☐☐☐

3 a) 53 − 4 = ☐☐
153 − 4 = ☐☐☐

81 − 2 = ☐☐
381 − 2 = ☐☐☐

b) 74 − 8 = ☐☐
574 − 8 = ☐☐☐

17 − 9 = ☐☐
917 − 9 = ☐☐☐

c) 39 − 4 = ☐☐
439 − 4 = ☐☐☐

92 − 5 = ☐☐
792 − 5 = ☐☐☐

4 a) 35 − 6 = ☐☐
135 − 6 = ☐☐☐
235 − 6 = ☐☐☐

b) 73 − 6 = ☐☐
373 − 6 = ☐☐☐
673 − 6 = ☐☐☐

c) 54 − 7 = ☐☐
454 − 7 = ☐☐☐
854 − 7 = ☐☐☐

5 a) 300 − 4 = 296
300 − ☐ = 298
300 − ☐ = 295

b) 600 − ☐ = 597
600 − ☐ = 599
600 − ☐ = 594

c) 1000 − ☐ = 999
1000 − ☐ = 995
1000 − ☐ = 992

1, 2: Analogie erkennen, Zahlenstrahl zum Addieren nutzen.
3 bis 5: Struktur erkennen und zum Lösen der Subtraktionsaufgaben nutzen.

Addieren zweistelliger Zahlen zu dreistelligen Zahlen

1

Am Samstag kamen 135 Besucher in den Zirkus und am Sonntag 12 Besucher mehr.
Wie viele Besucher kamen am Sonntag?

135 + 12	
135 + 10 =	145
145 + 2 =	147
135 + 12 =	

2 a)

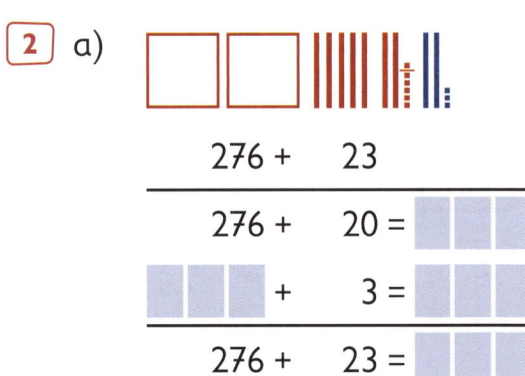

276 + 23

276 + 20 =

+ 3 =

276 + 23 =

b)

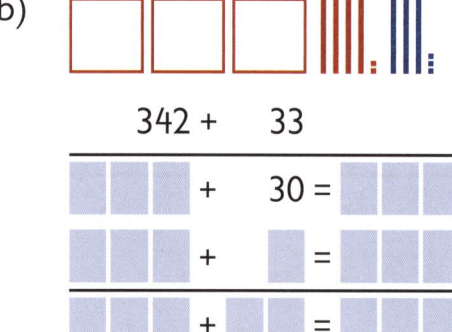

342 + 33

+ 30 =

+ =

+ =

c)

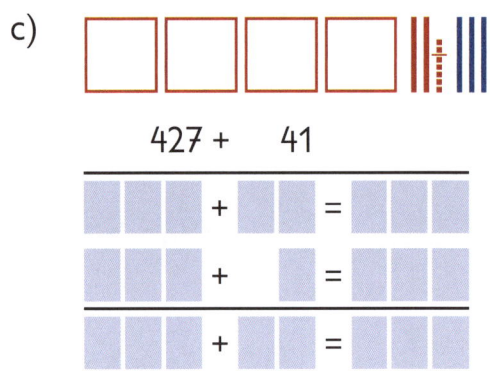

427 + 41

+ =

+ =

+ =

d)

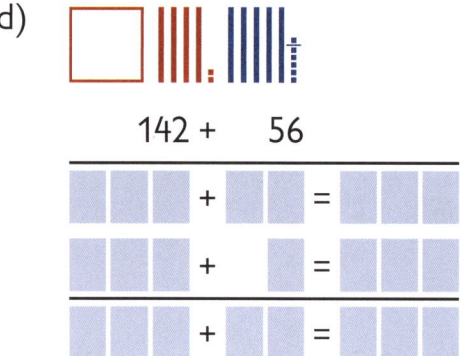

142 + 56

+ =

+ =

+ =

e)

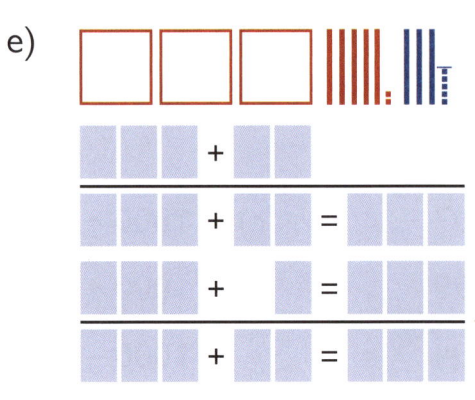

+

+ =

+ =

+ =

f)

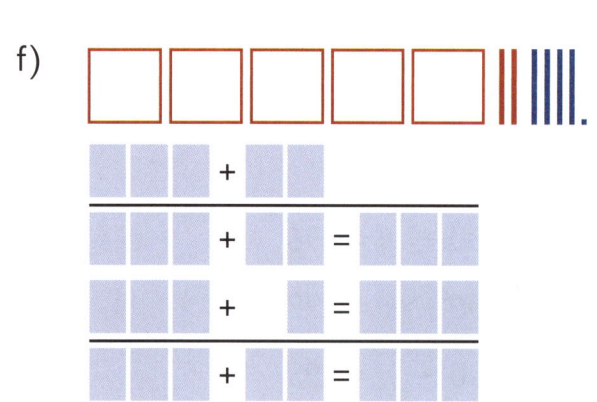

+

+ =

+ =

+ =

1: Bildinhalt erschließen, Aufgabe lösen, Frage beantworten.
2: Halbschriftliches Addieren ohne Zehnerübergang.

1

Es gibt insgesamt 128 Tiere im Zirkus. Es kommen 15 Tiere dazu.
Wie viele Tiere hat der Zirkus jetzt?

128 + 15	
128 + 10 =	138
138 + 5 =	143
128 + 15 =	☐☐☐

☐☐☐ + ☐☐ = ☐☐☐

2 a)

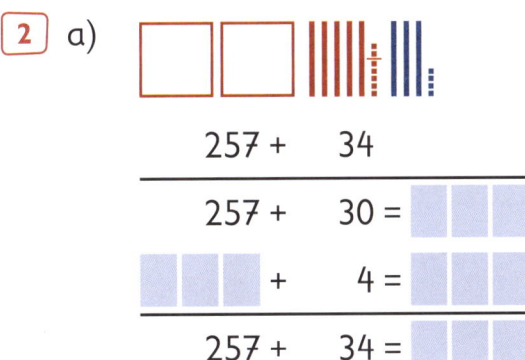

257 + 34

257 + 30 = ☐☐☐

☐☐☐ + 4 = ☐☐☐

257 + 34 = ☐☐☐

b)

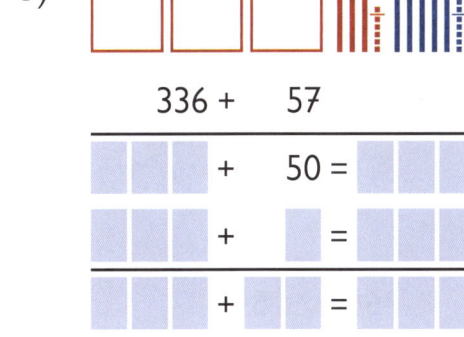

336 + 57

☐☐☐ + 50 = ☐☐☐

☐☐☐ + = ☐☐☐

☐☐☐ + ☐☐ = ☐☐☐

c)

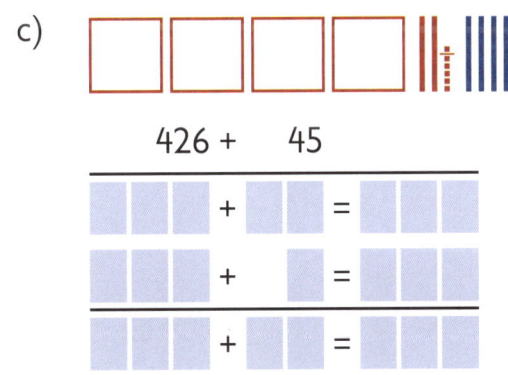

426 + 45

☐☐☐ + ☐☐ = ☐☐☐

☐☐☐ + ☐ = ☐☐☐

☐☐☐ + ☐☐ = ☐☐☐

d)

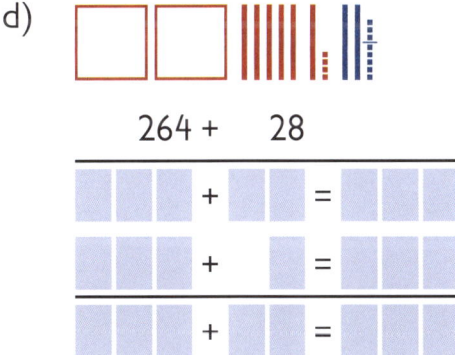

264 + 28

☐☐☐ + ☐☐ = ☐☐☐

☐☐☐ + ☐ = ☐☐☐

☐☐☐ + ☐☐ = ☐☐☐

e)

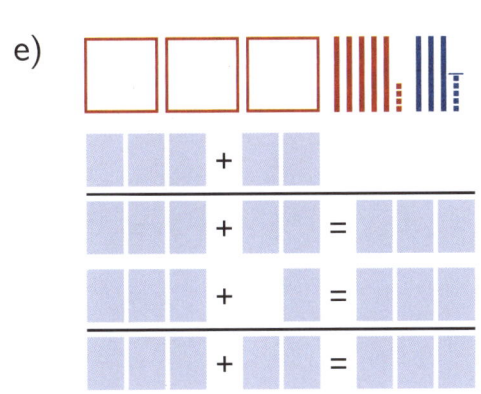

☐☐☐ + ☐☐

☐☐☐ + ☐☐ = ☐☐☐

☐☐☐ + ☐ = ☐☐☐

☐☐☐ + ☐☐ = ☐☐☐

f)

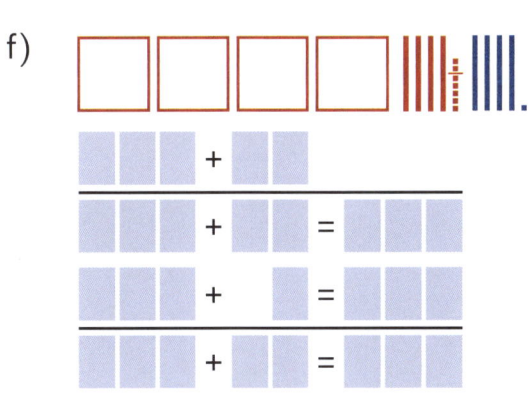

☐☐☐ + ☐☐

☐☐☐ + ☐☐ = ☐☐☐

☐☐☐ + ☐ = ☐☐☐

☐☐☐ + ☐☐ = ☐☐☐

1: Bildinhalt erschließen, Aufgabe lösen, Frage beantworten.
2: Halbschriftliches Addieren mit Zehnerübergang.

55

Subtrahieren zweistelliger Zahlen von dreistelligen Zahlen

1

Am Samstag kauften 248 Kinder Zuckerwatte. Am Sonntag wurden 23 Portionen weniger verkauft. Wie viel Zuckerwatte wurde am Sonntag verkauft?

248 − 23	
248 − 20 =	228
228 − 3 =	225
248 − 23 = ☐☐☐	

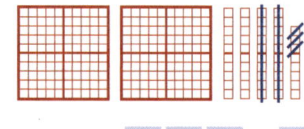

☐☐☐ − ☐☐ = ☐☐☐

2 a)

364 − 54

364 − 50 = ☐☐☐

☐☐☐ − 4 = ☐☐☐

364 − 54 = ☐☐☐

b)

295 − 42

295 − 40 = ☐☐☐

☐☐☐ − ☐ = ☐☐☐

295 − 42 = ☐☐☐

c)

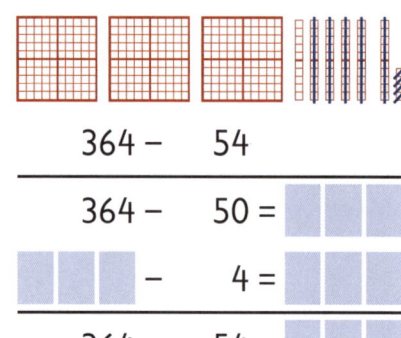

183 − 62

☐☐☐ − ☐☐ = ☐☐☐

☐☐☐ − ☐ = ☐☐☐

☐☐☐ − ☐☐ = ☐☐☐

d)

435 − 33

☐☐☐ − ☐☐ = ☐☐☐

☐☐☐ − ☐ = ☐☐☐

☐☐☐ − ☐☐ = ☐☐☐

e)

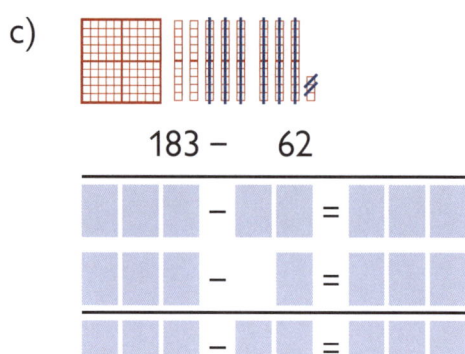

☐☐☐ − ☐☐

☐☐☐ − ☐☐ = ☐☐☐

☐☐☐ − ☐ = ☐☐☐

☐☐☐ − ☐☐ = ☐☐☐

f)

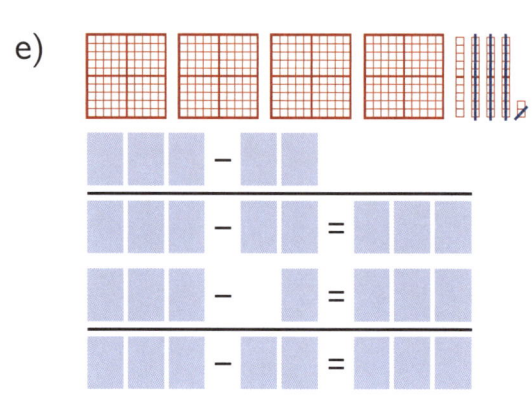

☐☐☐ − ☐☐

☐☐☐ − ☐ = ☐☐☐

☐☐☐ − ☐ = ☐☐☐

☐☐☐ − ☐☐ = ☐☐☐

1: Bildinhalt erschließen, Aufgabe lösen, Frage beantworten.
2: Halbschriftliches Subtrahieren ohne Zehnerübergang.

1

Am Samstag wurden 243 Flaschen Saft verkauft. Am Sonntag waren es 25 Flaschen weniger.
Wie viele Flaschen wurden am Sonntag verkauft?

243 − 25		
243 − 20 =		223
223 − 5 =		218
243 − 25 =		

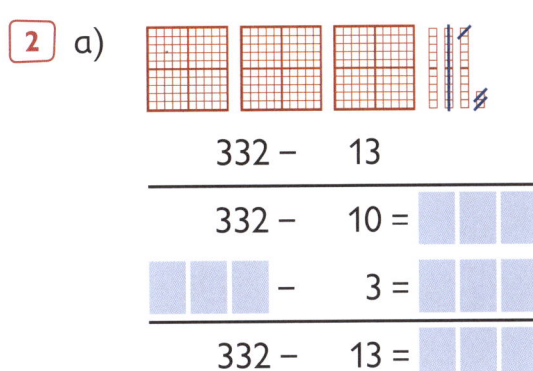

☐☐☐ − ☐☐ = ☐☐☐

2 a)

332 − 13

332 − 10 = ☐☐☐

☐☐☐ − 3 = ☐☐☐

332 − 13 = ☐☐☐

b)

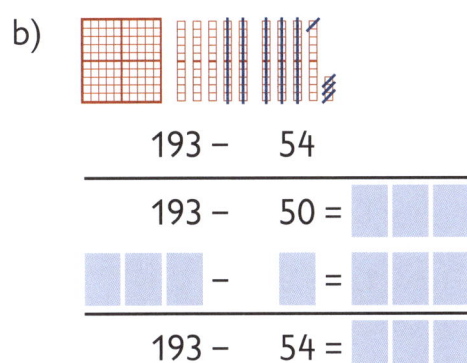

193 − 54

193 − 50 = ☐☐☐

☐☐☐ − ☐ = ☐☐☐

193 − 54 = ☐☐☐

c)

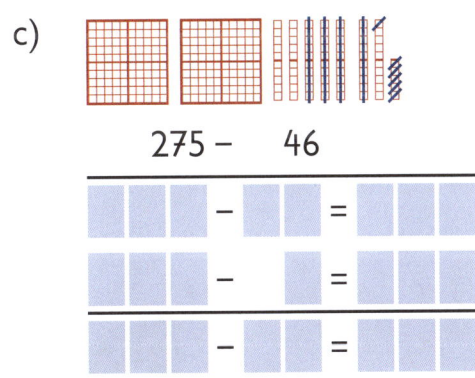

275 − 46

☐☐☐ − ☐☐ = ☐☐☐

☐☐☐ − ☐ = ☐☐☐

☐☐☐ − ☐☐ = ☐☐☐

d)

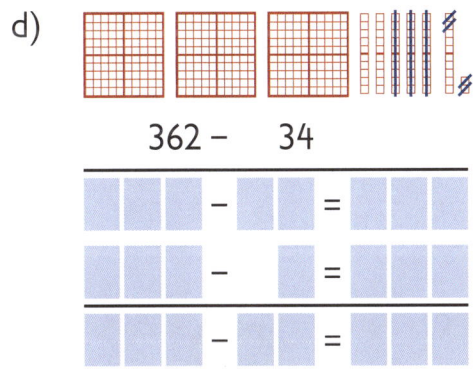

362 − 34

☐☐☐ − ☐☐ = ☐☐☐

☐☐☐ − ☐ = ☐☐☐

☐☐☐ − ☐☐ = ☐☐☐

e)

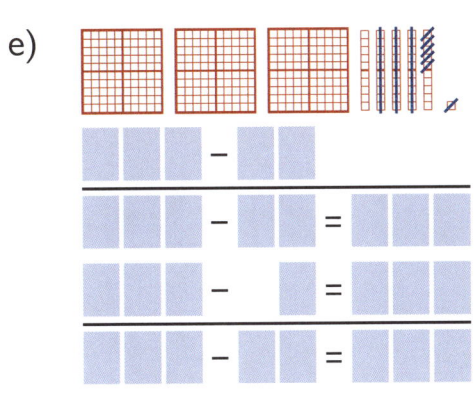

☐☐☐ − ☐☐

☐☐☐ − ☐☐ = ☐☐☐

☐☐☐ − ☐ = ☐☐☐

☐☐☐ − ☐☐ = ☐☐☐

f)

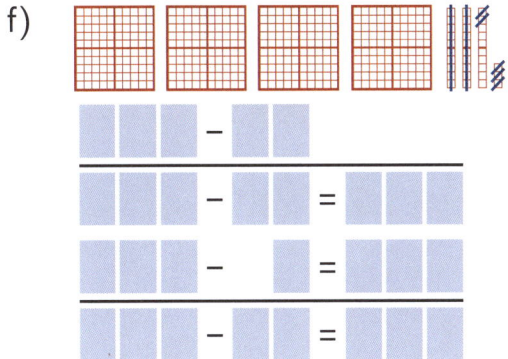

☐☐☐ − ☐☐

☐☐☐ − ☐☐ = ☐☐☐

☐☐☐ − ☐ = ☐☐☐

☐☐☐ − ☐☐ = ☐☐☐

1: Bildinhalt erschließen, Aufgabe lösen, Frage beantworten.
2: Halbschriftliches Subtrahieren mit Zehnerübergang.

Addieren und Subtrahieren

1 Setze die Zahlenfolgen fort.

a)

125	130				

b)

290	295				

2 Rechne im Kopf.

a)   37 + 2 = ☐☐

     37 + 3 = ☐☐

     37 + 4 = ☐☐

     37 + 5 = ☐☐

b)   65 + 3 = ☐☐

     65 + 4 = ☐☐

     65 + 5 = ☐☐

     65 + 6 = ☐☐

c)   46 + ☐ = 48

     46 + ☐ = 49

     46 + ☐ = 50

     46 + ☐ = 51

3 a)   125 + 4 = ☐☐☐

       125 + 5 = ☐☐☐

       125 + 6 = ☐☐☐

       125 + 7 = ☐☐☐

b)   356 + 3 = ☐☐☐

     356 + 4 = ☐☐☐

     356 + 5 = ☐☐☐

     356 + 6 = ☐☐☐

c)   237 + ☐ = 239

     237 + ☐ = 240

     237 + ☐ = 241

     237 + ☐ = 242

4 Rechne mit der bekannten Aufgabe.

a)   58 + 2 = ☐☐

     158 + 2 = ☐☐☐

b)   17 + 4 = ☐☐

     317 + 4 = ☐☐☐

c)   35 + ☐ = 40

     135 + ☐ = 140

d)   23 + 7 = ☐☐

     123 + 7 = ☐☐☐

e)   78 + 3 = ☐☐

     278 + 3 = ☐☐☐

f)   49 + ☐ = 52

     349 + ☐ = 352

5 a)

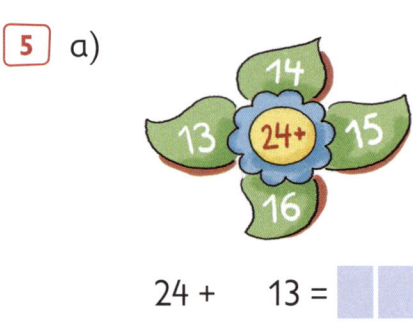

24 + 13 = ☐☐

24 + 14 = ☐☐

☐☐ + 15 = ☐☐

☐☐ + ☐☐ = ☐☐

b)

124 + 13 = ☐☐☐

☐☐☐ + 14 = ☐☐☐

☐☐☐ + ☐ = ☐☐☐

☐☐☐ + ☐ = ☐☐☐

c)

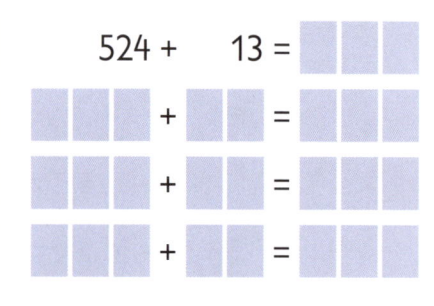

524 + 13 = ☐☐☐

☐☐☐ + ☐☐ = ☐☐☐

☐☐☐ + ☐ = ☐☐☐

☐☐☐ + ☐☐ = ☐☐☐

1: Zahlenfolgen vervollständigen.   2 bis 4: Addieren.   5: Aufgabenreihen fortsetzen, addieren.

1 Setze die Zahlenfolgen fort.

a) | 180 | 175 | | | | |

b) | 320 | 315 | | | | |

2 Rechne im Kopf.

a) 33 – 2 = ▮▮
33 – 3 = ▮▮
33 – 4 = ▮▮
33 – 5 = ▮▮

b) 74 – 3 = ▮▮
74 – 4 = ▮▮
74 – 5 = ▮▮
74 – 6 = ▮▮

c) 52 – ▮ = 51
52 – ▮ = 50
52 – ▮ = 49
52 – ▮ = 48

3 a) 244 – 3 = ▮▮▮
244 – 4 = ▮▮▮
244 – 5 = ▮▮▮
244 – 6 = ▮▮▮

b) 365 – 4 = ▮▮▮
365 – 5 = ▮▮▮
365 – 6 = ▮▮▮
365 – 7 = ▮▮▮

c) 133 – ▮ = 131
133 – ▮ = 130
133 – ▮ = 129
133 – ▮ = 128

4 Rechne mit der bekannten Aufgabe.

a) 86 – 6 = ▮▮
186 – 6 = ▮▮▮

b) 34 – 5 = ▮▮
234 – 5 = ▮▮▮

c) 40 – ▮ = 37
540 – ▮ = 537

d) 59 – 7 = ▮▮
159 – 7 = ▮▮▮

e) 43 – 6 = ▮▮
143 – 6 = ▮▮▮

f) 62 – ▮ = 59
362 – ▮ = 359

5 a)

53 – 12 = ▮▮
53 – 13 = ▮▮
▮▮ – 14 = ▮▮
▮▮ – ▮▮ = ▮▮

b)

153 – 12 = ▮▮▮
▮▮▮ – 13 = ▮▮▮
▮▮▮ – ▮▮ = ▮▮▮
▮▮▮ – ▮▮ = ▮▮▮

c)

624 – 12 = ▮▮▮
▮▮▮ – ▮▮ = ▮▮▮
▮▮▮ – ▮▮ = ▮▮▮
▮▮▮ – ▮▮ = ▮▮▮

Kann ich das schon?

1 Lege. Schreibe die Zahl. Trage die Zahl in die Stellenwerttafel ein.

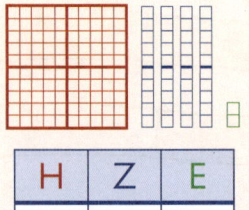 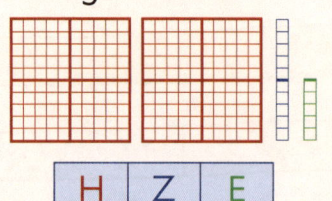 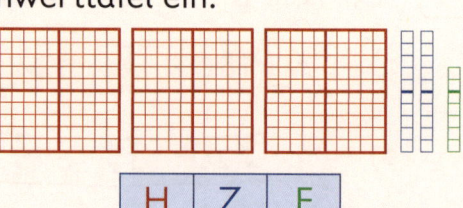

H	Z	E
1	4	2

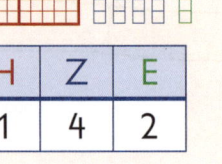

H	Z	E

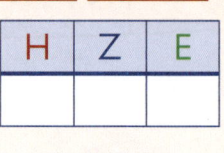

H	Z	E

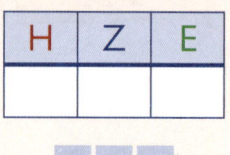

2

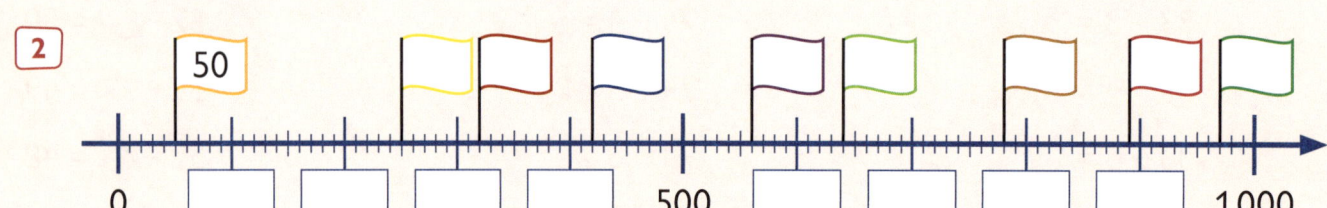

0   50   500   1000

3 Setze die Reihen fort.

100	200	300							1 000
710	720								800
	370		390						450

4 Ordne.

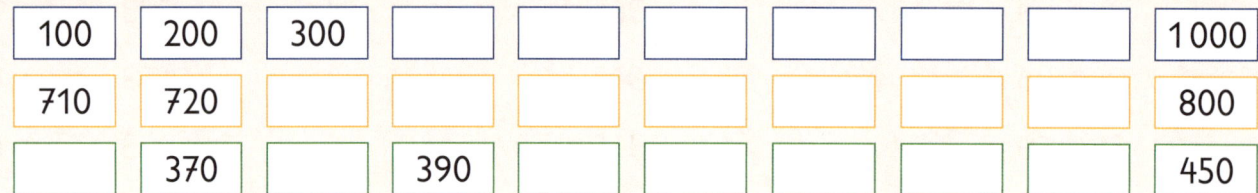

850, 520, 360, 710, 690, 480   **3 6 0**

340, 480, 270, 910, 830, 540   **9 1 0**

563, 704, 392, 248, 425, 657   **2 4 8**

5 Vergleiche. <, =, >

324 > 243   469 < 712   136 < 163   856 < 871

919 > 891   623 > 362   724 = 724   587 > 568

6 a)   400 + 200 =   b)   700 − 500 =   c)   500 + 300 =

       600 + 300 =   900 − 600 =   600 − 400 =

7 a)   234 + 100 =   b)   587 − 200 =   c)   482 + 400 =

       571 + 400 =   826 − 100 =   719 − 500 =

1 a) 360 + 30 = ☐☐☐   b) 480 − 30 = ☐☐☐   c) 820 + 70 = ☐☐☐

720 + 50 = ☐☐☐   690 − 60 = ☐☐☐   560 − 50 = ☐☐☐

2 a) 476 + 20 = ☐☐☐   b) 352 − 20 = ☐☐☐   c) 615 + 50 = ☐☐☐

827 + 30 = ☐☐☐   572 − 40 = ☐☐☐   984 − 30 = ☐☐☐

3

250 + 70

250 + 50 = ☐☐☐
☐☐☐ + 20 = ☐☐☐
☐☐☐ + ☐☐ = ☐☐☐

436 + 43

436 + 40 = ☐☐☐
☐☐☐ + ☐ = ☐☐☐
☐☐☐ + ☐ = ☐☐☐

354 + 38

☐☐☐ + ☐☐ = ☐☐☐
☐☐☐ + ☐ = ☐☐☐
☐☐☐ + ☐ = ☐☐☐

4

460 − 80

☐☐☐ − ☐ = ☐☐☐
☐☐☐ − ☐☐ = ☐☐☐
☐☐☐ − ☐☐ = ☐☐☐

675 − 32

☐☐☐ − ☐ = ☐☐☐
☐☐☐ − ☐ = ☐☐☐
☐☐☐ − ☐☐ = ☐☐☐

547 − 29

☐☐☐ − ☐ = ☐☐☐
☐☐☐ − ☐ = ☐☐☐
☐☐☐ − ☐ = ☐☐☐

5 Der Zirkus verkaufte am Samstag für 320 € Eintrittskarten und für 70 € Zuckerwatte.

Frage: Wie viel Euro hat der Zirkus insgesamt eingenommen?

Aufgabe: ☐☐☐☐☐☐☐☐☐☐☐☐☐☐☐☐☐

Antwort: _____

6 Am Sonntag besuchten 480 Personen den Zirkus. Am Montag waren es 60 Personen weniger.

Frage: Wie viel Besucher waren am Montag im Zirkus?

Aufgabe: ☐☐☐☐☐☐☐☐☐☐☐☐☐☐☐☐☐

Antwort: _____

Parallelen – Senkrechte – rechte Winkel

1 Zeichne zur Geraden g zwei parallele Geraden e und f.
Arbeite so:

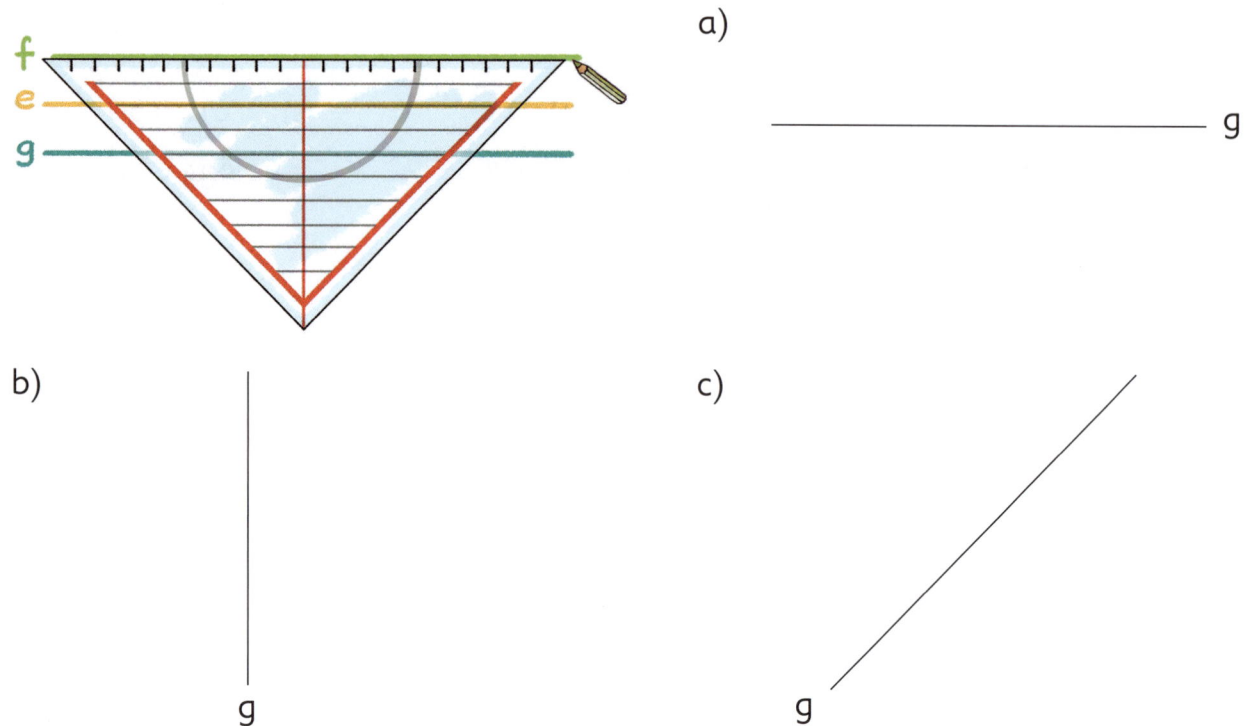

a)

_____ g

b)

| g

c)

/ g

2 Welche Geraden sind zueinander parallel?
Überprüfe mit dem Geodreieck.
Zeichne sie mit gleicher Farbe nach.

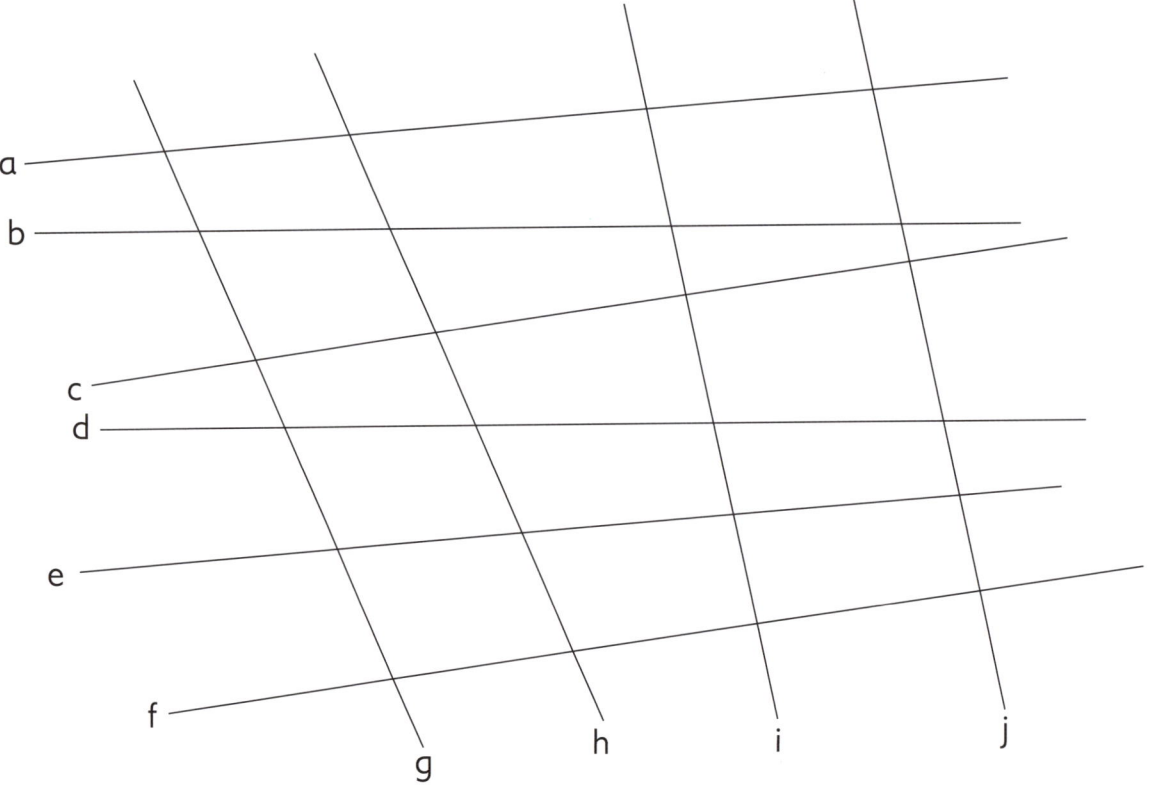

1: Zueinander parallele Geraden mit dem Geodreieck zeichnen. 2: Zueinander parallele Geraden identifizieren und paarweise färben.

1 Zeichne zur Geraden g drei parallele Geraden a, b, c.

a)

b)

_____ g

g

2 Welche Seiten sind zueinander parallel?
Zeichne sie mit gleicher Farbe nach.

1: Zur gegebenen Geraden parallele Geraden zeichnen.   2: Parallele Seiten an den Figuren identifizieren.

63

1 Zeichne zur Geraden g eine senkrechte Gerade f.
Arbeite so:

a)

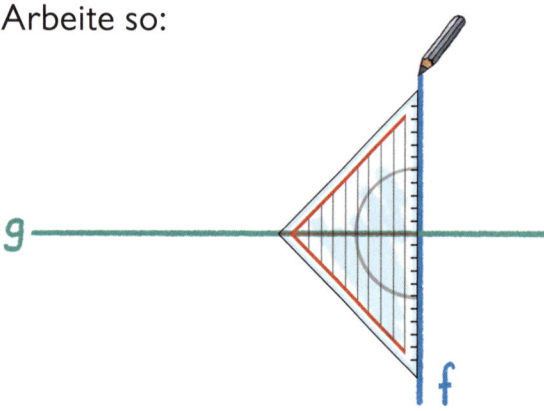

b)   c)   d)

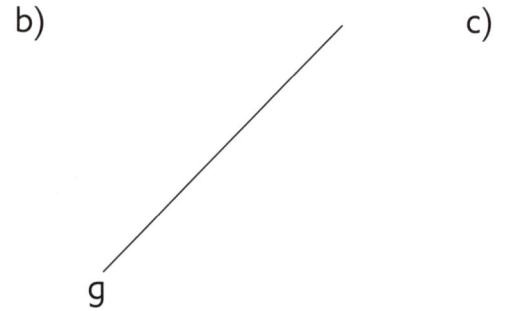

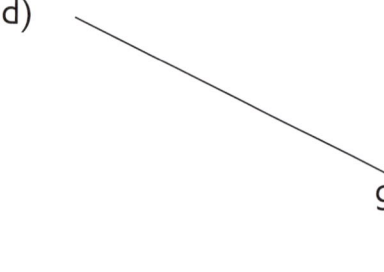

2 **Freundeaufgabe – Geraden zeichnen mit dem Geodreieck**

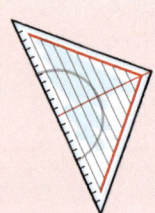

a)   Zeichne eine Gerade g.
Dein Lernpartner zeichnet zu dieser Geraden
2 parallele Geraden mit dem Geodreieck.

b)   Zeichne eine Gerade g.
Dein Lernpartner zeichnet zu dieser Geraden 2 senkrechte Geraden mit
dem Geodreieck.

1: Zur gegebenen Geraden senkrechte Geraden zeichnen.
2: Freundeaufgabe – Geraden nach Vorgabe mit dem Geodreieck zeichnen, mit dem Geodreieck überprüfen.

1 Welche Seiten sind zueinander senkrecht?
Zeichne sie mit gleicher Farbe nach.

a)

b)
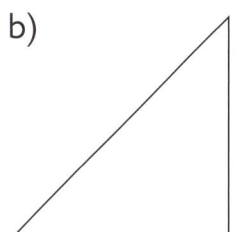

c)
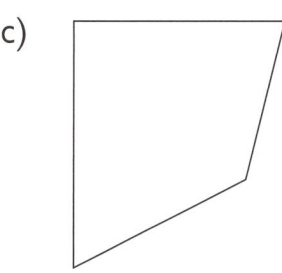

d)
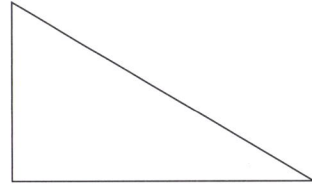

e)

f)
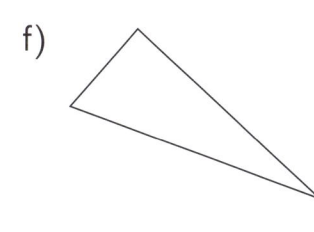

2 Wie viele rechte Winkel findest du in jeder Figur?
Kennzeichne jeden rechten Winkel so:

a)
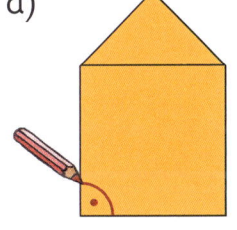

b)

c)
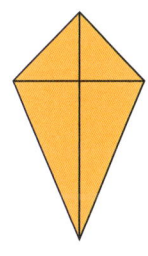

d)
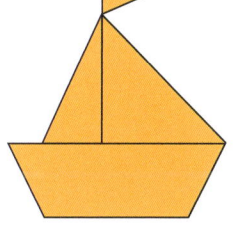

Rechte Winkel: ▢   ▢   ▢   ▢

e)
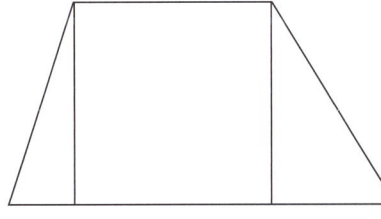

Rechte Winkel: ▢

f)
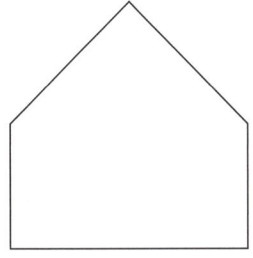

Rechte Winkel: ▢

Meter – Zentimeter – Millimeter

1 a) Gib die Längen in Zentimeter an. b) Gib die Längen in Millimeter an.

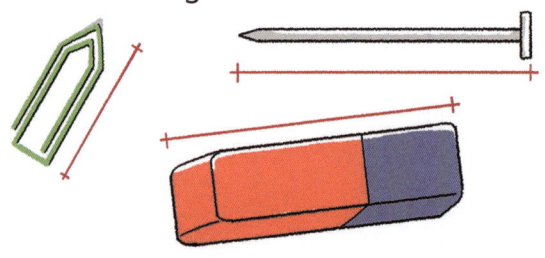 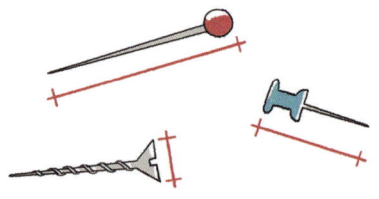

	gemessen
Büroklammer	cm
Nagel	cm
Radiergummi	cm

	gemessen
Stecknadel	mm
Schraubenkopf	mm
Pinnadel	mm

2 Welche Länge könnte es sein? Ordne zu.

12 cm 6 mm   4 m   1 m 40 cm   128 m   5 mm

3 Gib die Länge der Seiten des Rechtecks an.

$\overline{AB}$ =   cm   mm

$\overline{BC}$ =   cm   mm

$\overline{CD}$ =   cm   mm

$\overline{AD}$ =   cm   mm

4 Miss die Gegenstände:

a) Länge deines Füllers   cm   mm

b) Länge der Tafel   m   cm

c) Höhe der Tür   m   cm

d) Breite der Tür   m   cm

e) Länge des Klassenzimmers   m   cm

f) Breite deines Schülertisches   cm

g) Höhe (Stärke) deines Arbeitsbuches.   mm

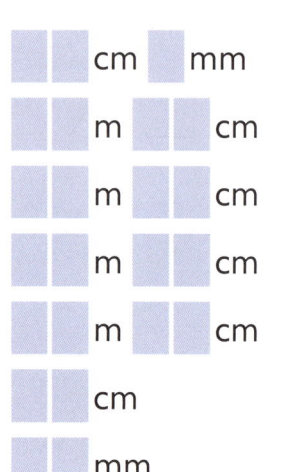 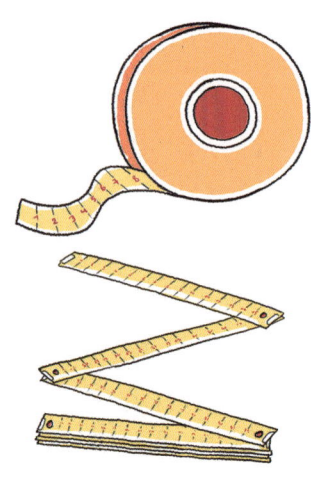

1: Länge der Gegenstände messen.   2: Längenangabe zuordnen.   3: Seitenlänge der Figur angeben.   4: Länge in passender Einheit angeben.

1 Trage die Längen der Strecken in die Tabelle ein.

A |——————| B

C |——————————| D

E |————————————————| F

G |————————————————————————| H

S |—————————————————————————————————————| T

Strecke	cm und mm	mm
$\overline{AB}$	1 cm 5 mm	15 mm
$\overline{CD}$		
$\overline{EF}$		
$\overline{GH}$		
$\overline{ST}$		

Tipp!
Erinnere dich:
1 cm = 10 mm

2 Zeichne die Strecken. Gib die Längen in Millimeter an.

Beispiel: |————————| $\overline{AB}$ = 4 cm 3 mm = 43 mm
          A   B

a) $\overline{CD}$ = 3 cm 8 mm = ☐☐ mm   b) $\overline{EF}$ = 5 cm 4 mm = ☐☐ mm

c) $\overline{GH}$ = 9 cm 2 mm = ☐☐ mm   d) $\overline{IK}$ = 3 cm 7 mm = ☐☐ mm

1 1 cm = ⬜ mm   73 cm = ⬜ mm   5 cm 6 mm = ⬜ mm

8 cm = ⬜ mm   81 cm = ⬜ mm   8 cm 2 mm = ⬜ mm

4 cm = ⬜ mm   100 cm = ⬜ mm   31 cm 9 mm = ⬜ mm

2 30 mm = ⬜ cm   110 mm = ⬜ cm   150 mm = ⬜ cm

50 mm = ⬜ cm   780 mm = ⬜ cm   1 000 mm = ⬜ cm

100 mm = ⬜ cm   190 mm = ⬜ cm   10 mm = ⬜ cm

3 Vergleiche. < , = , >

4 mm ⬤ 1 cm   3 cm ⬤ 10 mm   50 mm ⬤ 4 cm

12 mm ⬤ 2 cm   8 cm ⬤ 88 mm   300 mm ⬤ 30 cm

10 mm ⬤ 1 cm   14 cm ⬤ 400 mm   6 cm 5 mm ⬤ 65 mm

4 20 mm + 120 mm = ⬜ mm   220 mm − 110 mm = ⬜ mm

330 mm + 250 mm = ⬜ mm   430 mm − 30 mm = ⬜ mm

410 mm + 160 mm = ⬜ mm   330 mm − 120 mm = ⬜ mm

5 **Freundeaufgabe – Länge einer Strecke messen**

Zeichne zwei verschieden lange Strecken $\overline{AB}$ und $\overline{EF}$.
Dein Lernpartner misst und notiert die Länge:

$\overline{AB}$ = ⬜ mm $\overline{EF}$ = ⬜ mm

$\overline{AB}$ = ⬜ cm ⬜ mm $\overline{EF}$ = ⬜ cm ⬜ mm

1, 2: Umwandeln: cm/mm.   3: Längenangaben vergleichen, Relationszeichen setzen.   4: Addieren/Subtrahieren von Längenangaben.
5: Freundeaufgabe – Zeichnen und Messen von Strecken.

1

Paula	Josi	Clara	Rudi	Tim
1m 43 cm	1m 58 cm	1 m 36 cm	1 m 62 cm	1 m 55 cm

Kind	Länge (Größe)	
	m cm	cm
Paula	1 m 43 cm	143 cm
Josi		
Clara		
Rudi		
Tim		

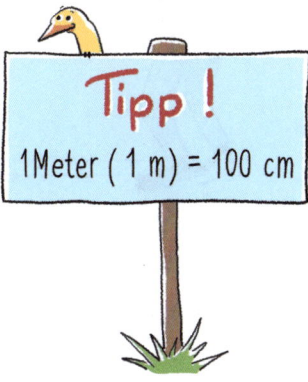

Tipp !
1Meter (1 m) = 100 cm

2 Vergleiche. < , = , >

a) 600 cm ⬤ 6 m
   100 cm ⬤ 10 m
   530 cm ⬤ 53 m
   810 cm ⬤ 8 m

b) 9 m ⬤ 90 cm
   15 m ⬤ 100 cm
   33 m ⬤ 300 cm
   10 m ⬤ 1000 cm

c) 95 cm ⬤ 9 m
   2 m ⬤ 201 cm
   5 m 75 cm ⬤ 575 cm
   1 m 30 cm ⬤ 13 cm

3 Wie viele Zentimeter fehlen bis zu einem Meter? Ergänze.

Rechne so: 23 cm + 77 cm = 100 cm

a) 70 cm + ⬚⬚ cm = 100 cm
   30 cm + ⬚⬚ cm = 100 cm
   60 cm + ⬚⬚ cm = 100 cm
   80 cm + ⬚⬚ cm = 100 cm

b) 55 cm + ⬚⬚ cm = 100 cm
   34 cm + ⬚⬚ cm = 100 cm
   69 cm + ⬚⬚ cm = 100 cm
   77 cm + ⬚⬚ cm = 100 cm

4 Wandle um. Gib in Zentimeter an.

3 m 54 cm	9 m 75 cm	5 m 40 cm	2 m 18 cm	1 m 15 cm	7 m 5 cm	3 m 6 cm
354 cm						

1: Längenangaben in die Tabelle eintragen und in Zentimeter angeben.
2: Längenangaben vergleichen. 3: Ergänze zu hundert Zentimeter. 4: Umrechnen.

69

Längenangaben in Kommaschreibweise

1 Schreibe mit Komma.

Oskar	Anton	Maria	Ina
1m 61 cm	1m 55cm	1m 37cm	1m 23 cm

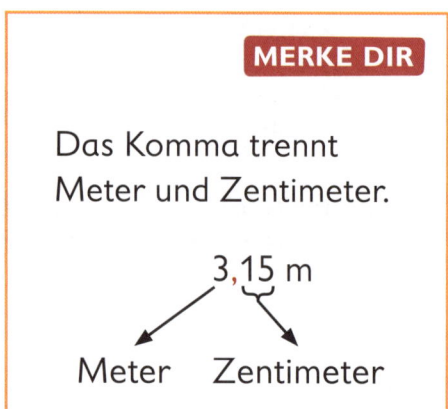

MERKE DIR

Das Komma trennt
Meter und Zentimeter.

3,15 m

Meter   Zentimeter

Ina	1 m 23 cm	1,23 m
Maria		
Anton		
Oskar		

2

3 m 40 cm	3,40 m
2 m 30 cm	
1 m 84 cm	
4 m 57 cm	
5 m 18 cm	

9 m 7 cm	9,07 m
7 m 5 cm	
6 m 20 cm	
8 m 1 cm	
1 m 9 cm	

17 m 18 cm	17,18 m
27 m 49 cm	
30 m 22 cm	
50 m 5 cm	
73 m 4 cm	

3

4,25 m = 4 m 2 5 cm   193 cm = 1,93 m   8,10 m = 8 1 0 cm

6,15 m = ☐ m ☐☐ cm   379 cm = ☐ m   4,90 m = ☐☐☐ cm

8,74 m = ☐ m ☐☐ cm   875 cm = ☐ m   6,40 m = ☐☐☐ cm

5,55 m = ☐ m ☐☐ cm   109 cm = ☐ m   3,07 m = ☐☐☐ cm

9,72 m = ☐ m ☐☐ cm   906 cm = ☐ m   8,03 m = ☐☐☐ cm

4

265 cm	2 m 65 cm	2,65 m
643 cm		
980 cm		
888 cm		

195 cm	m cm	m
202 cm		
990 cm		
1 000 cm		

1: Längenangaben in die Tabelle eintragen und umwandeln.   2: Umwandeln in Kommaschreibweise.   3, 4: Umwandeln nach Vorgabe.

1

15 mm	1 cm 5 mm	1,5 cm
19 mm		1,9 cm
43 mm		4,3 cm
65 mm		6,5 cm
89 mm		8,9 cm

> **MERKE DIR**
> Das Komma trennt Zentimeter und Millimeter.
>
> 1,5 cm
> Zentimeter   Millimeter

2

105 mm	10 cm 5 mm	10,5 cm
118 mm		11,8 cm
125 mm		12,5 cm
99 mm		9,9 cm
152 mm		15,2 cm

Tipp!
1 m = 100 cm
1 cm = 10 mm

3

4,5 cm =   4 cm 5 mm   103 mm =   10,3 cm   132 mm = 1 3 cm 2 mm

8,8 cm =   ☐ cm ☐ mm   235 mm = ☐ cm   146 mm = ☐ cm ☐ mm

6,4 cm =   ☐ cm ☐ mm   691 mm = ☐ cm   104 mm = ☐ cm ☐ mm

10,2 cm =   ☐☐ cm ☐ mm   509 mm = ☐ cm   205 mm = ☐☐ cm ☐ mm

12,6 cm =   ☐☐ cm ☐ mm   999 mm = ☐ cm   325 mm = ☐☐ cm ☐ mm

4 **Freundeaufgabe – Länge einer Strecke messen**

Zeichne zwei verschieden lange Strecken $\overline{AB}$ und $\overline{EF}$.
Dein Lernpartner misst und notiert die Länge:

$\overline{AB}$ = ☐☐☐ mm $\overline{EF}$ = ☐☐☐ mm

$\overline{AB}$ = ☐☐ cm ☐ mm $\overline{EF}$ = ☐ cm ☐ mm

$\overline{AB}$ = ☐☐ , ☐ cm $\overline{EF}$ = ☐☐ , ☐ cm

Addieren zweistelliger Zahlen ohne Überschreiten des Hunderters

1 Zum Herbstfest wurden 130 Flaschen Limo und 45 Flaschen Wasser verkauft. Wie viele Flaschen wurden insgesamt verkauft?

130 + 45

130 + 45	
130 + 40 =	170
170 + 5 =	175
130 + 45 = ▢▢▢	

Tipp! Zerlege 45 in 40 und 5.

Zum Herbstfest wurden insgesamt ▢▢▢ Flaschen verkauft.

2

270 + 28
270 + 20 = ▢▢▢
▢▢▢ + 8 = ▢▢▢
270 + 28 = ▢▢▢

340 + 32
▢▢▢ + 30 = ▢▢▢
▢▢▢ + 2 = ▢▢▢
▢▢▢ + ▢▢ = ▢▢▢

450 + 47
▢▢▢ + 40 = ▢▢▢
▢▢▢ + 7 = ▢▢▢
▢▢▢ + ▢▢ = ▢▢▢

160 + 39
▢▢ + 30 = ▢▢▢
▢▢▢ + ▢ = ▢▢▢
▢▢▢ + ▢ = ▢▢▢

550 + 28
▢▢▢ + 20 = ▢▢▢
▢▢▢ + ▢ = ▢▢▢
▢▢▢ + ▢ = ▢▢▢

250 + 46
▢▢▢ + 40 = ▢▢▢
▢▢▢ + ▢ = ▢▢▢
▢▢▢ + ▢ = ▢▢▢

3

360 + 39
▢▢▢ + ▢ = ▢▢▢
▢▢▢ + ▢ = ▢▢▢
▢▢▢ + ▢▢ = ▢▢▢

710 + 81
▢▢▢ + ▢ = ▢▢▢
▢▢▢ + ▢ = ▢▢▢
▢▢▢ + ▢▢ = ▢▢▢

870 + 29
▢▢▢ + ▢ = ▢▢▢
▢▢▢ + ▢ = ▢▢▢
▢▢▢ + ▢▢ = ▢▢▢

520 + 79
▢▢▢ + ▢ = ▢▢▢
▢▢▢ + ▢ = ▢▢▢
▢▢▢ + ▢▢ = ▢▢▢

430 + 62
▢▢▢ + ▢ = ▢▢▢
▢▢▢ + ▢ = ▢▢▢
▢▢▢ + ▢▢ = ▢▢▢

740 + 46
▢▢▢ + ▢ = ▢▢▢
▢▢▢ + ▢ = ▢▢▢
▢▢▢ + ▢▢ = ▢▢▢

1: Schrittfolge beim Addieren erfassen. 2, 3: Addieren nach erarbeiteter Schrittfolge.

Addieren zweistelliger Zahlen mit Überschreiten des Hunderters

1 Zum Herbstfest wurden 160 rote Luftballons und 53 blaue Luftballons zum Schmücken des Schulhauses verwendet.
Wie viele Luftballons wurden insgesamt verwendet?

160 + 53

160 + 53	
160 + 50 =	210
210 + 3 =	213
160 + 53 = ☐☐☐	

Tipp! Zerlege 53 in 50 und 3.

Es wurden insgesamt ☐☐☐ Luftballons zum Schmücken verwendet.

2

170 + 38
170 + 30 = ☐☐☐
☐☐☐ + 8 = ☐☐☐
170 + 38 = ☐☐☐

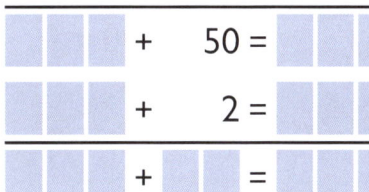

250 + 52
☐☐☐ + 50 = ☐☐☐
☐☐☐ + 2 = ☐☐☐
☐☐☐ + ☐☐ = ☐☐☐

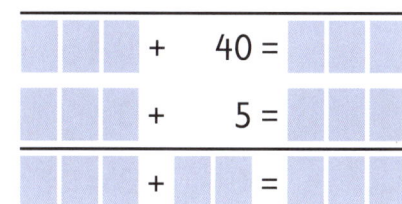

460 + 45
☐☐☐ + 40 = ☐☐☐
☐☐☐ + 5 = ☐☐☐
☐☐☐ + ☐☐ = ☐☐☐

190 + 39
☐☐☐ + 30 = ☐☐☐
☐☐☐ + ☐☐ = ☐☐☐
☐☐☐ + ☐☐ = ☐☐☐

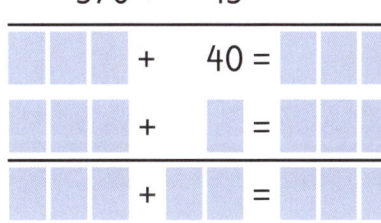

370 + 43
☐☐☐ + 40 = ☐☐☐
☐☐☐ + ☐☐ = ☐☐☐
☐☐☐ + ☐☐ = ☐☐☐

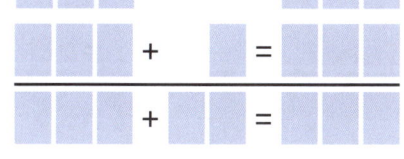

290 + 56
☐☐☐ + 50 = ☐☐☐
☐☐☐ + ☐☐ = ☐☐☐
☐☐☐ + ☐☐ = ☐☐☐

3

680 + 41
☐☐☐ + ☐☐ = ☐☐☐
☐☐☐ + ☐☐ = ☐☐☐
☐☐☐ + ☐☐ = ☐☐☐

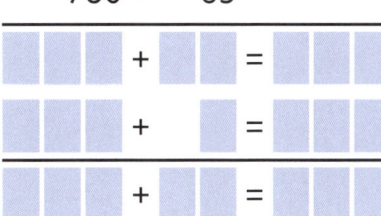

780 + 63
☐☐☐ + ☐☐ = ☐☐☐
☐☐☐ + ☐☐ = ☐☐☐
☐☐☐ + ☐☐ = ☐☐☐

880 + 39
☐☐☐ + ☐☐ = ☐☐☐
☐☐☐ + ☐☐ = ☐☐☐
☐☐☐ + ☐☐ = ☐☐☐

570 + 79
☐☐☐ + ☐☐ = ☐☐☐
☐☐☐ + ☐☐ = ☐☐☐
☐☐☐ + ☐☐ = ☐☐☐

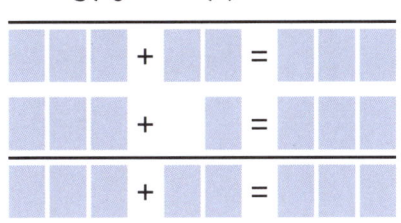

450 + 67
☐☐☐ + ☐☐ = ☐☐☐
☐☐☐ + ☐☐ = ☐☐☐
☐☐☐ + ☐☐ = ☐☐☐

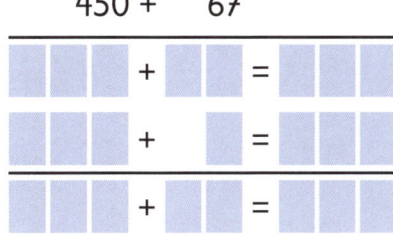

770 + 55
☐☐☐ + ☐☐ = ☐☐☐
☐☐☐ + ☐☐ = ☐☐☐
☐☐☐ + ☐☐ = ☐☐☐

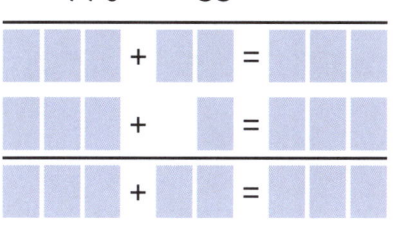

Subtrahieren zweistelliger Zahlen ohne Überschreiten des Hunderters

1 Die Bücherei hat 250 Comics. Davon sind 39 Comics ausgeliehen.
Wie viele Comics sind noch da?

250 – 39

250 – 39	
250 – 30 =	220
220 – 9 =	211
250 – 39 =	▢▢▢

Tipp!
Zerlege 39 in 30 und 9.

Es sind noch ▢▢▢ Bücher da.

2

270 – 23
270 – 20 = ▢▢▢
▢▢▢ – 3 = ▢▢▢
270 – 23 = ▢▢▢

350 – 34
▢▢▢ – 30 = ▢▢▢
▢▢▢ – 4 = ▢▢▢
▢▢▢ – ▢▢ = ▢▢▢

480 – 45
▢▢▢ – 40 = ▢▢▢
▢▢▢ – 5 = ▢▢▢
▢▢▢ – ▢▢ = ▢▢▢

190 – 39
190 – 30 = ▢▢▢
▢▢▢ – ▢ = ▢▢▢
▢▢▢ – ▢▢ = ▢▢▢

580 – 68
▢▢▢ – 60 = ▢▢▢
▢▢▢ – ▢ = ▢▢▢
▢▢▢ – ▢▢ = ▢▢▢

990 – 76
▢▢▢ – 70 = ▢▢▢
▢▢▢ – ▢ = ▢▢▢
▢▢▢ – ▢▢ = ▢▢▢

3

570 – 47
▢▢▢ – ▢ = ▢▢▢
▢▢▢ – ▢ = ▢▢▢
▢▢▢ – ▢▢ = ▢▢▢

490 – 72
▢▢▢ – ▢ = ▢▢▢
▢▢▢ – ▢ = ▢▢▢
▢▢▢ – ▢▢ = ▢▢▢

740 – 31
▢▢▢ – ▢ = ▢▢▢
▢▢▢ – ▢ = ▢▢▢
▢▢▢ – ▢▢ = ▢▢▢

360 – 58
▢▢▢ – ▢▢ = ▢▢▢
▢▢▢ – ▢ = ▢▢▢
▢▢▢ – ▢▢ = ▢▢▢

660 – 44
▢▢▢ – ▢ = ▢▢▢
▢▢▢ – ▢ = ▢▢▢
▢▢▢ – ▢▢ = ▢▢▢

190 – 69
▢▢▢ – ▢ = ▢▢▢
▢▢▢ – ▢ = ▢▢▢
▢▢▢ – ▢▢ = ▢▢▢

1: Lösungsweg nachvollziehen.   2, 3: Subtrahieren nach erarbeiteter Schrittfolge.

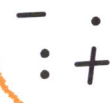

Subtrahieren zweistelliger Zahlen mit Überschreiten des Hunderters

1 Ein Kino hat 260 Plätze. Davon sind bereits 95 Plätze belegt.
Wie viele Plätze sind noch frei?

260 – 95		
260 – 90 =		170
170 – 5 =		165
260 – 95 =	☐☐☐	

Es sind noch ☐☐☐ Plätze frei.

2

310 – 25
310 – 20 = ☐☐☐
☐☐☐ – 5 = ☐☐☐
310 – 25 = ☐☐☐

230 – 51
230 – 50 = ☐☐☐
☐☐☐ – 1 = ☐☐☐
☐☐☐ – ☐☐ = ☐☐☐

440 – 62
☐☐☐ – 60 = ☐☐☐
☐☐☐ – 2 = ☐☐☐
☐☐☐ – ☐☐ = ☐☐☐

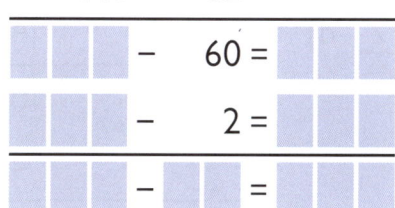

190 – 99
190 – 90 = ☐☐☐
☐☐☐ – ☐ = ☐☐☐
☐☐☐ – ☐☐ = ☐☐☐

650 – 78
☐☐☐ – 70 = ☐☐☐
☐☐☐ – ☐ = ☐☐☐
☐☐☐ – ☐☐ = ☐☐☐

250 – 97
☐☐☐ – 90 = ☐☐☐
☐☐☐ – ☐ = ☐☐☐
☐☐☐ – ☐☐ = ☐☐☐

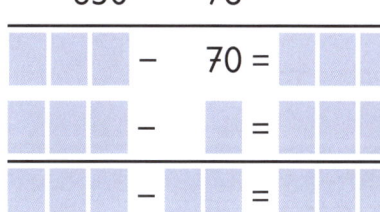
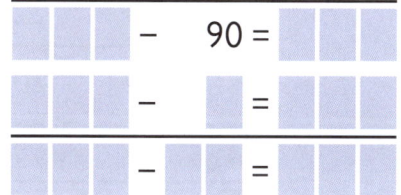

3

560 – 73
☐☐☐ – ☐☐ = ☐☐☐
☐☐☐ – ☐ = ☐☐☐
☐☐☐ – ☐☐ = ☐☐☐

730 – 44
☐☐☐ – ☐☐ = ☐☐☐
☐☐☐ – ☐ = ☐☐☐
☐☐☐ – ☐☐ = ☐☐☐

820 – 36
☐☐☐ – ☐☐ = ☐☐☐
☐☐☐ – ☐ = ☐☐☐
☐☐☐ – ☐☐ = ☐☐☐

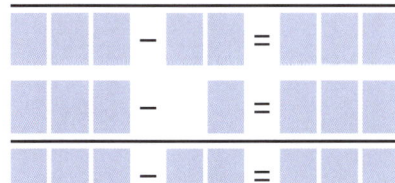
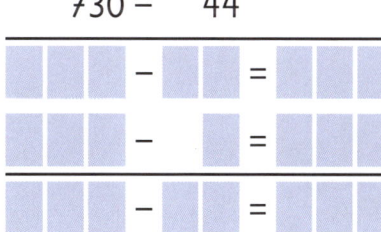
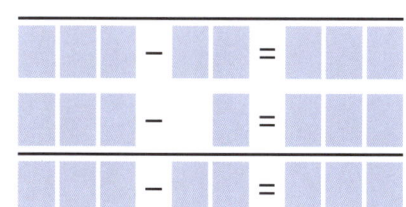

190 – 95
☐☐☐ – ☐☐ = ☐☐☐
☐☐☐ – ☐ = ☐☐☐
☐☐☐ – ☐☐ = ☐☐☐

650 – 76
☐☐☐ – ☐☐ = ☐☐☐
☐☐☐ – ☐ = ☐☐☐
☐☐☐ – ☐☐ = ☐☐☐

460 – 88
☐☐☐ – ☐☐ = ☐☐☐
☐☐☐ – ☐ = ☐☐☐
☐☐☐ – ☐☐ = ☐☐☐

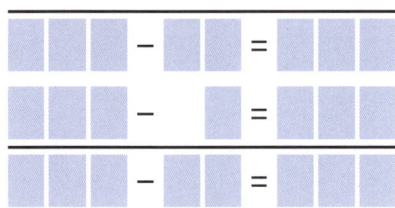
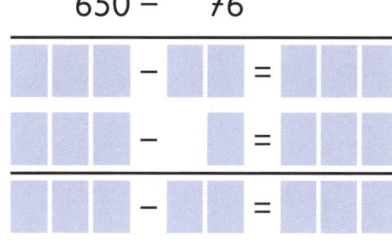
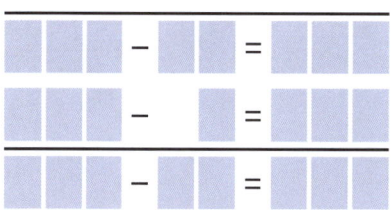

Addieren dreistelliger Zahlen ohne Überschreiten des Hunderters

1 Im Schwimmbad sind 260 Erwachsene und 120 Kinder.
Wie viele Personen sind im Schwimmbad?

260 + 120	
260 + 100 =	360
360 + 20 =	380
260 + 120 =	⬜⬜⬜

Tipp:
Zerlege 120 in 100 und 20.

Im Schwimmbad sind ⬜⬜⬜ Personen.

2 a)
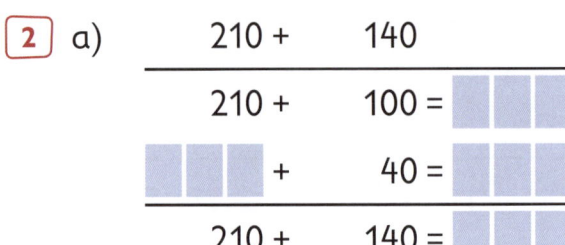

210 + 140

210 + 100 = ⬜⬜⬜

⬜⬜⬜ + 40 = ⬜⬜⬜

210 + 140 = ⬜⬜

b)
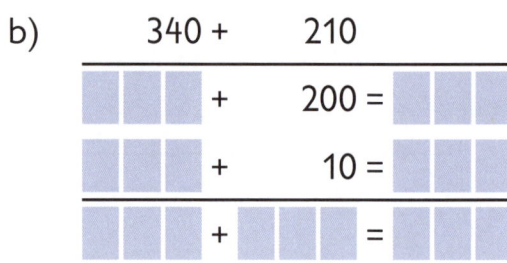

340 + 210

⬜⬜⬜ + 200 = ⬜⬜⬜

⬜⬜⬜ + 10 = ⬜⬜⬜

⬜⬜⬜ + ⬜⬜⬜ = ⬜⬜⬜

c)

260 + 220

⬜⬜⬜ + 200 = ⬜⬜⬜

⬜⬜⬜ + ⬜⬜ = ⬜⬜⬜

⬜⬜⬜ + ⬜⬜⬜ = ⬜⬜⬜

d)
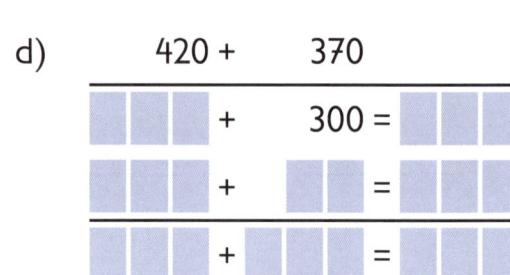

420 + 370

⬜⬜⬜ + 300 = ⬜⬜⬜

⬜⬜⬜ + ⬜⬜ = ⬜⬜⬜

⬜⬜⬜ + ⬜⬜⬜ = ⬜⬜⬜

e)

430 + 330

⬜⬜⬜ + ⬜⬜⬜ = ⬜⬜⬜

⬜⬜⬜ + ⬜⬜ = ⬜⬜⬜

⬜⬜⬜ + ⬜⬜⬜ = ⬜⬜⬜

f)

710 + 280

⬜⬜⬜ + ⬜⬜⬜ = ⬜⬜⬜

⬜⬜⬜ + ⬜⬜ = ⬜⬜⬜

⬜⬜⬜ + ⬜⬜⬜ = ⬜⬜⬜

g)
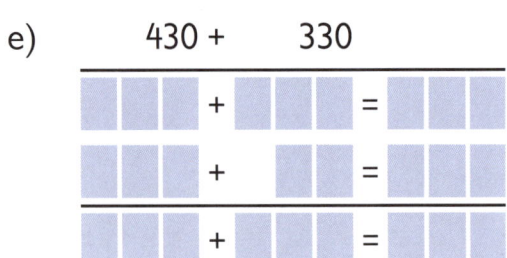

760 + 220

⬜⬜⬜ + ⬜⬜⬜ = ⬜⬜⬜

⬜⬜⬜ + ⬜⬜ = ⬜⬜⬜

⬜⬜⬜ + ⬜⬜⬜ = ⬜⬜⬜

h)
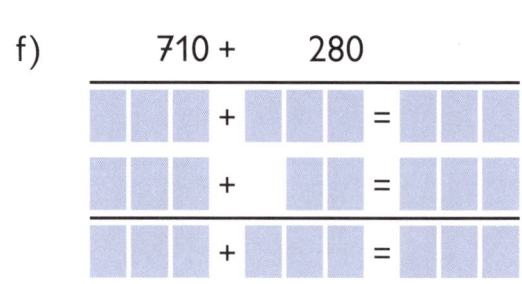

520 + 370

⬜⬜⬜ + ⬜⬜⬜ = ⬜⬜⬜

⬜⬜⬜ + ⬜⬜ = ⬜⬜⬜

⬜⬜⬜ + ⬜⬜⬜ = ⬜⬜⬜

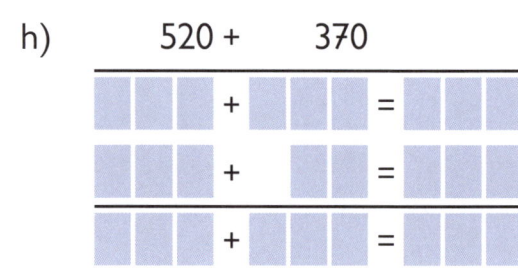

1: Lösungsweg nachvollziehen. 2: Addieren nach erarbeiteter Schrittfolge.

1 Am Samstag waren 480 Besucher im Museum. Am Sonntag kamen nur
320 Besucher. Wie viele Besucher waren insgesamt am Wochenende im Museum?

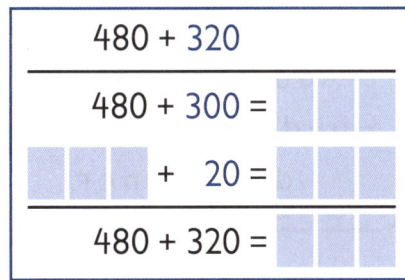

480 + 320
480 + 300 = ⬜⬜⬜
⬜⬜⬜ + 20 = ⬜⬜⬜
480 + 320 = ⬜⬜⬜

Tipp!
Erst die Hunderter addieren,
dann die Zehner addieren.

Am Wochenende waren ⬜⬜⬜ Besucher im Museum.

2 Rechne bis zum vollen Hunderter.

a) 370 + 130

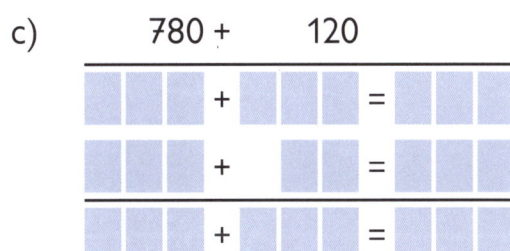

b) 290 + 210

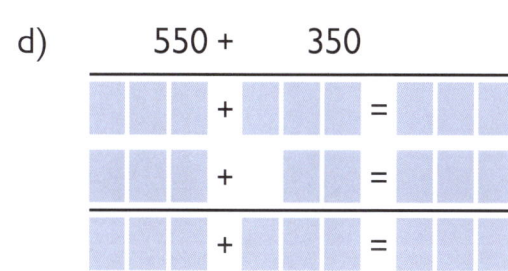

c) 780 + 120

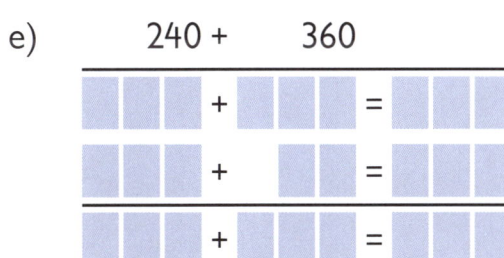

d) 550 + 350

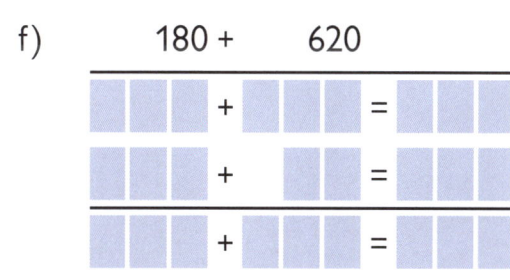

e) 240 + 360

f) 180 + 620

g) 550 + 250

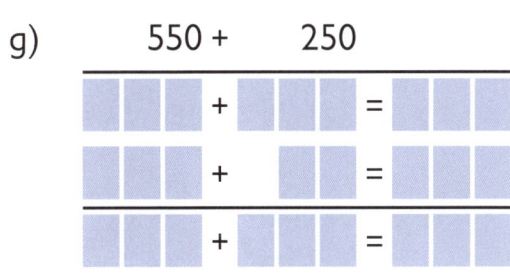

h) 690 + 110

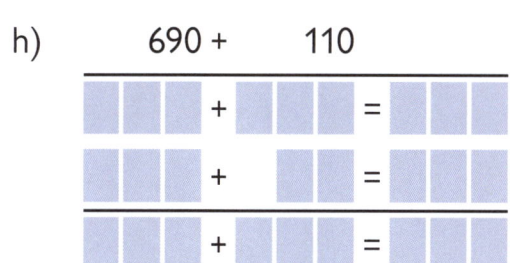

Addieren dreistelliger Zahlen mit Überschreiten des Hunderters

1 Im Theater sitzen schon 290 Zuschauer auf ihren Plätzen.
Es werden noch 140 Besucher eingelassen.
Wie viele Besucher sind dann im Theater?

$$290 + 140$$
$$290 + 100 = \quad 390$$
$$390 + 40 = \quad 430$$
$$290 + 140 = \square\square\square$$

Tipp!
Addiere erst die Hunderter und dann die Zehner.

Im Theater sind dann $\square\square\square$ Besucher.

2 a) $260 + \quad 150$

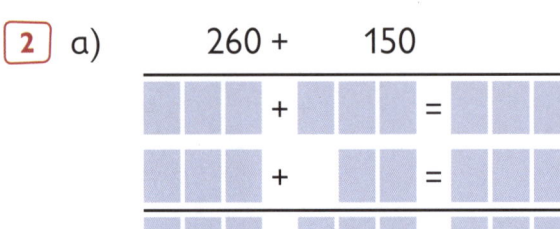

b) $350 + \quad 260$

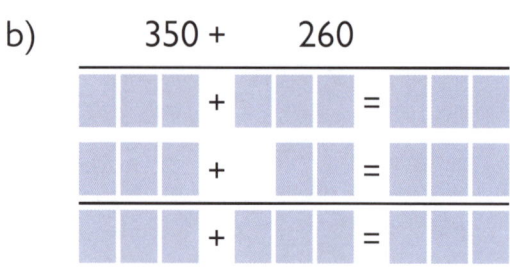

c) $480 + \quad 180$

d) $190 + \quad 180$

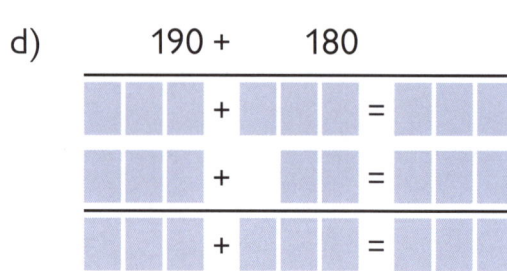

e) $650 + \quad 260$

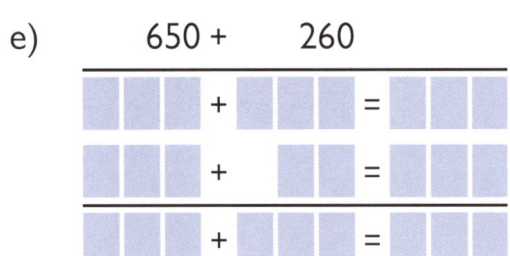

f) $560 + \quad 250$

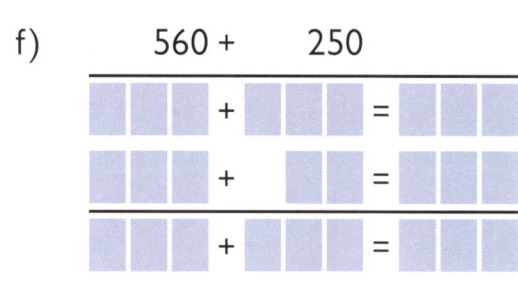

g) $330 + \quad 290$

h) $690 + \quad 290$

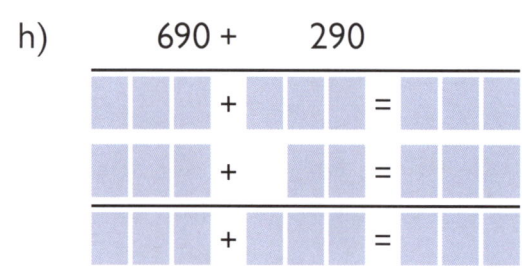

1: Lösungsweg nachvollziehen.   2: Addieren nach erarbeiteter Schrittfolge.

1 Die Schule führt ein Zirkusprojekt durch. Es sind 2 Vorführungen geplant.
Beide Vorführungen sind mit jeweils 240 Zuschauern ausverkauft.
Wie viele Zuschauer kommen insgesamt?

Antwort: _____

2 Frau Meier kauft einen Fernseher für 340 € und ein Tablet für 150 €.
Wie viele Euro bezahlt Frau Meier insgesamt?

Antwort: _____

3 Verdopple.

a)

110	120	130	140	150	210	220	230	240	250

b)

310	320	330	340	350	410	420	430	440	450

4 a) Addiere 350 und 130.   b) Addiere 460 und 240.

5 Ein Summand heißt 410. Der andere Summand heißt 390. Berechne die Summe.

> **Erinnere dich:**
>
> 26   +   4   =   30
> Summand Summand Summe

Subtrahieren dreistelliger Zahlen ohne Überschreiten des Hunderters

1 Der Fischhändler erhält 570 Fische.
Davon verkauft er 250 Fische.
Wie viele Fische hat er noch?

570 − 250	
570 − 200 =	370
370 − 50 =	320
570 − 250 =	▢▢▢

Tipp:
Zerlege 250 in
200 und 50.

Er hat noch ▢▢▢ Fische.

2 a) 350 − 120

350 − 100 = ▢▢▢
▢▢▢ − 20 = ▢▢▢
350 − 120 = ▢▢▢

b) 490 − 230

▢▢▢ − 200 = ▢▢▢
▢▢▢ − 30 = ▢▢▢
▢▢▢ − ▢▢ = ▢▢▢

c) 760 − 430

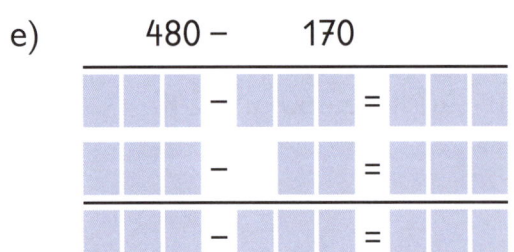

d) 660 − 350

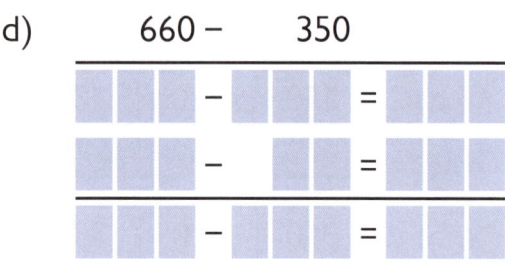

e) 480 − 170

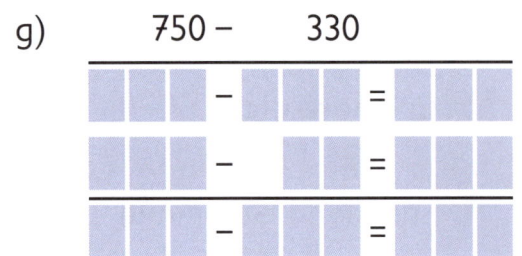

f) 290 − 180

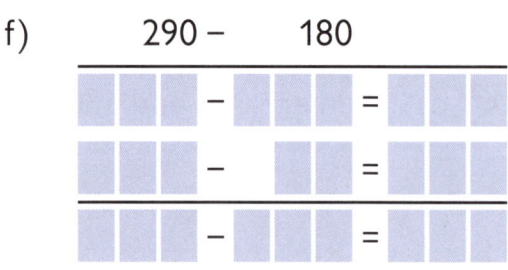

g) 750 − 330

h) 890 − 370

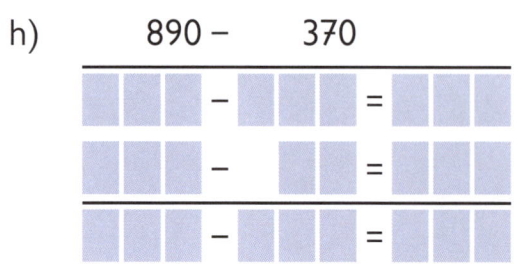

1: Lösungsweg nachvollziehen.   2: Subtrahieren nach erarbeiteter Schrittfolge.

1 Der Ort Waldhausen hat 430 Einwohner. Davon sind 330 Erwachsene.
Wie viele Kinder wohnen in Waldhausen?

Ich rechne so.

430 −	330
430 − 300 =	130
130 − ☐☐ = ☐☐☐	
430 − 330 = ☐☐☐	

Ich rechne so.

430 −	330
430 − 30 =	400
400 − ☐☐☐ = ☐☐☐	
430 − 330 = ☐☐☐	

In Waldhausen wohnen ☐☐☐ Kinder.

2   370 −   170

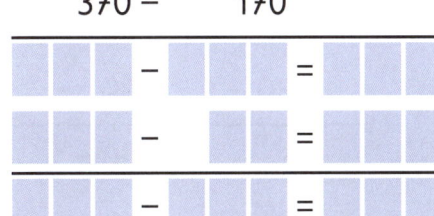

590 −   290

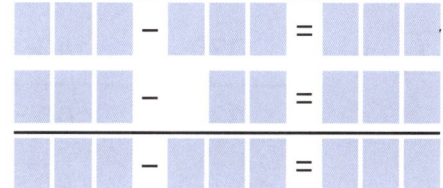

3   880 −   180

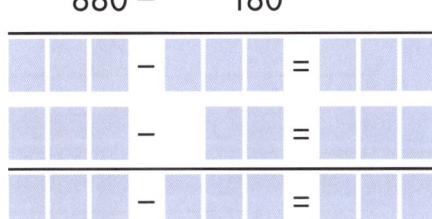

550 −   350

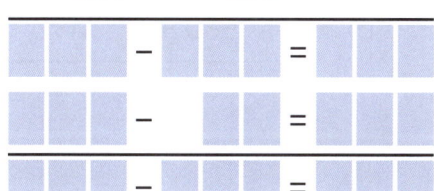

4   360 −   260

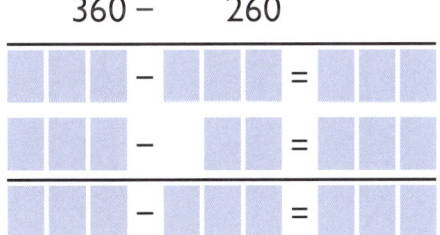

620 −   320

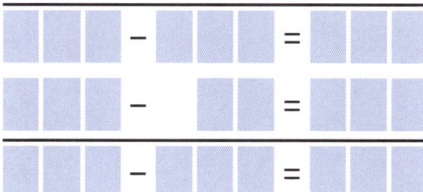

5 a)   Subtrahiere 570 von 770.

b)   Subtrahiere 340 von 940.

Subtrahieren dreistelliger Zahlen mit Überschreiten des Hunderters

1 Dennis hat 360 € gespart.
Ein Mountainbike kostet 520 €.
Wie viel muss er noch sparen?

Tipp!
Zerlege in Hunderter und Zehner.
Subtrahiere erst die Hunderter.
Subtrahiere dann die Zehner.

520 € – 360 €		
520 € – 300 € =		220 €
220 € – 60 € =		160 €
520 € – 360 € =		☐☐☐ €

Dennis muss noch ☐☐☐ Euro sparen.

2 a)   330 –   140

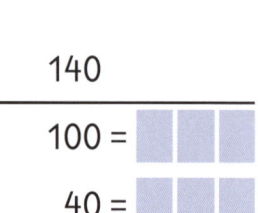

330 – 100 = ☐☐☐
☐☐☐ – 40 = ☐☐☐
☐☐☐ – ☐☐☐ = ☐☐☐

b)   430 –   180

☐☐☐ – 100 = ☐☐☐
☐☐☐ – 80 = ☐☐☐
☐☐☐ – ☐☐☐ = ☐☐☐

c)   560 –   190

d)   650 –   280

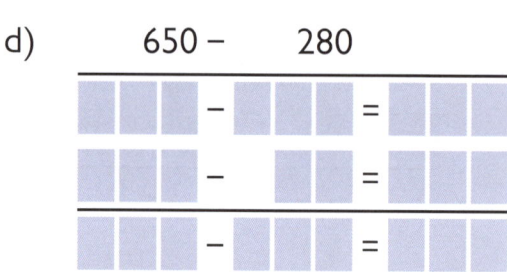

e)   660 –   380

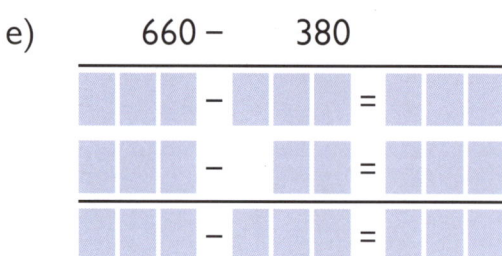

f)   310 –   130

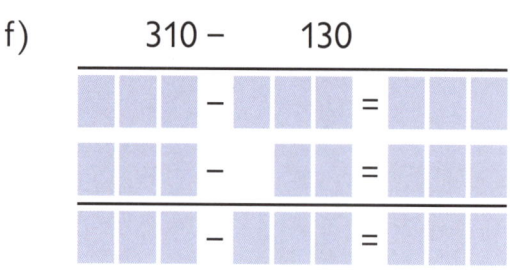

g)   750 –   270

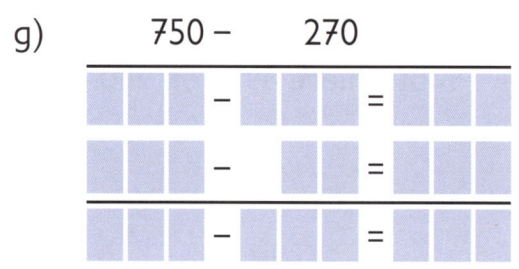

h)   970 –   590

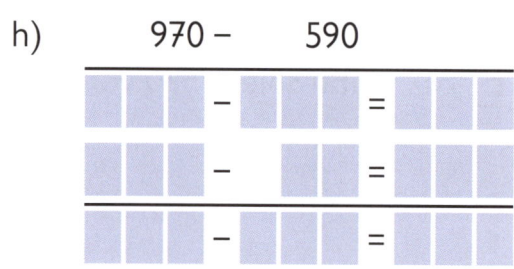

1: Lösungsweg nachvollziehen.   2: Subtrahieren nach erarbeiteter Schrittfolge.

Addieren und Subtrahieren

1 a) 250 + 50 = ▢▢▢

350 + 50 = ▢▢▢

450 + 50 = ▢▢▢

550 + 50 = ▢▢▢

b) 250 + 150 = ▢▢▢

350 + 150 = ▢▢▢

450 + 150 = ▢▢▢

550 + 150 = ▢▢▢

c) 250 + 150 = ▢▢▢

250 + 250 = ▢▢▢

250 + 350 = ▢▢▢

250 + 450 = ▢▢▢

2 a) 370 − 40 = ▢▢▢

370 − 50 = ▢▢▢

370 − 60 = ▢▢▢

370 − 70 = ▢▢▢

b) 370 − 170 = ▢▢▢

470 − 170 = ▢▢▢

570 − 170 = ▢▢▢

670 − 170 = ▢▢▢

c) 770 − 170 = ▢▢▢

770 − 270 = ▢▢▢

770 − 370 = ▢▢▢

770 − 470 = ▢▢▢

3 a)

5 6 0 − 6 0 = ▢

5 5 0 − 6 0 = ▢

b)

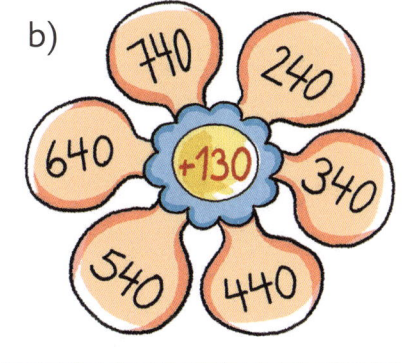

2 4 0 + 1 3 0 = ▢

3 4 0 + 1 3 0 = ▢

c)

2 3 0 − 2 3 0 = ▢

3 3 0 − 2 3 0 = ▢

4 a)

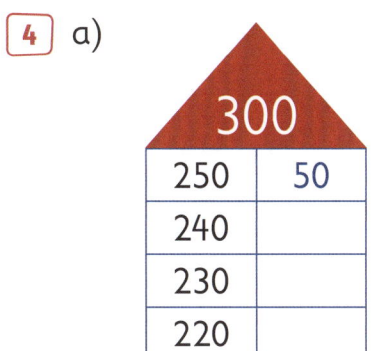

300	
250	50
240	
230	
220	

b)

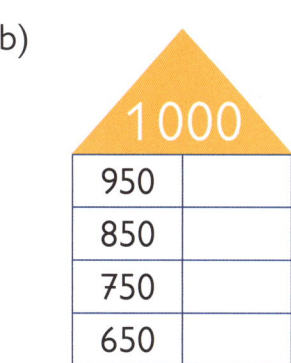

1000	
950	
850	
750	
650	

c)

500	
420	
320	
220	
120	

1, 2: Analogien beim Addieren und Subtrahieren erfassen. 3: Aufgaben bilden und lösen. 4: Rechenhäuser lösen.

1 a) 560 + 40 = ▢▢▢   b) 480 + 10 = ▢▢▢   c) 790 + 100 = ▢▢▢

660 + 40 = ▢▢▢   480 + 20 = ▢▢▢   790 + 110 = ▢▢▢

760 + 40 = ▢▢▢   480 + 30 = ▢▢▢   790 + 120 = ▢▢▢

860 + 40 = ▢▢▢   480 + 40 = ▢▢▢   790 + 130 = ▢▢▢

2 a) 570 – 50 = ▢▢▢   b) 460 – 150 = ▢▢▢   c) 1000 – 50 = ▢▢▢

570 – 60 = ▢▢▢   460 – 160 = ▢▢▢   1000 – 60 = ▢▢▢

570 – 70 = ▢▢▢   460 – 170 = ▢▢▢   1000 – 70 = ▢▢▢

570 – 80 = ▢▢▢   460 – 180 = ▢▢▢   1000 – 80 = ▢▢▢

3 840 – 140 = ▢▢▢   1000 – 200 = ▢▢▢   830 – 130 = ▢▢▢

840 – 150 = ▢▢▢   1000 – 210 = ▢▢▢   830 – 140 = ▢▢▢

840 – 160 = ▢▢▢   1000 – 220 = ▢▢▢   830 – 150 = ▢▢▢

840 – 170 = ▢▢▢   1000 – 230 = ▢▢▢   830 – 160 = ▢▢▢

4 Färbe die Aufgabenzettel passend zum Lösungsumschlag.

| 450 + 50 | 910 + 90 | 600 + 50 | 250 + 250 | 890 + 110 |

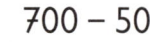

| 700 – 50 | 630 – 130 | 1000 – 0 | 1000 – 350 | 880 – 230 |

5 **Freundeaufgabe – Aufgaben finden**

Wählt immer 2 Zahlen aus und bildet damit
Aufgaben mit **+** oder mit **–**.
Das Ergebnis jeder Aufgabe muss 700 sein.
Wer die meisten Aufgaben findet, ist Sieger.

1 bis 3: Addieren und Subtrahieren. Analogien erfassen.   4: Addieren und Subtrahieren. Lösungen zuordnen.
5: Freundeaufgabe – Additions- und Subtraktionsaufgaben mit dem Ergebnis 700 bilden.

1

☐	☐	☐	☐
390 | 10	420 | 200	950 | 50	1 000 | 0

2

☐	☐	☐	☐
100 | 490	0 | 990	430 | 70	90 | 910

3

860	500	790	1 000
500 | ☐	270 | ☐	710 | ☐	0 | ☐

4

880	790	500	1 000
☐ | 80	☐ | 700	☐ | 250	☐ | 910

5

200	1 000	700	1 000
☐ | 130	1 000 | ☐	630 | ☐	☐ | 999

6

a)

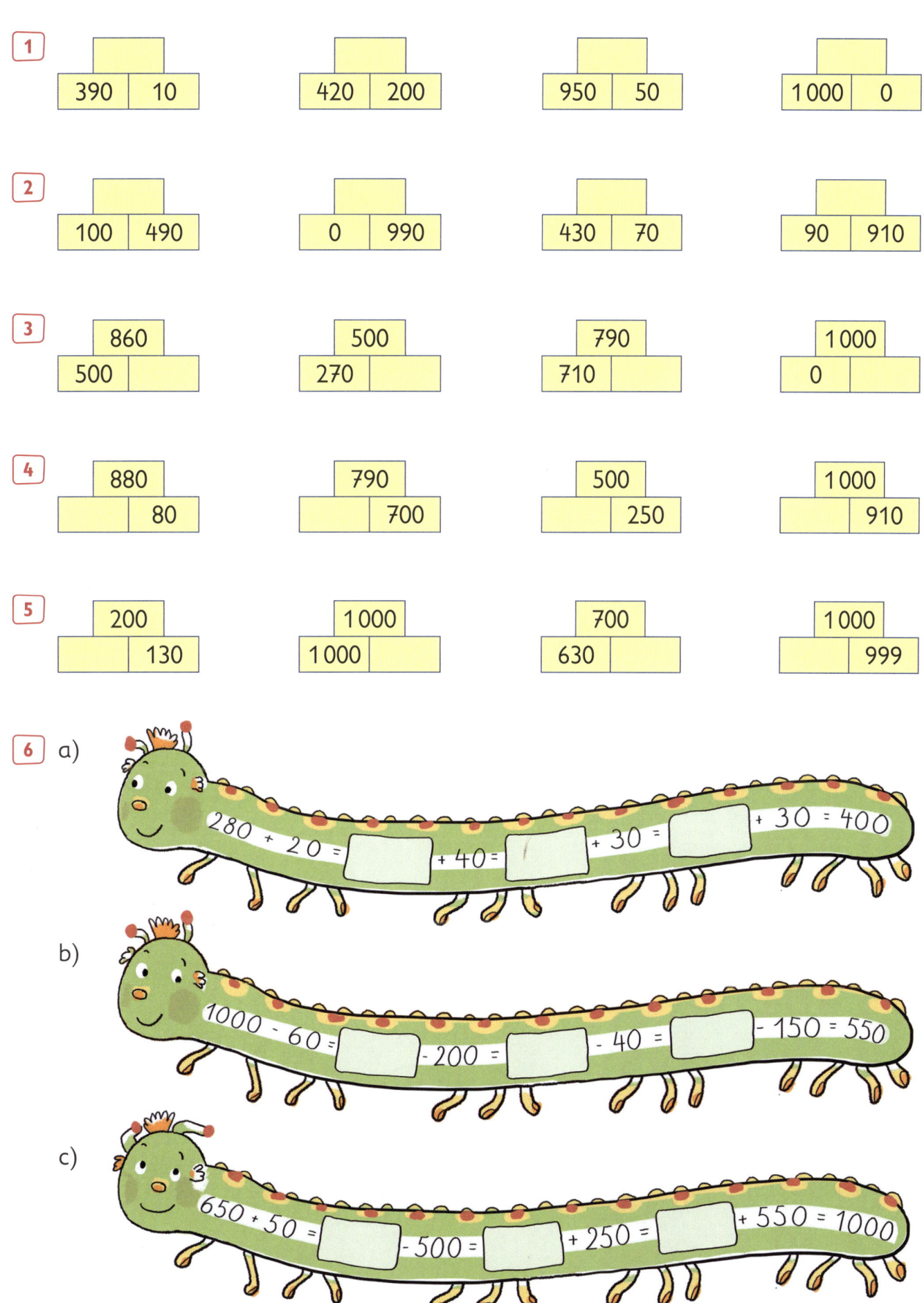

280 + 20 = ☐ + 40 = ☐ + 30 = ☐ + 30 = 400

b)

1000 − 60 = ☐ − 200 = ☐ − 40 = ☐ − 150 = 550

c)

650 + 50 = ☐ − 500 = ☐ + 250 = ☐ + 550 = 1000

1 bis 5: Rechenmauern lösen.
6: Aufgabenschlangen lösen.

Kann ich das schon?

1 230 + 70 = ▢▢▢   350 + 200 = ▢▢▢   640 + 140 = ▢▢▢

410 + 50 = ▢▢▢   620 + 300 = ▢▢▢   450 − 150 = ▢▢▢

120 + 80 = ▢▢▢   570 + 420 = ▢▢▢   1000 − 90 = ▢▢▢

590 + 10 = ▢▢▢   630 + 250 = ▢▢▢   770 + 230 = ▢▢▢

2 550 − 50 = ▢▢▢   770 − 250 = ▢▢▢   1000 − 90 = ▢▢▢

890 − 80 = ▢▢▢   460 − 160 = ▢▢▢   470 − 430 = ▢▢▢

1000 − 120 = ▢▢▢   520 − 420 = ▢▢▢   280 + 220 = ▢▢▢

900 − 450 = ▢▢▢   600 − 370 = ▢▢▢   110 + 890 = ▢▢▢

3 a)

2	5	0	+	3	7	0

4	3	0	+	3	9	0

b)

7	6	0	−	5	8	0

9	7	0	−	6	9	0

4 Rechne und färbe passend. 4x ⬤, 4x ⬤, 4x ⬤

530 + 120		570 − 220		400 − 50		990 − 640

| 950 − 650 |

| 990 − 690 |

650
300
350

| 1000 − 700 |

| 450 − 150 |

510 + 140		150 + 150		140 + 160		310 + 40

1 Überprüfe mit dem Geodreieck.

a) Welche Geraden sind zueinander senkrecht?

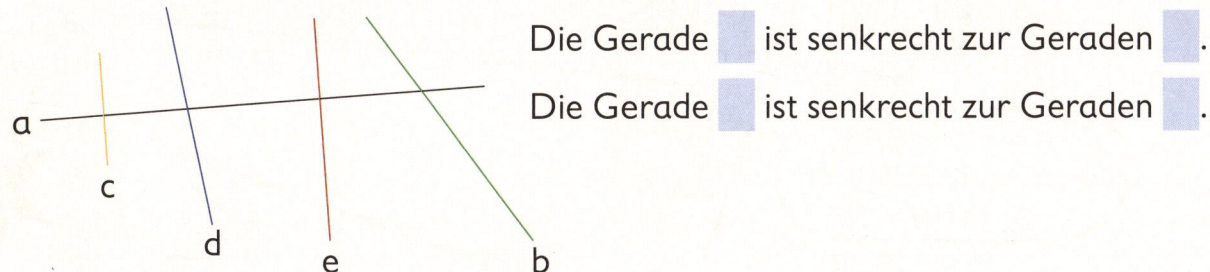

Die Gerade ☐ ist senkrecht zur Geraden ☐.

Die Gerade ☐ ist senkrecht zur Geraden ☐.

b) Welche Geraden sind zueinander parallel?

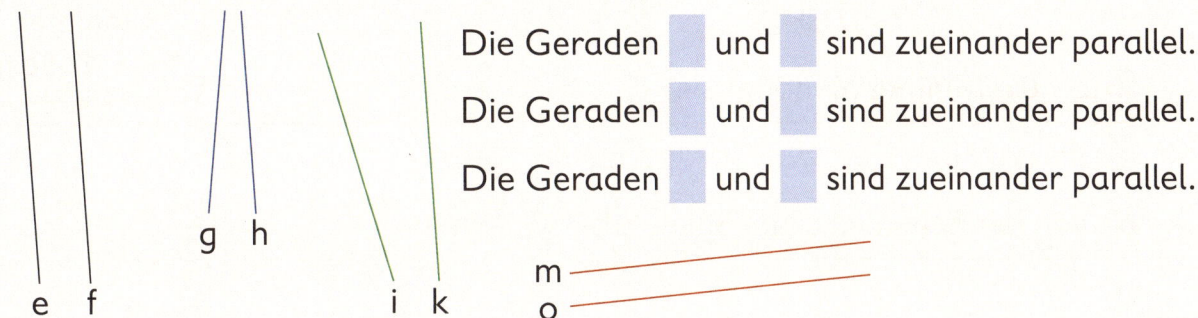

Die Geraden ☐ und ☐ sind zueinander parallel.

Die Geraden ☐ und ☐ sind zueinander parallel.

Die Geraden ☐ und ☐ sind zueinander parallel.

2 Wie lang sind die Strecken?

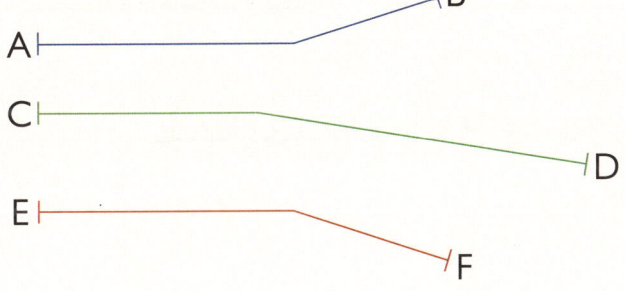

$\overline{AB}$: ☐ cm ☐ mm = ☐,☐ cm

$\overline{CD}$: ☐ cm ☐ mm = ☐,☐ cm

$\overline{EF}$: ☐ cm ☐ mm = ☐,☐ cm

3

10,25 m = ☐ m ☐ cm 8,12 m = ☐ cm 645 cm = ☐,☐ m

2,15 m = ☐ m ☐ cm 9,25 m = ☐ cm 391 cm = ☐,☐ m

28,30 m = ☐ m ☐ cm 4,08 m = ☐ cm 1000 cm = ☐,☐ m

4 Wandle um.

537 cm	5 m 37 cm	5,37 m
613 cm		
912 cm		
880 cm		

202 cm	m cm	m
403 cm		
910 cm		
100 cm		

Kilometer

1

Für einen Kilometer brauche ich 15 Minuten zu Fuß.

Tina läuft **einen Kilometer** bis zur Schule und 2 km bis zum Spielplatz.

3 km

1km

2 km

MERKE DIR

1 Kilometer = 1km
1m = 1000 m

Wie viele Minuten benötigt sie

a) von zu Hause bis zum Spielplatz? ☐☐ min

b) von der Schule bis zum Spielplatz? ☐☐ min

2 Wegweiser und Hinweisschilder in der Umwelt. Lies die Kilometer.

| Höhle 5 km | Schlucht 10 km | Schloss 15 km |
| Burg 3 km | Talsperre 12 km | |

a) Wie viel km ist die Schlucht weiter entfernt als die Burg? ☐ km

b) Welche Strecke ist dreimal so lang wie die Strecke zur Höhle? ☐☐ km

Antwort: _____

3 Berechne die Entfernungen zwischen:

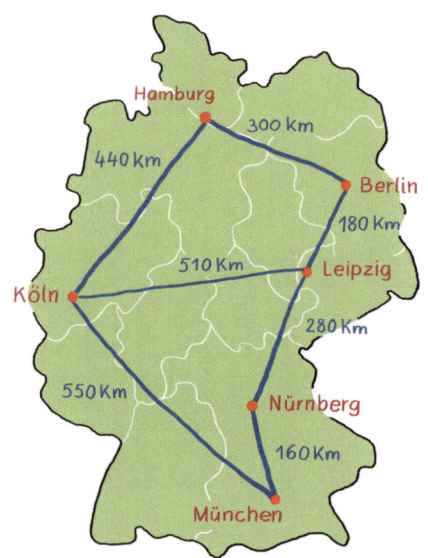

Hamburg
300 km
440 km
Berlin
180 Km
510 Km
Leipzig
Köln
280 Km
550 Km
Nürnberg
160 Km
München

a) Nürnberg und Berlin

☐☐☐ km + ☐☐☐ km = ☐☐☐ km

b) Köln und Berlin

☐☐☐ km + ☐☐☐ km = ☐☐☐ km

c) Leipzig und Hamburg

☐☐☐ km + ☐☐☐ km = ☐☐☐ km

d) Hamburg über Köln nach München

☐☐☐ km + ☐☐☐ km = ☐☐☐ km

1: Einführungsbild beschreiben und in der Umwelt nach Kilometerangaben forschen.
2: Kilometerangaben in der Umwelt.   3: Entfernungen berechnen.